Peter M. Hohmann

Kontrolle und Zufriedenheit in Beziehungen

Zur Struktur und Bedeutung subjektiver Kontrolle in der Partnerschaft

Profil

Anschrift des Autors:

Dr. Peter M. Hohmann
Psychologisches Institut IV
der Universität Münster
Fliednerstraße 21
4400 Münster

CIP-Kurztitelaufnahme der Deutschen Bibliothek

Hohmann, Peter M.:
Kontrolle und Zufriedenheit in Beziehungen: zur Struktur u.
Bedeutung subjektiver Kontrolle in d. Partnerschaft / Peter M.
Hohmann. - München: Profil, 1988
(Reihe Wissenschaft: Schwerpunkt Psychologie; Bd. 10)
Zugl.: Münster (Westfalen), Univ., Diss., 1987
ISBN 3-89019-196-7
NE: Reihe Wissenschaft / Schwerpunkt Psychologie

Die Abbildung auf dem Umschlag entstammt dem Buch von Claire Bretécher: Die Frustrierten. Reinbek: Rowohlt 1978.

Gesamtherstellung: WB-Druck 8959 Rieden
Printed in the Federal Republic of Germany
ISBN 3-89019-196-7

Vorwort

Es läßt sich immer wieder beobachten, daß der Zerfall und das Ende einer Ehe oder Partnerschaft nicht nur den (drohenden) Verlust des Partners nach sich zieht, sondern zumeist auch einen empfindlichen Verlust an Kontrollmöglichkeiten bedeutet: plötzlich fehlen den Betroffenen viele der Erklärungs-, Vorhersage- und Einflußmöglichkeiten, die noch kurz vorher als absolut sicher und unverrückbar galten, es entstehen Irritations-, Hilflosigkeits- und Ohnmachtsgefühle.
Wenn nun der Verlust an Kontrolle über einen solch wichtigen Lebensbereich als durchweg bedrohlich und schmerzhaft erlebt wird, gilt dann auch das Gegenteil? Trägt ein hohes Maß an (wahrgenommener) Kontrolle immer und unbedingt zur Zufriedenheit der Beziehungspartner und zur Stabilität ihrer Beziehung bei?

Das vorliegende Buch widmet sich diesem Themenkomplex. Als kürzlich von der Philosophischen Fakultät der Universität Münster angenommene Dissertation faßt es wichtige Ergebnisse meiner mehrjährigen Beschäftigung mit Fragestellungen der Beziehungsforschung im Rahmen der angewandten Sozialpsychologie zusammen.

Bei der Entwicklung der Konzeption und der Durchführung der Studie haben mich mehrere meiner Münsteraner Kolleginnen und Kollegen mit hohem persönlichen Einsatz unterstützt.

Ganz besonders möchte ich mich bei Herrn Prof. Dr. Hanko Bommert, meinem Betreuer, bedanken, der mir viele wertvolle Anregungen gab und dessen interessierte und motivierende Begleitung mir eine große Hilfe war. Als ausgesprochen hilfreich habe ich auch die Ermutigung und Unterstützung erlebt, die ich von Herrn Prof. Dr. Horst Haecker erhielt.

Für ihre mit wichtigen Hinweisen verbundene Diskussions- und Rückmeldebereitschaft danke ich insbesondere Herrn Dr. Jürgen Borgart, Herrn Jörg Lemm, Herrn Dr. Bernd Schlöder, Herrn Klaus Schmeck, Herrn Achim Schreiber und Herrn Dr. Thomas Schwinger.
Ein weiteres herzliches Dankeschön geht an das Cusanuswerk, das mir mit seinem zu Beginn der Arbeit gewährten Promotionsstipendium einen wertvollen Dienst erwies, sowie an Frau Roswitha Kallabis, die mir bei der EDV-Auswertung mit Rat und Tat zur Seite stand.

Schließlich möchte ich es nicht versäumen, mich an dieser Stelle auch bei allen meinen Freunden für ihre Rücksichtnahme und ihr Verständnis zu bedanken.

Münster, im Dezember 1987

- Peter M. Hohmann -

I N H A L T S V E R Z E I C H N I S :

1. ZUFRIEDENHEIT UND KONTROLLE - EINLEITUNG

Das Konzept der Kontrolle kann inzwischen zu den zentralen Themen der Psychologie gezählt werden. Deutlich wird dies z.B. an seiner zunehmenden Verwendung im Zusammenhang mit Handlungserklärungen (WORTMAN 1976; PITTMAN & PITTMAN 1980), Handlungsmotivation (WORTMAN & BREHM 1975; PERLMUTER et al 1980), Einstellungen (BURGER & VARTABEDIAN 1980; LANTERMANN 1980b), Lernprozessen (SAVAGE, PERLMUTER & MONTY 1979), Gesundheitsverhalten (WALLSTON & WALLSTON 1981), Crowding (SCHMIDT & KEATING 1979), Vandalismus (ALLEN & GREENBERGER 1980) oder auch allgemeinen Handlungstheorien (LANTERMANN 1980a; OESTERREICH 1981) - um nur einige Bereiche zu nennen.

Trotz dieses recht breiten Spektrums galt und gilt bisher der größte Teil der Aufmerksamkeit, der den Konstrukten 'Kontrolle' und 'Kontrollüberzeugung' zuteil wird, der Kontrolle in und über Leistungssituationen.
Relativ unerforscht ist dagegen die Bedeutung von Kontrolle im Zusammenhang mit zwischenmenschlichen Interaktionen und Beziehungen.

Dies ist insofern bedauerlich, als gerade im interpersonalen Bereich Kontrolle besonders wichtig, wenn auch zugleich besonders schwierig zu erhalten sein dürfte.

Ganz generell empfinden es wohl die meisten Menschen als angenehm, ihr Schicksal mitbestimmen, wichtige Ereignisse in ihrem Leben beeinflussen und das, was ihnen widerfährt, sich irgendwie erklären zu können; umgekehrt werden Ohnmachts-, Irritations- und Hilflosigkeitsgefühle von den meisten Menschen als zumindest unangenehm erlebt.
Kontrolle in diesem Sinne kann somit als eine wichtige Determinante für persönliche Zufriedenheit gelten; in entsprechender Weise wird in sozialwissenschaftlichen Theorien immer wieder postuliert: "Menschen brauchen Kontrolle. Sie brauchen die Überzeugung, daß sie in bezug auf das, was mit ihnen geschieht, irgendetwas tun können" (PHILLIPS & METZGER 1976, S. 3).

Besonders zufriedenstellend ist vermutlich eine Kombination aus Bedürfnisbefriedigung und Sicherheit, d.h. ein Zustand, wo einerseits die wesentlichen eigenen Interessen verfolgt, Ziele erreicht und Bedürfnisse befriedigt werden können und andererseits die Sicherheit besteht, dies auch weiterhin tun zu können.
Anders gesagt: Am zufriedensten sind Menschen vermutlich dann, wenn sie erhalten können, was sie brauchen, und zugleich wissen, wie sie dies auch in Zukunft bekommen können (s. KAYSER & SCHWINGER 1982; SCHWINGER 1983).

Obwohl sich aufgrund dieser generellen Überlegungen ein positiver Zusammenhang zwischen Kontrolle und Zufriedenheit in eigentlich allen Lebensbereichen beobachten lassen sollte, ist die griffige Aussage "The more control, the better" (SHERROD et al 1977) nicht immer bestätigt worden (s.z.B. RODIN, RENNERT & SOLOMON 1980); auch Alltagserfahrungen zeigen, daß sich einige Menschen anscheinend nur wenig Kontrolle wünschen - und dies vermutlich nicht zuletzt deshalb, weil Kontrolle ein zwar generell "wertvolles", oftmals aber auch sehr "teures" Gut darstellt.

Diese Gesichtspunkte dürften verschärft für den Bereich der "intimen" Beziehungen (Ehe, Partnerschaft etc.) gelten:

Auf der einen Seite können Erzielung und "Verteidigung" von Kontrolle hier unter Umständen "Kampf", deren "Besitz" auch "Einsamkeit" bedeuten (zumindest, wenn unter Kontrolle die Erhaltung von Ressourcen auf Kosten des Partners gemeint ist), und da in Beziehungen häufig unterschiedliche Vorstellungen und Bedürfnisse "aufeinanderprallen", ist es nicht auszuschließen, daß ein "Zuviel" an Kontrolle die Zufriedenheit der Partner eher mindert als erhöht.
Auf der anderen Seite ist anzunehmen, daß der Eindruck, dem Partner bzw. der Partnerin nicht "ausgeliefert" zu sein, sondern die Beziehung so "mitgestalten" zu können, daß die eigenen Bedürfnisse nicht "zu kurz" kommen, einen wesentlichen Grundstock für eine generelle Beziehungszufriedenheit bildet.

Ziele der Arbeit: Eine erste Fragestellung, die es im Hinblick auf den Bereich dyadischer Beziehungen zu klären gilt, ist demzufolge, welches Ausmaß an Kontrolle sozusagen "optimal" ist, d.h. von höchstmöglicher Zufriedenheit der Partner begleitet wird.

Diese Fragestellung impliziert ein klar umrissenes Verständnis von Kontrolle. Tatsächlich jedoch kann bei dem Kontrollkonzept nicht von terminologischer Klarheit gesprochen werden (s. SELIGMAN & MILLER 1979; BARNES 1981; ROTHBAUM, WEISZ & SNYDER 1982 u.a.m.), was auf unterschiedliche, zumeist nicht explizit genannte Voraannahmen und Schwerpunktsetzungen zurückzuführen ist.
Daraus ergibt sich als zweite Fragestellung, was eigentlich genau "Kontrolle" ausmacht, welche wesentlichen "Bestandteile" der Kontrolle sich sinnvollerweise unterscheiden lassen und wie diese untereinander strukturiert sind.

Auf der Basis einer solchen Strukturanalyse läßt sich die Frage nach dem Zusammenhang zwischen Kontrolle und Zufriedenheit dahingehend erweitern, ob einzelne Komponenten der Kontrolle besonders ausgeprägt zur Erhöhung oder Verminderung von Beziehungszufriedenheit beitragen.

Aufeinander aufbauend liegt das erste Ziel der vorliegenden Arbeit somit in einer generelleren Klärung und Gliederung des Kontrollkonzepts, das zweite in dem Versuch, dieses für den Bereich der interpersonalen Beziehungen zu erhellen und dort mit Aspekten der Zufriedenheit in Beziehung zu setzen.

Das erste Ziel kann als zum Bereich sozialpsychologischer "Grundlagen"-Forschung gehörig betrachtet werden, das zweite läßt sich am ehesten wohl dem "angewandten" Bereich zuordnen.
Der im Rahmen beider Ziele entwickelte Fragebogen nimmt eine Art "Mittelposition" ein; als eigenständiger Beitrag bietet er eine Grundlage für weitere Untersuchungen der hier aufgegriffenen Thematik.

Aufbau der Arbeit: Im folgenden wird aufgrund verschiedener Kritikpunkte an den bisher vorliegenden Theorien zu Kontrollkognitionen (Kapitel 2) ein Rahmenmodell für die als zentral erachteten Komponenten der Kontrolle (Kapitel 3) vorgestellt, bevor auf Spezifika von Kontrolle und Zufriedenheit in Beziehungen (Kapitel 4) eingegangen wird.

Eine Prüfung der aus diesen theoretischen Überlegungen abgeleiteten Hypothesen (Kapitel 5) setzt die Konstruktion eines speziellen Fragebogens zur Erfassung von Kontrollkomponenten bei Beziehungspartnern (Kapitel 6) voraus, während für die Erhebung der Beziehungszufriedenheit auf ein vorliegendes Instrument zurückgegriffen werden kann.

Die durchgeführte Untersuchung (Kapitel 7) erbringt Ergebnisse (Kapitel 8), die die hier entwickelten Annahmen größtenteils bestätigen, darüber hinaus aber auch weitergehende Fragen zur Struktur und Bedeutung subjektiver Kontrolle in der Partnerschaft aufwerfen.
Deren Diskussion (Kapitel 9) sowie die Quintessenz der gesamten Arbeit werden abschließend kurz zusammengefaßt (Kapitel 10).

Lese-Hinweise: Da sich die vorliegende Arbeit mit Phänomenen in Mann-Frau-Beziehungen befaßt, müßte diesem Umstand eigentlich durch Formulierungen wie "der/die Partner/in", "der/die andere" etc. Rechnung getragen werden; allein aus Gründen der Lesbarkeit wurde darauf jedoch weitgehend verzichtet.
Einer besseren Lesbarkeit wegen wurden im allgemeinen auch alle längeren fremdsprachlichen Zitate übersetzt; ob Eigen- oder Fremdübersetzungen vorliegen, ergibt sich aus den Literaturangaben.
Da es sich inzwischen (insbesondere im Buchdruck) eingebürgert hat, aus ästhetischen oder didaktischen Gründen einzelne Begriffe oder ganze Textpassagen durch unterschiedliche Schrifttypen hervorzuheben, ohne daß damit eine spezielle Bedeutungsgebung verbunden wäre, wurden nicht alle Hervorhebungen übernommen; beim Zitieren erfolgt der Hinweis 'Hervorhebungen weggelassen' nur dann, wenn sich aus der ursprünglichen Hervorhebung tatsächlich auch eine andere Betonung ergeben könnte; eigene Hervorhebungen in Fremdzitaten sind dagegen immer kenntlich gemacht.

2. INDIVIDUELLE KONTROLLKOGNITIONEN - EIN ÜBERBLICK

Die Annahme, daß Menschen nach Kontrolle streben und daß die Kontroll-Dimension demzufolge eine wichtige Rolle im Erleben und Handeln spielt, findet sich in weiten Bereichen der sozialwissenschaftlichen Literatur - so z.B. außer in der viel zitierten Arbeit von WHITE (1959) unter anderem bei WOODWORTH (1958), DE CHARMS (1968), STOTLAND & CANON (1972), PHARES (1976), HARVEY & SMITH (1977), BURGER & COOPER (1979), OESTERREICH (1981) sowie SCHORR & RODIN (1984).

Während in einigen Theorien der Begriff der Kontrolle zwar als bedeutsam bezeichnet, letztlich aber nicht weiter behandelt wird (Abschnitt 2.1), nimmt das Kontrollkonzept in anderen Theorien einen zentralen Stellenwert ein: Mit genaueren Bedingungen der Entstehung und der Auswirkungen situationsspezifischer Kontrollerwartungen befaßt sich die Theorie der gelernten Hilflosigkeit (Abschnitt 2.2), auf situationsübergreifende Kontrollüberzeugungen geht der Locus of Control-Ansatz (Abschnitt 2.3) ein.

2.1 KONTROLLE ALS GRUNDMOTIV: "NEED FOR PERSONAL CONTROL"

Kontrolle als "Prinzip": Die Notwendigkeit zur Ausübung von Kontrolle erfährt bereits das Kleinkind, das zur Befriedigung seiner elementarsten Bedürfnisse auf andere Menschen, im allgemeinen die Eltern, angewiesen ist, die es bei Hunger, Durst, Schmerzen etc. herbeizuholen gilt. Diese Bemühungen um Einflußnahme müssen allerdings so lange rudimentär bleiben, wie die Signale (z.B. lautes Brüllen) uneindeutig sind; sie werden effektiver, sobald erste Worte gelernt werden. Mit dem Erwerb der Sprache werden jedoch nicht nur die persönlichen Kontrollmöglichkeiten erheblich erweitert, sondern zugleich auch enger gesetzte Grenzen (z.B. durch spezifische Verbote) erfahren; deren Einhaltung bedeutet zwar soziale Anerkennung, erfordert andererseits aber auch ein zunehmendes Maß an Selbst- (und Fremd-) Kontrolle (RENSHON 1979).

Daß es anscheinend bei allen Lebewesen so etwas wie ein generelles Kontrollstreben gibt, wird phylogenetisch oftmals damit begündet, "daß Tiere und Menschen eine aktive Auseinandersetzung mit der Umwelt und deren Manipulation suchen. Es ist plausibel anzunehmen, daß gerade solche Organismen in der phylogenetischen Entwicklung besonders gut bestehen konnten, die bereits vor Eintritt der Gefahr einen Raum ausgekundschaftet hatten (also Neugierverhalten zeigten) oder bereits vor der notwendigen Benutzung wußten, wie man mit einem Stock oder Steinen umgeht, um damit andere störende Wesen zu vertreiben" (FRESE 1977, S. 42).

Wie lebensnotwendig Kontrolle sein kann, zeigen auch Berichte ehemaliger amerikanischer Soldaten in Vietnam (s. SELIGMAN 1976), daß relativ gesunde Soldaten in Kriegsgefangenschaft ganz plötzlich starben, weil sie die Hoffnung auf eine Befreiung und damit ihren Lebenswillen aufgegeben hatten. Eine Untersuchung des British Medical Records (PARKES, BENJAMIN & FITZGERALD 1969) zeigt ähnlich dramatische Auswirkungen erlebter Unbeeinflußbarkeit:

bei 4500 älteren Witwern lag die Todesrate im ersten halben Trauerjahr 40% über dem bei dieser Altersgruppe zu erwartenden Niveau. Eine amerikanische Studie über Frauen in Altersheimen (FERRARI 1962) deutet an, daß der freiwillige Wechsel in das Heim mit höherer Lebenserwartung einhergeht als der Wechsel aus Mangel an Alternativen, wobei Gesundheitszustand und Lebensdauer darüber hinaus mit dem Umfang der Mitbestimmungsmöglichkeiten im Altersheim selbst zusammenzuhängen scheinen (RODIN & LANGER 1977).

Auch wenn einige dieser Untersuchungen (weitere referiert SELIGMAN 1975/1979) nicht frei von methodischen Mängeln sind (FREY et al 1977), weisen sie doch auf die zentrale Bedeutung hin, die der Wille, Einfluß auf seine Umgebung zu nehmen, haben kann.

<u>Kontrollstreben als theoretische "Grundlage"</u>: Auf ein solches Bedürfnis bzw. Streben nach persönlicher Kontrolle werden mehrere psychologische Sachverhalte zurückgeführt - so z.B. die Tendenz der Menschen, in vielen Situationen nach den Ursachen von Ereignissen zu suchen, wobei das Ziel solcher Attribuierungsprozesse entweder in der Herstellung effektiver Umgebungskontrolle (KELLEY 1971) oder in dem Erhalt entsprechender Kontrollüberzeugungen (WORTMAN 1976) gesehen wird.
Auch die Tendenz, die Welt als 'gerecht' zu betrachten (LERNER 1980), wird zum Teil dem Streben nach Kontrolle zugerechnet: die Überzeugung, daß jeder das bekommt, was er verdient, "befähigt eine Person, sich mit der von ihr erlebten Umwelt auseinanderzusetzen und in ihr zu agieren, da diese als stabil angesehen wird. Wäre dies nicht der Fall, so könnten keine längerfristigen Ziele verfolgt werden..." (NIKETTA 1982, S. 87).

In ähnlicher Weise wird das oftmals zu beobachtende Bemühen um den Erhalt des eigenen Freiraumes (Reaktanzmotivation - s. WICKLUND 1974) zwar ebenfalls als in engem Zusammenhang mit dem Kontrollstreben stehend angesehen (WORTMAN & BREHM 1975), Kontrolle und Freiheit sind jedoch zwei nicht völlig identische Konstrukte (vgl. STEINER 1970, 1979; HARVEY & HARRIS 1975; PHARES 1976; SAVAGE, PERLMUTER & MONTY 1979): in Entscheidungssituationen beispielsweise betrifft Freiheit die zur Verfügung stehenden Handlungsalternativen, Kontrolle dagegen die eher längerfristige Erreichbarkeit der damit gekoppelten Ziele (HARVEY, HARRIS & LIGHTNER 1979).

Erfolgreiches Streben nach Kontrolle, Freiheit, Autonomie und ähnlichen Zielen verlangt ein differenziertes Handeln, das die Möglichkeiten und Grenzen des Umfeldes berücksichtigt.
Die insbesondere westliche und von einem anscheinend unbegrenzten Kontrollbedürfnis getragene Annahme, man habe sein Leben selbst in der Hand, läßt sich schließlich mit vielen gegenteiligen Erfahrungen kaum vereinbaren, und sie entpuppt sich -letztlich aufgrund der Unmöglichkeit, dem Tod zu entgehen- oft als Illusion (s. LEFCOURT 1973).

Effektive Kontrolle setzt -und eben dies kommt in manchen Ansätzen, die ein generelles Kontrollstreben zur Grundlage verschiedener psychologischer Sachverhalte machen, zu kurz- die Unterscheidung zwischen kontrollierbaren und unkontrollierbaren Bedingungen voraus; sie verlangt, wie es ein Spruch sagt, der C. F. OETINGER (1702 - 1782) zugeschrieben wird, "die Gelassenheit, die Dinge hinzunehmen, die ich nicht ändern kann, den Mut, die Dinge zu ändern, die ich ändern kann, und die Weisheit, das eine vom anderen zu unterscheiden".

Es mag an dieser Differenzierungsschwierigkeit liegen, daß Kontrolle einerseits oftmals angenommen wird, obwohl sie tatsächlich nicht gegeben ist (s. LANGER 1975, 1977), und andererseits manchmal auch dann nicht 'gesehen' oder 'gefühlt' wird (s. DE CHARMS 1979), wenn sie objektiv möglich wäre.

2.2 SITUATIONSBEZOGENE KONTROLLERWARTUNGEN: "LEARNED HELPLESSNESS"

Daß Menschen manchmal trotz vorhandener Einflußmöglichkeiten alle ihre Bemühungen zur Gestaltung ihres Lebensraumes einstellen, liegt, so wird in der ursprünglichen Theorie der gelernten Hilflosigkeit behauptet, an vorherigen Unkontrollierbarkeitserfahrungen in bestimmten Situationen oder, wie in der Neufassung der Theorie ergänzt wird, an der kognitiven Verarbeitung dieser Erfahrungen; dabei ist allerdings -das wird in alternativen Erklärungsmodellen herausgestellt- zu berücksichtigen, daß objektiver Kontrollverlust nicht unter allen Bedingungen Hilflosigkeit bewirkt.

2.2.1 Die ursprüngliche Hilflosigkeitstheorie

Entwicklung des Konzepts in Tierversuchen: In den 60er Jahren beobachteten SELIGMAN und seine Mitarbeiter (OVERMIER & SELIGMAN 1967; SELIGMAN & MAIER 1967), daß Hunde, die unentrinnbaren Schocks ausgesetzt waren, später auch dann keine Fluchtversuche unternahmen, wenn sie entsprechende Fluchtmöglichkeiten hatten - sie heulten anfangs noch auf, legten sich dann aber winselnd in die Ecke und ertrugen die Schocks völlig passiv. Eine zweite Hundegruppe, der in der ersten Phase die Möglichkeit zum Abschalten der Schocks gegeben wurde, lernte dagegen sehr rasch, durch Überspringen einer Barriere den Schocks zu entfliehen.

In diesen Experimenten waren beide Hundegruppen denselben Schockzeiten und -intensitäten ausgesetzt: ein Hund aus der zweiten Gruppe schaltete zugleich mit seinem Schock immer auch den für einen Hund aus der ersten Gruppe ab. Dieses 'Yoked-group-design' wurde gewählt, um zu belegen, daß die unterschiedlichen Verhaltensweisen in der zweiten Phase nicht auf die Wirkung der Schocks an sich, sondern auf die unterschiedlichen Kontrollierbarkeitserfahrungen in der ersten Phase zurückzuführen sind.

Ähnliche Auswirkungen solcher Unkontrollierbarkeitserfahrungen konnten bei Katzen, Ratten und Fischen beobachtet werden (vgl. den ausführlichen Überblick von MAIER & SELIGMAN 1976).
In allen Fällen scheinen die Tiere zu lernen, daß sie das Auftreten eines aversiven Reizes nicht selbst beeinflussen können; sie verhalten sich in der Folge auch dann passiv, wenn Flucht- bzw. Vermeidungsmöglichkeiten existieren: "Die Erwartung, daß ein Ergebnis unabhängig vom Verhalten auftritt, (a) verringert die Motivation, das Ergebnis zu kontrollieren, und (b) beeinträchtigt das Lernen, daß das Verhalten das Ergebnis kontrolliert" (MAIER & SELIGMAN 1976, S. 19).

Im Rahmen der Hilflosigkeitstheorie wird (Un-)Kontrollierbarkeit über die Wahrscheinlichkeit des gemeinsamen Auftretens von Verhalten und (angestrebter) Konsequenz definiert (s. Abbildung 2.1).

Nach dieser Definition besteht Kontrolle bei einem Mindestmaß an Verhaltens-

Ergebnis-Zusammenhang; in diesem Sinne ist "eine Konsequenz von einer Reaktion abhängig, wenn sich die Wahrscheinlichkeit, daß die Konsequenz eintrifft, wenn eine Reaktion ausgeführt wurde, von der Wahrscheinlichkeit, daß die Konsequenz eintrifft, wenn die betreffende Reaktion nicht ausgeführt wurde, unterscheidet: die Konsequenz ist dann kontrollierbar" (SELIGMAN 1975/1979, S. 15).
Bei völliger Zusammenhanglosigkeit dagegen existiert Unkontrollierbarkeit: "Ist aber die Wahrscheinlichkeit gleich, ob eine bestimmte Reaktion ausgeführt wird oder nicht, dann ist die Konsequenz unabhängig von dieser Reaktion. Und wenn dies für alle willentlichen Reaktionen gilt, so ist die Konsequenz unkontrollierbar" (S. 15).

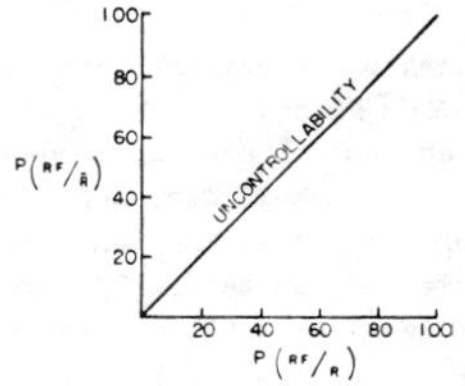

$p(RF/R)$ = Wahrscheinlichkeit, daß eine intendierte Konsequenz auf eigenes Verhalten folgt

$p(RF/\bar{R})$ = Wahrscheinlichkeit, daß eine intendierte Konsequenz ohne eigenes Verhalten erfolgt

Wenn $p(RF/R) = p(RF/\bar{R})$, dann Unkontrollierbarkeit,
wenn $p(RF/R) \neq p(RF/\bar{R})$, dann Kontrollierbarkeit.

- Abbildung 2.1: Konzept der Unkontrollierbarkeit (SELIGMAN 1974, S. 94) -

Gelernte Hilflosigkeit beim Menschen: Die Annahme, daß Organismen in der Lage sind, derartige Zusammenhangsmuster zu lernen, führte recht bald zur Anwendung des Hilflosigkeitskonzepts auf den Humanbereich (THORNTON & JACOBS 1971; FOSCO & GEER 1971; ROTH & BOOTZIN 1974; HIROTO 1974; HIROTO & SELIGMAN 1975; ROTH & KUBAL 1975; MILLER & SELIGMAN 1975; RODIN 1976; GATCHEL & PROCTOR 1976; KLEIN, FENCIL-MORSE & SELIGMAN 1976 u.v.a.m.).

Die wesentlichen Aussagen zur Hilflosigkeit beim Menschen (SELIGMAN 1974, 1975, 1976) lassen sich, einem kritischen Überblick von SAUER & MÜLLER (1980) folgend, so zusammenfassen:

- Menschen nehmen wahr, inwieweit Ereignisse, auf die ihr Handeln gerichtet ist, abhängig oder unabhängig von diesem Handeln auftreten.

- Nach fortgesetzter Wahrnehmung von Handlungs-Ereignis-Unabhängigkeit (Inkontingenz) erwarten Menschen dieselben Inkontingenzen auch für zukünftige Situationen.
Die Generalisierung solcher Unkontrollierbarkeitserfahrungen auf auch anders geartete Bedingungen wird 'gelernte Hilflosigkeit' genannt.

- In der Folge zeigen sich motivationale, kognitive und/oder emotionale Defizite: Die Motivation, überhaupt zu handeln, wird schwächer und das Verhalten passiver; das Erlernen evtl. doch vorhandener Handlungs-Ereignis-Abhängigkeiten wird gehemmt; und die mit Hilflosigkeit einhergehende Furcht kann in bestimmten Fällen in Depression übergehen.

Die Behauptung, das Modell der gelernten Hilflosigkeit biete auch eine Erklärung für die Entstehung von Depressionen (MILLER & SELIGMAN 1973; 1975), ist besonders heftig diskutiert worden (u.a. von BUCHWALD, COYNE & COLE 1978; COSTELLO 1978; WILLIS & BLANEY 1978; WEINER & LITMAN-ADIZES 1980). Dabei wird inzwischen eingeräumt, daß Unkontrollierbarkeitserwartungen keineswegs eine notwendige Depressionsbedingung darstellen (ABRAMSON, GARBER & SELIGMAN 1980, S. 27).

Empirische Evidenz: Zur Prüfung des 'Kerns' der Hilflosigkeitstheorie - die Erfahrung objektiver Inkontingenzen führt zu bestimmten Defiziten - wurde in den meisten Untersuchungen als Operationalisierung von Inkontingenz entweder das unvermeidbare Auftreten aversiver Stimuli oder, ab Mitte der 70er Jahre, die zufällige, d.h. handlungsunabhängige, Rückmeldung bei Denkaufgaben gewählt.

Die erste Untersuchung zu Hilflosigkeitseffekten im Humanbereich stammt von THORNTON & JACOBS (1971); sie beobachteten, daß ihre Versuchspersonen (Vpn), nachdem sie zunächst unvermeidbaren Elektroschocks ausgesetzt waren, später nichts mehr zu deren Vermeidung unternahmen.

Ähnliche Effekte berichtet HIROTO (1974): die Vpn, die in der ersten Experimentphase einen unangenehm lauten Ton nicht abstellen konnten, zeigten in der zweiten Phase, in der alle Vpn gleichermaßen mit abschaltbaren Tönen konfrontiert wurden, deutlich schlechtere Leistungen als die Vpn, die entweder vorher dem Ton gar nicht ausgesetzt waren oder aber die Möglichkeit hatten, ihn zu beenden: den Vpn, die vorher keinen Einfluß auf den aversiven Ton hatten, mißlang das Abstellen in der zweiten Phase zu über 50 %, während die anderen beiden Vpn-Gruppen den Ton relativ schnell (bei durchschnittlich nur 11 - 13 % Mißerfolgen) abzustellen lernten.

HIROTO & SELIGMAN (1975) erweiterten diesen Versuchsplan, indem sie in der Trainings- und Testphase kognitive und instrumentelle Aufgaben mischten (Lärmbeendigung per Knopfdruck versus Lösen von Anagrammen); daß sich in allen Bedingungen Defizite zeigten (wenn auch z.T. erst nach Wiederholung des Versuchs mit mehr Aufgaben), betrachten die Autoren als Beleg der Generalisierung von Inkontingenzerfahrungen.

Außer mit motivationalen und kognitiven Defiziten (passives Verhalten, schlechtere Lernleistungen) scheint Hilflosigkeit, der Theorie entsprechend, auch mit affektiven Effekten einherzugehen: GATCHEL & PROCTOR (1976) berichten von starken physiologischen Hautreaktionen der Vpn, die vorher unvermeidbarem Lärm ausgesetzt waren, im Vergleich zu den Vpn, denen diese Unkontrollierbarkeitserfahrungen erspart blieb.

Uneindeutige Ergebnisse sowie direkte Widersprüche zur ursprünglichen Hilflosigkeitstheorie ergaben insbesondere diejenigen Experimente, die die zweite Operationalisierungsvariante (handlungsinkontingente Rückmeldungen bei Aufgabenlösungen) einsetzten:

So zeigten beispielsweise die Vpn in der Untersuchung von ROTH & BOOTZIN (1974) nach erfolgtem Hilflosigkeitstraining statt der erwarteten motivationalen Defizite ein verstärkt aktives Verhalten. Die Vermutung der Autoren, daß Art und Ausmaß von Hilflosigkeitseffekten u.U. durch die Intensität vorheriger Inkontingenzerfahrungen bestimmt werden, konnte in der Anschlußstudie von ROTH & KUBAL (1975) bestätigt werden.

Auch im Hinblick auf kognitive Effekte zeigten sich der Theorie widersprechende Befunde: WORTMAN et al (1976), HANUSA & SCHULZ (1977) sowie TENNEN & ELLER (1977) beobachteten Leistungsverbesserungen statt -verminderungen (sogenannte 'facilitation'). Eine mögliche Erklärung hierfür stellt die Zuschreibung der Unkontrollierbarkeitsursachen dar: Die Vpn bei TENNEN & ELLER (1977), denen eine interne Mißerfolgsursache angeboten wurde (es wurde ihnen vorher gesagt, die Aufgaben würden immer leichter), zeigten - der Hilflosigkeitstheorie entsprechend - deutlich schlechtere Leistungen als die Kontrollgruppe, die Vpn dagegen, die ihr Versagen externen Ursachen zuschrieben (ihnen wurde gesagt, die Aufgaben würden immer schwerer), zeigten - entgegen den Annahmen der Hilflosigkeitstheorie - bessere Leistungen.

Obwohl aufgrund des Unkontrollierbarkeitskonzepts Hilflosigkeitssymptome eigentlich sowohl nach

zufälliger negativer wie nach zufälliger positiver Rückmeldung entstehen müßten, beobachteten BENSON & KENNELLY (1976) entsprechende Defizite nur nach nichtkontingent erfolgtem negativen Feedback.
GRIFFITH (1977) fand zwar in beiden Fällen Verhaltensdefizite, über Hilflosigkeitsgefühle berichteten aber nur diejenigen Vpn, die vorher permanent negative Rückmeldungen erhalten hatten. Auch diese Teilwiderlegung der Hilflosigkeitstheorie kann im Zusammenhang mit Ursachenzuschreibungen interpretiert werden: Daß die Vpn, die inkontingente positive Rückmeldungen erhielten, keine Unkontrollierbarkeit wahrnahmen, liegt - so vermutet GRIFFITH - evtl. an der Tendenz, positive Ereignisse sich selbst (und nicht dem Zufall oder anderen Kräften) zuzuschreiben.

Insgesamt können damit der ursprünglichen Hilflosigkeitstheorie mindestens folgende Schwachstellen angelastet werden:

- Aufgrund ihres universell formulierten Inkontingenzkonzepts erklärt sie nicht die unterschiedlichen Auswirkungen von handlungsunabhängig auftretenden positiven versus negativen Ereignissen; es wäre angebracht, die Ausgangsbedingungen für gelernte Hilflosigkeit auf inkontingent auftretende negative Ereignisse zu beschränken (SAUER & MÜLLER 1980; PETERMANN 1983).

- Aufgrund ihres lerntheoretischen Hintergrundes vernachlässigt sie, daß beim Menschen Art und Ausmaß einzelner Hilflosigkeitseffekte ganz entscheidend von der kognitiven Verarbeitung der erfahrenen Unkontrollierbarkeit abzuhängen scheinen. MILLER & NORMAN (1979) gehen in ihrer Kritik sogar so weit, der Theorie vorzuwerfen, sie behandle menschliche Kognitionen wie die von Küchenschaben.

Darüber hinaus kann die ursprüngliche SELIGMAN-Theorie nicht erklären, unter welchen Bedingungen es zum Gegenteil von Hilflosigkeit -zu verstärkter Aktivität und besseren Lernerfolgen- kommt.

2.2.2 <u>Die reformulierte Hilflosigkeitstheorie</u>

Zur Glättung einzelner Widersprüche wurden mehrere Änderungen der Hilflosigkeitstheorie vorgeschlagen (ABRAMSON et al 1978; MILLER & NORMAN 1979; ROTH 1980; KUHL 1981). Die größte Beachtung erhielt die Neuformulierung der Hilflosigkeitstheorie durch ABRAMSON, SELIGMAN & TEASDALE (1978).

<u>Annahmen der Reformulierung</u>: Die drei Autoren behalten die ursprüngliche Annahme bei, daß Inkontingenzerfahrungen zu motivationalen, kognitiven und emotionalen Defiziten führen, ergänzen diese jedoch dahingehend, daß das Ausmaß der bewirkten Beeinträchtigungen von der kognitiven Verarbeitung der erlebten Nichtkontrolle abhängt:

"Das hilflose Individuum findet zuerst heraus, daß bestimmte Ergebnisse und Reaktionen unabhängig voneinander sind, dann tätigt es eine Ursachenzuschreibung. Diese Attribuierung beeinflußt seine Erwartungen über zukünftige Reaktions-Folge-Beziehungen und bestimmt dabei ... die Dauer, Ausweitung und, in einem gewissen Maße, die Intensität der Defizite" (S. 56).

In ihrem, wie sie es nennen, "attributional framework" stellen ABRAMSON et al die Abfolge folgender Schritte als "Fluß der Ereignisse", die zu Hilflosigkeit führen, vor:

1. Objektive Inkontingenz
2. Wahrnehmung dieser (und vergangener) Inkontingenzen

3. Attribuierung der Inkontingenzen
4. Erwartung zukünftiger Inkontingenzen
5. Hilflosigkeitssymptome

In dem Modell wird angenommen, daß die folgenden drei - voneinander unabhängigen - Attributionsdimensionen besonders wichtig sind:

- internal/external: Eine Person, die Inkontingenzen feststellt, fragt sich nicht nur, ob sie selbst keine Kontrolle besitzt, sondern auch, ob relevante andere Menschen die Situation als unkontrollierbar erfahren; aufgrund dieses sozialen Vergleichsprozesses kann sie die Nichtkontrolle entweder auf in ihrer Person begründete Faktoren (z.B. mangelnde Begabung oder Anstrengung) oder auf externe Umstände (z.B. Aufgabenschwierigkeit, Pech etc.) zurückführen.

- stabil/variabel: Dabei lassen sich die einzelnen Ursachen für Nichtkontrolle danach unterscheiden, ob sie relativ stabil/wiederkehrend (wie z.B. Unfähigkeit) oder eher variabel/vorübergehend (wie z.B. schlechte Laune) sind.

- global/spezifisch: Während sich einige Ursachen auf sehr viele verschiedene Situationen beziehen und damit eine globale Bedeutung besitzen (etwa: fehlende Intelligenz), treffen andere nur auf eingeschränkte, spezifische Bedingungen zu (etwa: mangelndes Interesse an Kreuzworträtseln).

Eine von einem Individuum angenommene Ursache für die erlebte Unkontrollierbarkeit soll sich nach ABRAMSON et al auf allen drei Dimensionen einordnen lassen. Als Effekte dieser Ursachenzuschreibung werden unterschiedliche Dauer, Generalität und Intensität von Hilflosigkeitssymptomen postuliert:

- Die Dauer von Hilflosigkeitsdefiziten soll in dem Maße wachsen, in dem erlebte Inkontingenzen auf stabile Ursachen zurückgeführt werden ('chronic' versus 'acute helplessness').

- Das Ausmaß von Hilflosigkeitseffekten, d.h. deren Ausweitung auf auch völlig andere Situationen, soll sich über die Globalität der angenommenen Ursachen bestimmen ('global' versus 'specific helplessness').

- Die Intensität der Hilflosigkeit schließlich soll zum einen von der Sicherheit der Inkontingenzerwartungen und der Wichtigkeit der angestrebten Ergebnisse abhängen, darüber hinaus bei internaler Attribuierung besonders stark ausgeprägt sein ('personal' versus 'universal helplessness').

Keine oder nur sehr geringe Beeinträchtigungen werden demnach bei external-variabel-spezifischer Attribuierung erwartet, besonders starke (bis hin zur Depression) bei internal-stabil-globaler Ursachenzuschreibung.

<u>Empirische Befunde</u>: Die Autoren des Modells können auf mehrere Untersuchungen verweisen, die die Bedeutung der moderierenden Wirkung von Attributionsprozessen herausstreichen.
Die Ergebnisse der Untersuchungen jedoch, die auf der Basis dieser Reformulierung durchgeführt wurden, erbringen bezüglich der Auswirkungen unterschiedlicher Attributionsdimensionen auf unterschiedliche Hilflosigkeitsdefizite ein insgesamt uneinheitliches Bild. So wurden z.T. gar keine Beziehungen gefunden (z.B. bei JARDINE & WINEFIELD 1981), z.T. sind die Bezüge nicht klar zu interpretieren:

Der von ABRAMSON (1977) gezeigte Zusammenhang zwischen internaler/externaler Attribuierung und persönlicher/universeller Hilflosigkeit wird beispielsweise von PASAHOW (1980) dahingehend kritisiert, daß in der Untersuchung die Internalitäts- und die Globalitätsdimension vermischt worden seien.
Während sich bei DANCER-BROWN & BAUCOM (1982) keine klaren Bezüge zwischen der Globalität der Attribuierungen und nachfolgenden Leistungsdefiziten zeigten, schlugen sich bei PASAHOW (1980) globalere Attribuierungsinstruktionen zwar in verminderter Aufgabenlösefertigkeit nieder, nicht jedoch in den berichteten Attribuierungen selbst, was von PASAHOW in Anlehnung an NISBETT & WILSON (1977) als Unfähigkeit, relevante Verhaltensursachen zu berichten, interpretiert wird.

Ein Zusammenhang zwischen globalerem Attributionsstil und generalisierten Hilflosigkeitsdefiziten wird auch von ALLOY et al (1984) berichtet, wobei allerdings von den Autoren selbst eingeräumt wird, daß es aufgrund des Korrelationscharakters ihrer Untersuchung nicht auszuschließen ist, "daß im Gegensatz zur reformulierten Hilflosigkeitstheorie irgendeine Drittvariable die Beziehung zwischen der Globalität des Attributionsstiles und der Generalität der gelernten Hilflosigkeit vermittelte" (S. 686).

Diese Interpretationsproblematik stellt sich überall da, wo keine Prozeßanalysen durchgeführt werden. Darüber hinaus konnten KRANTZ & RUDE (1984) zeigen, daß die beiden hauptsächlich zur Bestimmung der Attributionsdimension eingesetzten Methoden ('cause rating' und 'dimension rating') sehr verschiedene Ergebnisse erbringen.

Obwohl die reformulierte Hilflosigkeitstheorie primär Auswirkungen der Attribution spezifischer Handlungs-Ergebnis-(In)Kontingenzen postuliert, wird von ABRAMSON et al (1978) auch behauptet, daß ein genereller Attributionsstil von Bedeutung ist; als besonders hilflosigkeits- und depressionsfördernd (oder auch -verursachend) gilt ein Stil, der negative Ereignisse internalen, stabilen und globalen Ursachen zuschreibt. Interessanterweise sind die Untersuchungen zu diesem 'Nebenaspekt' weitaus zahlreicher als zu den Hauptannahmen der Hilflosigkeitstheorie.

Dies mag u.a. daran liegen, daß mit dem von SELIGMAN et al (1979) sowie PETERSON et al (1982) entwickelten 'Attributional Style Questionaire' ein einfach zu handhabendes Erhebungsinstrument (das inzwischen auch ins Deutsche übertragen wurde - siehe STIENSMEIER et al 1985) vorliegt. Die einzelnen Untersuchungen (z.B. SELIGMAN et al 1979; BLANEY et al 1980; RAPS et al 1982; METALSKY et al 1982) zeigen zwar durchweg positive Korrelationen zwischen einem 'ungünstigen' Attributionsstil und verschiedenen Depressionskennwerten, diese sind jedoch teilweise nur sehr niedrig (z.B. GOLIN et al 1981) oder gelten nur für bestimmte Dimensionen (z.B. HARVEY 1981).

Gewisse Zweifel bezüglich der Brauchbarkeit des Attributionsstilkonzepts werden durch neuere Ergebnisse von CUTRONA, RUSSELL & JONES (1985) genährt; ihre Befunde deuten an, daß ein situationsstabiler Attributionsstil - wenn überhaupt - nur für die Erklärung hypothetischer Ereignisse existiert, nicht aber für die Ursachenzuschreibung bei tatsächlich erfolgten Lebensereignissen (vgl. auch PAGEL et al 1985).
Die ausführlichen Zusammenstellungen und Analysen von 61 bzw. 104 zu diesem Themenkomplex durchgeführten Studien durch PETERSON et al (1985) sowie SWEENEY et al (1986) zeigen, daß dieser Teil des ABRAMSON/SELIGMAN/TEASDALE-Modells weiterer Spezifikationen bedarf.

<u>Das 'black box'-Problem</u>: Es ist auffällig, daß die Theorie der gelernten Hilflosigkeit auf der einen Seite bestimmte kognitive Prozesse für das Entstehen von Hilflosigkeit verantwortlich macht, daß die Experimente zu diesem Ansatz andererseits aber - von wenigen Ausnahmen abgesehen - sich auf die Messung von "Defiziten" in der Testphase (abhängige Variable) nach vorheriger Trainingsphase mit/ohne Unkontrollierbarkeit (unabhängige Variable) beschränken (BREITKOPF 1985). Es werden zwar auch bestimmte kognitive Korre-

late (wie z.B. Attributionsstile) miterhoben, der postulierte Prozeß wird aber nicht, obwohl dies eigentlich zwingend wäre (ALLOY, PETERSON, ABRAMSON & SELIGMAN 1984), "Schritt für Schritt" geprüft.
Diese Vernachlässigung der "zwischengeschalteten" Kognitionen ist insofern verwunderlich, als gerade durch die kognitive Reformulierung doch Schwächen des ursprünglichen, in seiner Tier-Mensch-Parallelisierung eher dem S-R-Modell verhafteten, Theorieansatzes behoben werden sollten.

Die Behandlung der postulierten Kognitionskette als 'black box' ist auch deshalb nicht unproblematisch, weil es Anzeichen dafür gibt, daß die Abfolge 'Objektive Inkontingenzen → Wahrnehmung derselben → Suche nach Ursachen → Erwartung zukünftiger Inkontingenzen → Hilflosigkeitsdefizite' schlichtweg falsch ist:

So scheint es e r s t e n s völlig unklar zu sein, was nun eigentlich "objektive Inkontingenz" ist; das formalisierte Inkontingenzkonzept SELIGMANs wird jedenfalls in den entsprechenden Untersuchungen sehr unterschiedlich operationalisiert.
Den Zusammenstellungen von WORTMAN & BREHM (1975) sowie ROTH (1980) zufolge wird bei den Untersuchungen, die als Inkontingenz das unbeeinflußbare Auftreten aversiver Stimuli einsetzen, den Vpn teilweise mitgeteilt, sie könnten diese beenden, obwohl das nicht stimmt (HIROTO 1974; COLE & COYNE 1977), anderen Vpn dagegen wird gesagt, sie könnten gegen das Auftreten dieser Stimuli nichts unternehmen (THORNTON & JACOBS 1971; SHERROD & DOWNS 1974).
Bei der Problemlösevariante der Inkontingenzoperationalisierung wird einmal das Nichtlösen von Problemen mit dem Auftreten aversiver Reize gekoppelt (FOSCO & GEER 1971; WORTMAN et al 1976), ein anderes Mal soll alleine das Nichtlösen von Problemen zur Erzeugung von Hilflosigkeit ausreichen (z.B. DOUGLAS & ANISMAN 1975); die Aufgabenlösungen werden dabei z.T. Schritt für Schritt zufällig verstärkt (ROTH & BOOTZIN 1974; COHEN, ROTHBART & PHILLIPS 1976), z.T. wird eine permanent gleiche Rückmeldung gegeben (GRIFFITH 1977), und manchmal wird am Ende mitgeteilt, daß alle Lösungen falsch waren (BENSON & KENELLY 1976; KLEIN, FENCIL-MORSE & SELIGMAN 1976).

Es ist z w e i t e n s ausgesprochen fraglich, ob die gesetzten Inkontingenzen (unabhängig von der jeweiligen Operationalisierungsvariante) überhaupt wahrgenommen werden.
Diese zunächst trivial anmutende Behauptung von ABRAMSON et al (1978) steht in völligem Gegensatz zu Untersuchungen, die zeigen, daß Menschen einen Zusammenhang zwischen ihren eigenen Verhaltensweisen und nachfolgenden Ereignissen auch dann annehmen, wenn er tatsächlich nicht existiert bzw. einen objektiv geringen Zusammenhang beträchtlich überschätzen (JENKINS & WARD 1965; LANGER 1975; WORTMAN 1975); abgesehen davon, daß die Wahrnehmung von Inkontingenzen als sehr bedrohlich empfunden werden kann (ABRAMSON & ALLOY 1980), ist es auch sehr schwierig, ein Fehlen von etwas, ein "Nichts", zu identifizieren, und zwar insbesondere dann, wenn hierfür nur sehr kurze Zeit zur Verfügung steht. Zudem scheint die Kontingenzwahrnehmung durch Umfeldbedingungen (WINEFIELD 1983) und Personmerkmale (STRUBE et al 1986) moderiert zu werden.

Aber auch bei stattfindender Inkontingenzwahrnehmung ist es d r i t t e n s problematisch, davon auszugehen, daß Menschen immer nach Ursachen für diese Unkontrollierbarkeit suchen (und das dann noch exakt am Ende der ersten Experimentphase).
HANUSA & SCHULZ (1977) beispielsweise erhielten im Nachhinein von ihren Vpn statt der erbetenen Ursachenbenennungen durchweg nur eine Beschreibung der Situation. Zum einen setzen Attribuierungen Informationssuchprozesse voraus (die evtl. noch nicht abgeschlossen sind - vgl. WORTMAN & DINTZER 1978), zum anderen bedeuten sie ein Zugeben des erlebten Fehlschlages (dessen Zeitpunkt von manchen Leuten möglichst lange hinausgezögert wird - vgl. DWECK & GOETZ 1978).

Falls attribuiert wird, stellt sich v i e r t e n s die Frage, ob die von ABRAMSON et al (1978) für relevant erachteten Dimensionen (internal-external, global-spezifisch, stabil-variabel) wirklich die entscheidenden sind.
Einerseits scheinen sie - mit Ausnahme der Behelfskategorie 'global/spezifisch'- im Rahmen

der Attributionsforschung gut abgesichert und belegt zu sein (WEINER 1974), andererseits aber sind die vielfältigen Belege dieser Schemata (siehe insbesondere RUSSELL 1982) u.U. insofern artifiziell, als in den entsprechenden Untersuchungen alle relevanten Informationen direkt vorgegeben wurden (PYSZCZYNSKI & GREENBERG 1981; FIEDLER 1982; KRAHÉ 1984) - da, wo ausnahmsweise um spontane Ursachenangabe gebeten wurde, wurden jedenfalls in großem Umfang auch Ursachen genannt, die diesen "klassischen" Attributionsdimensionen - die ja sowieso nur 'second order concepts' sind (WEINER 1982) - nicht eindeutig zuzuordnen waren (FRIEZE 1976; BAR-TAL & DAROM 1977; COOPER & BURGER 1978). In bezug auf die in Hilflosigkeitssituationen möglichen Attribuierungen geben WORTMAN & DINTZER (1978) zu bedenken, ob nicht z.B. die Vorhersehbarkeit der Ursachen, deren Zeitpunkt sowie deren Sinnhaftigkeit, und MILLER & NORMAN (1979), ob nicht die Wichtigkeit der Ursachen mindestens ebenso gewichtige Determinanten für weiteres (aktives oder passives) Verhalten darstellen.

Es bleibt f ü n f t e n s offen, ob die Inkontingenzen der Ursprungssituation tatsächlich auch für völlig anders geartete, zukünftige Situationen erwartet werden. Die Beachtung, die die Hilflosigkeitstheorie fand, ist schließlich u. a. in deren Annahme begründet, "daß Hilflosigkeitseffekte auch bei Testaufgaben auftreten, die kaum noch etwas mit der (unkontrollierbaren) Trainingsaufgabe gemeinsam haben" (KUHL 1983, S. 280).
Obwohl ein derartiger Erwartungstransfer -der im übrigen auch manchmal als Wahrnehmungsstörung deklariert wird (s. ALLOY & SELIGMAN 1979)- als belegt behauptet wurde (insbes. durch HIROTO & SELIGMAN 1975), ist er als fraglich anzusehen, wenn die Vpn "entweder gebeten werden, mit derselben Aufgabe fortzufahren (z.B. FOSCO & GEER 1971; GLASS & SINGER 1972...), oder eine Aufgabe bekommen, die sehr ähnlich ist (z.B. THORNTON & JACOBS 1971), oder eine Aufgabe, die im selben Raum (z.B. HIROTO 1974), durch denselben Versuchsleiter (z.B. THORNTON & JACOBS 1971) oder unter beiden Bedingungen (z.B. HIROTO & SELIGMAN 1975) zugewiesen wird" (WORTMAN & BREHM 1975, S. 305). Überall dort, wo ein Erwartungstransfer beobachtet wurde, ist nicht auszuschließen, daß die Vpn Trainings- und Testphase als Bestandteile derselben Untersuchung wahrnahmen (PASAHOW, WEST & BOROTO 1982). In dem Experiment von COLE & COYNE (1977) wurden jeweils nur dann - über Leistungsabfall erschlossene - Generalisierungseffekte gefunden, wenn die Vpn beide Phasen als zum selben Experiment gehörig ansahen, nicht aber, wenn sie die Testphase als "neue" Untersuchung betrachteten. Ein -bisher ausstehender- Beleg der Generalisierungshypothese würde voraussetzen, daß den Vpn unterschiedliche Test- und Trainingsaufgaben mit unterschiedlichen Ergebnissen bei unterschiedlichen Versuchsleitern in zwei unterschiedlichen Experimentalsituationen vorgesetzt würden (ROTH 1980).

S e c h s t e n s schließlich bleibt festzuhalten, daß die am Schluß der Erklärungskette stehenden "Defizite" eher umschrieben als definiert sind.
Selbst wenn also, wie postuliert wird, die einzelne Vp die fehlenden Handlungs-Ergebnis-Zusammenhänge wahrnimmt, sich nach den Gründen dafür fragt und in Abhängigkeit von dieser Ursachenanalyse dann auch für zukünftige Situationen erwartet... was genau macht nun ihre Hilflosigkeit aus?
Die behaupteten emotionalen Defizite (Angst, Furcht, Depression) sind zwar eine mögliche, keinesfalls jedoch eine zwingende Reaktion auf Unkontrollierbarkeitserfahrungen; genauso denkbar - und mit den Leistungsverschlechterungen kompatibel - sind Trotz (WORTMAN & BREHM 1975), Ärger (COSTELLO 1978) oder z.B. Überdruß (SCHWARZER 1981).
Die postulierten kognitiven Defizite (verminderte Fähigkeit zu lernen, daß die eigenen Handlungen wieder zu intendierten Ergebnissen führen etc.) werden nicht nur nicht klar definiert (COSTELLO 1978), die einzelnen Umschreibungen dafür widersprechen sich auch erheblich (BREITKOPF & TILLNER 1981); der (isolierte) Nachweis dieser Defizite ist schwierig zu führen und bisher entweder uneindeutig geblieben (ALLOY & SELIGMAN 1979) oder fehlgeschlagen (FORD & NEALE 1985).
Die typische Hilflosigkeitsmessung beschränkt sich auf motivationale Defizite (die sinkende Motivation, überhaupt noch weitere Handlungen auszuführen), die jedoch nicht direkt erhoben, sondern über die Zahl von Lösungsversuchen und dabei benötigte Zeiten erschlossen werden. Dieser indirekte Nachweis motivationaler Defizite verschleiert unter Umständen das Zusammenwirken mehrerer Motivationen: die Motivation zur Bearbeitung der (neuen) Testaufgabe mag gering

sein, die - evtl. gleichzeitig wirkende - Motivation, die in der Trainingsaufgabe als unmöglich erlebte Leistungsabsicht in einer weiteren Aufgabe zu realisieren, kann jedoch sehr stark ausgeprägt sein (siehe KUHL 1981, 1983).

Aus dem Eintreffen von Leistungsverminderungen (Endpunkt) nach gesetzter Inkontingenz (Anfangspunkt) schließen die Verfechter der Hilflosigkeitstheorie auf die Existenz sämtlicher Zwischenstationen des postulierten "Flusses von Ereignissen" (ABRAMSON et al 1978), die zur Hilflosigkeit führen sollen; tatsächlich aber "ist nicht gezeigt worden, daß diese gesamte Abfolge zwingend ist" (LINDEN 1983, S. 105).

Das Zirkelschlußproblem: Als "Kern" der Theorie der gelernten Hilflosigkeit bleibt damit eigentlich nur die Aussage, daß inkontingente Situationen unter Umständen zu einzelnen emotionalen und motivationalen Beeinträchtigungen führen. Die zusätzlich behaupteten kognitiven Zwischenprozesse erhellen bestimmte Zusammenhänge u.U. im Nachhinein, bieten aber keine Vorhersagemöglichkeiten, solange nicht angegeben wird, unter welchen Bedingungen diese zustande kommen und welche Auswirkungen sie genau haben.

Daß in die (reformulierte) Hilflosigkeitstheorie Attributionsprozesse integriert wurden, um die Stärke einer Kontrollmotivation vorherzusagen, ist - in Anbetracht der Ergebnisse der Attributionsforschung, daß auch Ursachenzuschreibungen von Kontrollmotivationen gesteuert sein können - eher ein Zirkelschluß als ein echter Vorhersagegewinn: Attribuierungen werden nicht nur vorgenommen, um aus der Vielzahl vorausgegangener Stimuli einen "Sinn zu machen" (HEIDER 1958), sondern auch, um "effektive Kontrolle" (KELLEY 1971) zu erhalten; sie beruhen nicht immer auf einer 'rationalen Analyse' (TAYLOR & FISKE 1978), sondern stellen oftmals eher 'Rationalisierungen' dar (LALLJEE 1981).

Daß Ursachenzuschreibungen (auch) dem Bedürfnis nach aktiver Umweltbeherrschung dienen, zeigt sich z.B. daran, daß Menschen zufällige Erfolge wie z.B. Glücksspielgewinne oftmals sich selbst statt der Situation zuschreiben ('Illusion of Control', LANGER 1977).
Auch daß Menschen bei sich selbst eher Situations-, bei anderen dagegen eher Personfaktoren zur Verhaltenserklärung heranziehen (JONES & NISBETT 1971), läßt sich als Beleg für eine kontrollmotivationale Determinierung von Attribuierungen heranziehen, wenn man diese Tendenz, die von WORTMAN (1976) als 'Illusion of Freedom' und von ROSS (1977) als 'fundamental attribution error' bezeichnet wird, so interpretiert: "Die Überzeugung, daß das Verhalten von anderen durch stabile internale Merkmale gesteuert ist, macht die Zukunft vorhersehbarer und von daher kontrollierbarer, wohingegen das Fehlen solcher Determinanten für das eigene Verhalten jene Flexibilität erlaubt, die erforderlich ist, um den Anforderungen einer sich ändernden Umwelt gerecht zu werden" (PITTMAN & PITTMAN 1980, S. 378).

Wenn aber in Attribuierungsprozessen Informationen so verarbeitet werden, daß sie für das persönliche Bedürfnis nach Kontrolle nicht gefährlich werden (WRIGHT, ZAUTRA & BRAVER 1985; BURGER 1986), dann "kann nicht mehr davon ausgegangen werden, daß ausschließlich die Ursachenzuschreibung als 'bedingungslose' Kognition über die Motivation, die Lernfähigkeit und die Emotion der Person angesichts eines 'unkontrollierbaren' Ereignisses entscheidet. Die Abfolge, wie sie aus kognitionspsychologischer Sicht angenommen wird - Kognitionen (Ursachenzuschreibungen) über die gegenwärtige Situation lassen im 'Betrachter' eine Motivation entstehen - kehrt sich bei der Motiviertheit von Kognitionen um" (SCHUCH 1982, S. 202).

2.2.3 Alternative Erklärungsansätze

Die Ungereimtheiten der (ursprünglichen und reformulierten) Hilflosigkeitstheorie lassen auch andersgeartete Erklärungsversuche des Hilflosigkeitsphänomens zu:

- So ist es z.B plausibel anzunehmen, daß die Vpn in der ersten Experimentphase "bemerken", daß ihre eigenen Lösungshypothesen nicht stimmen und daraufhin weitaus komplexere Hypothesen ausbilden, die dann für die (relativ einfachen) Aufgaben der zweiten Experiment-Phase völlig unangemessen sind (PETERSON 1978).

- Eine andere Erklärungsmöglichkeit bietet die Überlegung, daß die Vpn, die in der Trainingsphase permanent Mißerfolge erleben, sich in der Testphase weiteren Anstrengungen entziehen, um ihr Selbstwertgefühl nicht zu bedrohen (SNYDER et al 1981).

- Des weiteren ist wohl kaum zu bestreiten, daß die in Hilflosigkeitsexperimenten eingesetzten Aufgaben für viele Vpn so neuartig sind, daß sie u.U. Inkompetenzgedanken hervorrufen, die nicht unerheblich zum "giving up" beitragen dürften (LANGER 1979).

Neben diesen einzelnen Erklärungsversuchen gibt es eine Reihe ausgefeilterer Konzeptionen, die alle auf den Verlauf eines Hilflosigkeitsprozesses abzielen.

Das Phasenmodell von WORTMAN & BREHM: Die Beobachtung, daß Hilflosigkeitserfahrungen manchmal zu eher passivem, manchmal dagegen zu verstärkt aktivem Verhalten ("facilitating effects") führen, brachte WORTMAN & BREHM (1975) zu der Überlegung, daß in Beeinträchtigungssituationen u.U. zwei gegenläufige Prozesse ablaufen - Hilflosigkeit und Reaktanz.

Während die SELIGMANsche Hilflosigkeitstheorie passives Verhalten nach Unkontrollierbarkeitserfahrungen vorhersagt, behauptet die Reaktanztheorie (BREHM 1966; WICKLUND 1974) ein eher aktives "Aufbäumen" gegen derartige Freiheitsbeschneidungen: Menschen, deren Freiheitsraum eingeengt wird, sind motiviert, diesen Spielraum wieder herzustellen - sei es durch direkte Aktionen oder aber durch indirekte Handlungen (wie z.B. Neubewertungen von Alternativen); dieser "Trotz" (Reaktanz) ist umso größer, je wichtiger die bedrohte Freiheit, je stärker die Bedrohung und je größer der Freiheitsverlust ist (vgl. GNIECH & GRABITZ 1978).

In ihrem Integrationsmodell nehmen WORTMAN & BREHM (1975) an, daß bei der Erfahrung von Nichtkontrolle - abhängig von Ergebnisbedeutung und Kontrollerwartung - zunächst Reaktanz und dann Hilflosigkeit entsteht; im einzelnen postulieren sie:

- Personen, die wichtige Ereignisse als (vorab) kontrollierbar ansehen, zeigen bei (unerwarteter) Unkontrollierbarkeit Reaktanz, und zwar umso stärker, je wichtiger das Ergebnis ist, und umso ausdauernder, je höher die Kontrollerwartung ist.

- Personen, die Ereignisse als (vorab oder im Laufe der Zeit) unkontrollierbar ansehen, werden dagegen (relativ schnell) hilflos, und zwar umso stärker, je wichtiger das Ergebnis ist.

Die Phasendauer wird hier als von der Erwartung einer (gewissen) Kontrollierbarkeit, die Intensität der Reaktionen als von der Wichtigkeit der Ergebnisse abhängig gesehen (siehe Abbildung 2.2).

Das Modell bietet zwar eine post hoc-Erklärung für die der Hilflosigkeitstheorie zuwiderlaufenden "facilitating effects", ist aber relativ undifferenziert im Hinblick auf mögliche Ursachenzuschreibungen. WORTMAN, PANCIERA, SHUSTERMAN & HIBSCHER (1976) fanden denn auch eine Bestätigung dieses Zweiphasenmodells nur für diejenigen Vpn, die ihr Mißlingen ihrer eigenen Inkompetenz zuschrieben (eine weitere Modellprüfung findet sich bei BROCKNER et al 1983).

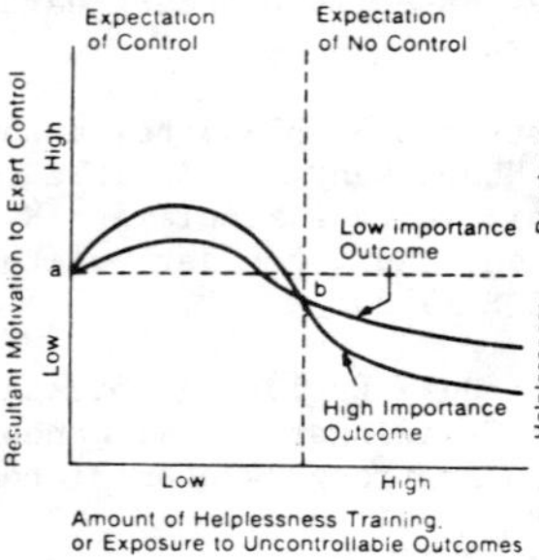

-Abb. 2.2 (WORTMAN & BREHM 1975)-

<u>Das Integrationsmodell von FREY et al:</u>
Ein um Ursachenzuschreibungen erweitertes Modell bieten FREY, KUMPF, OCHSMANN, ROST-SCHAUDE & SAUER (1977) an; diese Autoren vermuten:

- daß die Intensität der Reaktion auf einen Kontrollverlust von der Ursachenzuschreibung abhängt: "Personen, die sich selbst die Ursache der Unfähigkeit, Kontrolle auszuüben, zuschreiben (internale Attribution), sind von einem Kontrollverlust affektiv, kognitiv und motivational stärker betroffen als Personen, die Faktoren der Umwelt für den Kontrollverlust verantwortlich machen (externale Attribution)" (S. 6),

- daß die Art der Reaktion von der Ursacheneinschätzung abhängt: "Nimmt eine Person die Ursachen des Kontrollverlustes als variabel wahr, so reagiert sie eher aktiv (Konfrontationsverhalten), nimmt sie sie als konstant wahr, so bleibt sie eher passiv (Vermeidungsverhalten)" (S. 6),

- daß die Generalisierung der Kontrollverlusterfahrungen auf andere Bereiche von sowohl der Ursachenzuschreibung wie der Ursacheneinschätzung abhängt: "Internale Attribution der Ursachen führt zu stärker generalisierten Reaktionen auf Kontrollverlust als externale Attribution. Die Kognition konstanter Ursachen von Kontrollverlust führt zu stärker generalisierten Reaktionen als die Kognition variabler Ursachen" (S. 7).

FREY et al (1977) heben mit diesen Thesen etwas andere Bedingungen hervor als WORTMAN & BREHM (1975); beide Ansätze schließen sich jedoch nicht aus, da jedesmal ein Aktiv-Passiv-Phasenverlauf angenommen wird, der durch bestimmte Kognitionen (Wieviel Kontrolle erwarte ich? Wie variabel sind die Ursachen des Kontrollverlustes? Liegen Fehlschläge an mir oder an äußeren Umständen? Wie wichtig ist mir ein mögliches Ergebnis?) gesteuert wird.

Eine Schwäche beider Erklärungsmodelle ist, daß - wie bei der Hilflosigkeitstheorie - das Zustandekommen der als wichtig erachteten Kognitionen nicht erhellt wird.
So bleibt beispielsweise unklar, was eine Vp in einem typischen Hilflosigkeitsexperiment veranlassen soll, zunächst die Ursachen der erlebten Beeinträchtigung als noch variabel anzusehen, später aber dann als konstant und somit unkontrollierbar.

Das Stadienschema von HECKHAUSEN: Das wohl differenzierteste Modell über einen in Beeinträchtigungssituationen möglichen Ablauf von Wahrnehmungen und Interpretationen hat HECKHAUSEN (1980) vorgelegt.

Ein Grundgedanke seines Ansatzes (siehe Tabelle 2.1) ist, daß die - experimentell induzierte - objektive Inkontingenz zwischen eigenen Handlungen (H) und Ergebnissen (E) subjektiv erst im Laufe der Zeit als mögliche Interpretation des Geschehens erkannt wird:

Tabelle 2.1. Stadien der erlebten Verfügbarkeit über die Aufgabenlösung bei objektiv nicht-kontingenten Aufgaben und die Auswirkungen auf Ergebniswahrnehmung, Ursachenattribution, Kontingenz-Erleben, erlebte Kontrollierbarkeit, Selbstbewertung und das resultierende Lernen von Hilflosigkeit. (E = Ergebnis; H = Handlung)

Stadien Aufgabenlösung erscheint:	Wahrgenommenes Ergebnis (E)	Ursachenattribution	Erlebte Kontingenz zwischen H und E	Erlebte Kontrollierbarkeit von E	Selbstbewertung	Lernen von Hilflosigkeit
1. wahrscheinlich verfügbar	a) Erfolg	internal	vorhanden	ja	pos.	nein
	b) Mißerfolg	internal	vorhanden	ja	neg.	
2. noch nicht verfügbar, Aufgabe erscheint schwieriger als gedacht	a) Erfolg	Zufall	vorhanden	wird fraglich	neutral	nein, eher Leistungsverbesserung
	b) Mißerfolg	Schwierigkeit	vorhanden	wird fraglich	neg.	
3. unverfügbar Aufgabe erscheint zu schwierig	a) „Erfolg"	unklar	vorhanden	nein	neutr. neg.	ja
	b) „Mißerfolg"	stabil	vorhanden	nein	neg.	
4. Aufgabe erscheint prinzipiell unlösbar	„richtig", „falsch"	Willkür des Vl	nicht vorhanden[a]	nein[a]	neutral	Vermeidungslernen: ja Leistungshandeln: nein

a Ist das Ergebnis (E) einer Handlung (H) instrumentell für eine Folge (F) des Handlungsergebnisses, so kann hier auch der folgende analoge Fall eintreten: Zwar besteht Gewißheit über die Kontingenz zwischen H und E, aber die Kontingenz zwischen E und F wird als nicht (mehr) vorhanden wahrgenommen; z. B. wenn auf dasselbe Handlungsergebnis nicht mehr wie früher eine Bekräftigung erfolgt (Löschung). In diesen Fällen wird zwar E, aber nicht F, als kontrollierbar erlebt, es gibt keine Kontingenz mehr zwischen H (E) und F.

HECKHAUSEN (1980, S.499)

Zunächst "beginnen die Vpn mit der fraglosen Gewißheit, daß sie es mit einer lösbaren Aufgabe zu tun haben ... Fraglich ist nur, ob und wann sie über die richtige Handlung (Lösung) verfügen werden. Den vom Vl mitgeteilten Erfolgen oder Mißerfolgen attribuieren sie internale Faktoren und halten das Abschneiden im Test für kontrollierbar (Stadium 1)" (S. 499).

Aufgrund fortgesetzter Fehlschläge erscheint alsbald die Aufgabe schwieriger als zunächst vermutet; bei weiterhin angenommener Handlungs-Ergebnis-Kontingenz werden die "Falsch"-Rückmeldungen der Aufgabenschwierigkeit zugeschrieben, "Richtig"-Meldungen dagegen als Zufall gewertet, weil die Lösungseinsicht (noch) ausbleibt und die Kontrollierbarkeit inzwischen fraglicher wird. Aufkommende Unfähigkeitsvermutungen werden durch zunächst vermehrte Anstrengung (Leistungsverbesserung) getestet (Stadium 2).

Wenn trotzdem keine Einsicht in die Aufgabenlösung gewonnen werden kann, wird die Aufgabe als persönlich unlösbar betrachtet:
"Die Ursachenattribution nach Erfolg wird unklar, nach Mißerfolg bestärkt sie das Eingeständnis

eigenen Unvermögens. Die Aufgabenlösung erscheint nicht mehr kontrollierbar, die Selbstbewertungsfolgen bleiben negativ" (S. 500), es entsteht Hilflosigkeit (Stadium 3).

Bei einem weiteren Verbleib in der Situation können schließlich "erste Zweifel aufkommen, ob überhaupt eine Kontingenz zwischen Lösungsvorschlägen und Rückmeldungen besteht. Der Verdacht, einer Willkür des Vls aufgesessen zu sein, kann endlich zur Gewißheit werden, wodurch alle bisherigen selbstwertbelastenden Emotionen der Ängstlichkeit und Deprimiertheit umschlagen in Ärger und Feindseligkeit gegen den Vl" (S. 499). In dieser Phase (Stadium 4) kann Hilflosigkeit höchstens beim Vermeidungshandeln entstehen, wo ein 'aus dem Felde gehen' als prinzipiell unmöglich erkannt wird, nicht aber beim Leistungshandeln, da alle Aufgaben-Nichtlösungen als persönlich irrelevant betrachtet werden können und somit nicht zur Bedrohung werden.

Für alle Problemlösesituationen läßt sich demnach Reaktanz in Phase 2, Hilflosigkeit in Phase 3 und - falls die Situation länger andauert - eine Immunisierung gegen Hilflosigkeit in Phase 4 annehmen. Falls diese commonsense-Überlegungen stimmen (leider fehlt bisher eine empirische Prüfung), wird verständlich, warum sich in Learned-Helplessness-Experimenten die postulierten Defizite nicht immer beobachten lassen: "Bei Leistungsaufgaben muß sichergestellt sein, daß die Vpn nicht soviel Erfahrungen machen, daß schließlich ihr Kontingenz-Glaube erschüttert wird; andererseits aber Erfahrungen genug, um die anfängliche Kontrollierbarkeits-Gewißheit zu verlieren" (HECKHAUSEN 1980, S. 503).

2.2.4 Das zugrundeliegende Kontrollkonzept

Kontrolle wird in der Hilflosigkeitstheorie (wie in den alternativen Erklärungsmodellen) vorrangig als Situationsvariable betrachtet - nämlich als Vorhandensein bzw. Fehlen von Handlungs-Ergebnis-Zusammenhängen (Kontingenzen).

Einschränkungen des Kontrollbegriffs: Kernpunkt der SELIGMANschen Definition von Kontrolle ist die unterschiedliche Auftretenswahrscheinlichkeit von Ereignissen nach Handlungen und Nicht-Handlungen (s. Abschnitt 2.2.1); ein Mensch besitzt demnach Kontrolle, wenn die Wahrscheinlichkeit des Eintreffens einer Konsequenz nach Ausführung einer Handlung größer als nach Unterlassen derselben ist.

Theorie und Empirie des Hilflosigkeitsansatzes laufen dabei auf ein recht eingeschränktes Verständnis von Kontrolle hinaus:
- Kontrolle wird als eine Einflußnahme *in* gegebenen Situationen (nicht *über* Situationen) verstanden.
- Die Einflußnahme wird vorrangig als Vermeidung unangenehmer Ereignisse (nicht als Herbeiführung angenehmer) gesehen, wobei insbesondere einfach strukturierte (keine komplexen) Situationen betrachtet werden.

(1) Outcome vs. agenda control: Daß es sich bei dem der Hilflosigkeitstheorie zugrundeliegenden Kontrollkonzept um die Beeinflussung von Ereignissen im Rahmen vorgefundener Situationen und nicht um die Einflußnahme auf die Situationen selbst handelt, belegt folgende Ausführung SELIGMANs zur Veranschaulichung seiner Kontrolldefinition:

> "Wenn ich Ihnen z.B. jedesmal eins auf die Finger gebe, wenn Sie in die Keksbüchse greifen, können Sie den Schlag auf die Finger kontrollieren: Die Wahrscheinlichkeit, einen Klaps zu bekommen, ist gleich 1, wenn Sie in die Keksbüchse greifen. Wenn Sie dies unterlassen, werden Sie auch keinen Klaps bekommen..." (1975/79, S. 15).

Was bei einem derartigen Verständnis von Kontrolle nicht mitgedacht wird, ist die Möglichkeit, die Situation als solche zu verändern, d. h. Strukturen so zu gestalten, daß sich die Ereignis-Ausgangs-Wahrscheinlichkeiten ändern (was im obigen Beispiel darauf hinauslaufen würde, daß die betroffenen Personen dafür sorgen könnten, daß erst niemand die Möglichkeit hätte, ihnen auf die Finger zu schlagen).

Der - vermutlich aufgrund des ursprünglich lerntheoretischen Hintergrundes der Hilflosigkeitstheorie vernachlässigte - Unterschied zwischen 'agenda control' und 'outcome control' (LACEY 1979) entspricht in etwa dem Unterschied zwischen der Freiheit, eigene Oberziele zu setzen, und der, einige Mittel zur Erreichung derselben zu wählen (siehe SELIGMAN & MILLER 1979); PERLMUTER & MONTY (1979) kleiden dies in das Bild des Meisters und des Arbeiters, wo die Konstruktionsbestimmungen des einen natürlich weitaus mehr Kontrollmöglichkeiten beinhalten als die Entscheidungen des anderen darüber, welcher Stein für welchen Platz gewählt werden soll.

Allein letztere Möglichkeit aber steht den Vpn in typischen Hilflosigkeitsexperimenten offen: sie finden festgelegte Situationen vor, wo sie einige wenige - und zudem zunächst nutzlose - Handgriffe ausüben dürfen und müssen. Es ist nicht auszuschließen, so vermuten LACEY (1979) und McCLURE (1985), daß der wirkliche Grund ihrer Hilflosigkeit in eben dieser fehlenden Situationskontrolle liegt.

(2) Simple vs. complex control: Kontrolle wird im Hilflosigkeitsansatz nicht nur auf die Beeinflussung von Ereignissen in festgefügten Situationen beschränkt, sie wird zudem durchweg auf die Vermeidung unangenehmer Konsequenzen reduziert. Das von WHITE (1959) postulierte Bedürfnis nach Kontrolle und Kompetenz im Sinne einer aktiven Umweltbeherrschung stutzt SELIGMAN zusammen auf "ein Bedürfnis, Hilflosigkeit zu vermeiden" (1975/79, S. 52); entsprechend werden in den meisten Hilflosigkeitsexperimenten die Vpn mit unbeeinflußbaren aversiven Stimuli konfrontiert.

Diese Beschränkung auf Vermeidungssituationen ist insofern wichtig, als solche Situationen relativ einfach strukturiert sind: es gilt vor allem, die "Regel" des Auftretens des aversiven Reizes zu finden, um diesem entgehen zu können. In solchen Fällen sind, wie behauptet wird, ganz sicher Kontrollmöglichkeiten in dem Maße vorhanden, wie sich die Wahrscheinlichkeiten unterscheiden, mit denen unangenehme Konsequenzen auf bestimmte Handlungen bzw. Nichthandlungen folgen: das Wissen um diese Kontingenzen impliziert zugleich Kontrolle (z.B. durch einfaches Unterlassen bestimmter Verhaltensweisen).

Viele Alltagssituationen sind jedoch weitaus komplexer strukturiert: Sie bergen eine Reihe angenehmer und unangenehmer Konsequenzen in sich, die entdeckt und in ihrer Beziehung untereinander sowie zu möglichen Handlungsalternativen betrachtet werden müssen (vgl. z.B. WERBIK 1978), wenn man an einer "besten Lösung" interessiert ist. Kontrolle setzt hier die Ausführung vielfältiger, hierarchisch organisierter, Handlungsketten voraus, die mit unterschiedlichen (Teil-)Ergebnissen in vielfacher Beziehung stehen können. In derartigen Situationen gibt es beinahe unendlich viele Kontingenzverhältnisse, die unmöglich alle bemerkt werden können.

<u>Probleme des Kontrollbegriffs</u>: Die von SELIGMAN vorgenommene Gleichsetzung von Kontrolle und Kontingenz mag für die von ihm bevorzugten einfach strukturierten Vermeidungssituationen gelten, in komplexeren Problemlösesi-

tuationen ist sie jedoch, zumindest in der vorliegenden Definitionsfassung, völlig unbrauchbar (vgl. auch FOLKMAN 1984).

Zur Lösung dieser begrifflichen Problematik bietet es sich an, auch dann von (wahrgenommener) Kontingenz zu sprechen, wenn -obwohl eventuell noch nicht die Lösungs-"Regel" selbst bekannt ist- eine "Regelhaftigkeit" der Situation im Sinne einer "Ansprechbarkeit" der vorgefundenen Bedingungen auf Aktivitäten existiert (bzw. erkannt wird); auch dann gilt ja, daß -wie in der SELIGMANschen Definition gefordert wird- die Ergebnisse zumindestens teilweise handlungsabhängig sind (d. h. nicht vom Zufall abhängen).
Das Vorliegen derartiger Handlungs-Ergebnis-Zusammenhänge bedeutet eine prinzipielle Beeinflußbarkeit; um aber auch selbst Kontrolle in der und über die Situation zu besitzen, ist z.B. ein Mindestmaß an entsprechenden Fertigkeiten unumgänglich; andernfalls, darauf hat auch HECKHAUSEN (1980) hingewiesen, entsteht Hilflosigkeit: Man weiß (bzw. vermutet), daß es eine Lösung geben muß, kann dieses Ziel aber selbst nicht erreichen.

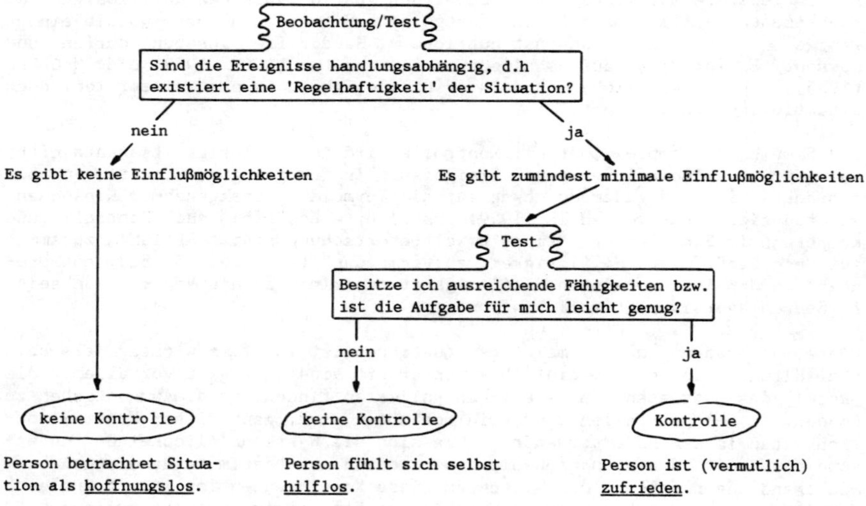

- Abb. 2.3 -

Der Prototyp einer Hilflosigkeitssituation ist damit interessanterweise eine Situation, in der - ganz im Gegensatz zu den Annahmen von SELIGMAN (1975) sowie ABRAMSON et al (1978) - von vorhandener Kontingenz ausgegangen wird; fraglich sind hingegen eigene ausreichende Fähigkeiten (im Zusammenhang mit bestimmten Situationsmerkmalen), die einen "glücklichen Ausgang" herbeiführen könnten.
In dem Fall dagegen, wo eigene und fremde Handlungen als von sämtlichen Ereignissen und Ergebnissen unabhängig betrachtet werden (wo also absolute Inkontingenz existiert), dürfte verstärkt Hoffnungslosigkeit existieren; es gibt keinen denkbaren Lösungsweg (vgl. auch WEINER & LITMAN-ADIZES 1980 sowie GARBER, MILLER & ABRAMSON 1980), nicht einmal die Hoffnung auf Hilfe durch andere Leute.

Es scheint, als ob der einfache Erwartungsbegriff der Hilflosigkeitstheorie, nämlich die als zentral behauptete 'Erwartung zukünftiger Handlungs-Ergebnis-(In)Kontingenzen', zur Erklärung der in komplexeren Unkontrollierbarkeitssituationen möglichen Prozesse nicht ausreicht.
Dies dürfte auch wohl von den Autoren der Reformulierung so gesehen worden sein, da sie - allerdings sehr indirekt - zwei verschiedene Kontingenzbegriffe eingeführt haben - nämlich den Handlungs-Ergebnis-Zusammenhang für eigene Handlungen und den (vermuteten) für die anderer Personen. Diese Unterscheidung, die in der Beschreibung der 'internalen/externalen Attribuierung der Ursachen' "versteckt" ist (und auf der dann 'persönliche' versus 'universale' Hilflosigkeit beruht), wird allerdings bei der 'Erwartung weiterer Inkontingenzen' nicht mehr aufgegriffen, obwohl der Unterschied zwischen der Erwartung "M a n kann..." und "I c h kann Kontrolle in und über bestimmte Situationen ausüben" evident ist.

Daß Kontrollerwartungen und -überzeugungen mehr als eine Verknüpfung zwischen Zusammenhängen beinhalten können, zeigt auch der Vorschlag BANDURAs (1977), zwischen Wirksamkeits- und Ergebniserwartungen zu differenzieren: Selbst-Wirksamkeits-Erwartungen ("self-efficacy expectations") beziehen sich auf die Frage, ob man selbst in der Lage ist, ein für notwendig erachtetes Verhalten auszuführen, Ergebnis-Erwartungen ("response-outcome expectations") dagegen auf die Antizipierung der Ergebnisse eben dieser Verhaltensweise (und zwar sowohl bezüglich der Wahrscheinlichkeit ihres Auftretens als auch bezüglich ihrer persönlichen Bedeutung).

Kontrollerwartungen basieren auf dem Vorhandensein beider Erwartungsformen: Man muß die erforderlichen Handlungen durchführen können, und diese sollten zum gewünschten Ergebnis führen (vgl. ARNKOFF & MAHONEY 1979; WEISZ & STIPEK 1982).
Hilflosigkeit beruht auf geringen Selbst-Wirksamkeits-Erwartungen, Hoffnungslosigkeit auf geringen Ergebnis-Erwartungen; hiervon läßt sich u.U. noch der Zustand der 'relativen Wirkungslosigkeit' abgrenzen, der bei hohen Selbst-Wirksamkeits-Erwartungen und niedrigen Ergebnis-Erwartungen auftritt: "Trotz aller Bemühungen erreicht man bestimmte Ergebnisse nicht, weil eine andere Person oder bestimmte situative Bedingungen es verhindern" (MIELKE 1984, S. 65).

Fazit: Gelernte Hilflosigkeit kann - so gesehen - als Spezialfall einer Reihe möglicher Situations-"Ausgänge" betrachtet werden; die Theorie der gelernten Hilflosigkeit nennt einzelne Bedingungen für bestimmte Auswirkungen von Beeinträchtigungssituationen, die für einfach strukturierte Vermeidungssituationen wohl eine gewisse Erklärungskraft haben mögen, in komplexeren Handlungssituationen aber nicht mehr "greifen". Dieses Defizit beruht zu nicht unwesentlichen Teilen auf einem zu eingeschränkten und zu wenig ausdifferenzierten Kontrollkonzept.

2.3 GENERALISIERTE KONTROLLÜBERZEUGUNGEN: "LOCUS OF CONTROL"

Während im Learned Helplessness-Ansatz die Entstehung spezieller (Un-)Kontrollierbarkeitserwartungen aufgrund bestimmter Situationsbedingungen und persönlicher Verarbeitungsstrategien näher betrachtet wird, wird dieser Blickwinkel im Locus of Control-Ansatz praktisch umgekehrt, indem hier die

Auswirkungen generalisierterer Kontrollüberzeugungen auf unterschiedliche Situationen und Handlungsbereiche thematisiert und untersucht werden.

2.3.1 Theoretische Konzeption

Das auf der Basis der sozialen Lerntheorie entwickelte Locus of Control-Konstrukt wurde durch ROTTER (1966) einer breiteren Öffentlichkeit vorgestellt; Kernpunkt seiner Überlegungen ist, daß Individuen, "die glauben oder erwarten, daß sie ihr Schicksal selbst kontrollieren können", in vielerlei Hinsicht anders mit ihrem Leben umgehen als solche Individuen, "die erwarten, daß Konsequenzen ihres Verhaltens von anderen Menschen kontrolliert oder vom Glück bestimmt werden" (ROTTER & HOCHREICH 1975/1979, S.118).

Die soziale Lerntheorie: Die teilweise im Anschluß an TOLMAN (1932) und LEWIN (1935) formulierte soziale Lerntheorie (ROTTER 1954; ROTTER, CHANCE & PHARES 1972) stellt eine vergleichsweise frühe Integration von behavioristischen Verstärkungstheorien auf der einen und kognitiven bzw. gestaltpsychologischen Ansätzen auf der anderen Seite dar.

Sie gehört zur Gruppe der sogenannten "Erwartungs-Wert-Modelle", die seit einigen Jahrzehnten in der Motivations-, Handlungs- und Einstellungsforschung zunehmende Geltung erlangt haben (vgl. etwa LEWIN 1938; PEAK 1955; EDWARDS 1961; VROOM 1964; HECKHAUSEN 1977; AJZEN & FISHBEIN 1980; FEATHER 1982). Deren Kernaussage ist, "daß subjektive Valenzen (Werthaltungen, Zielpräferenzen, subjektive Verstärkungswerte) und subjektive Erwartungen (Instrumentalitäten, instrumentelle Überzeugungen) als die wesentlichen handlungssteuernden Variablen betrachtet werden: Das, was eine Person tut, hängt also ab von (a) dem, was sie wünscht (ihren Handlungszielen) und (b) dem, was sie in der gegebenen Handlungssituation erwartet (ihren Vermutungen oder Annahmen über Handlungs-Ergebnis-Zusammenhänge...)" (KRAMPEN 1982, S.25).

Vergleichbare Annahmen wurden von ROTTER sowohl für situationsbezogene wie für situationsübergreifende Zusammenhänge formuliert.

Im Hinblick auf konkrete Situationen läuft die Vorstellung ROTTERs darauf hinaus, "daß es in einer gegebenen Situation immer eine Reihe von Verhaltensmöglichkeiten gibt. Diese Verhaltensalternativen sind entsprechend ihrer Auftretenswahrscheinlichkeit in einer bestimmten Situation hierarchisch geordnet" (MIELKE 1984, S.43).
Die Annahme, daß die Auftretenswahrscheinlichkeit jeder einzelnen Verhaltensweise in einer konkreten Situation sowohl von dem subjektiven Verstärkerwert wie von der subjektiven Erwartung, daß der Verstärker als Folge dieses Verhaltens auftritt, abhängt, wird in folgender "Grundformel" der sozialen Lerntheorie zum Ausdruck gebracht:

$$BP_{x,\ s1,\ Ra} = f\,(E_{x,\ s1,\ Ra}\ \&\ RV_{a,\ s1})$$

BP = "behavior potential": die Wahrscheinlichkeit des Auftretens der Verhaltensweise x in der Situation s1 in bezug auf den Verstärker Ra
E = "expectancy": die subjektive Erwartung des Verstärkers Ra in der Situation s1 nach der Handlung x
RV = "reinforcement value": der subjektive Wert des Verstärkers Ra in der Situation s1

Der Vorteil dieser Formel liegt in der Erleichterung spezifischer Operationalisierungen, ihr Nachteil in der Beschränkung auf eine bestimmte Verhaltensweise in bezug auf einen bestimmten Verstärker in einer bestimmten Situation.

Um der Komplexität menschlichen Verhaltens gerechter zu werden, hat ROTTER auch eine generalisiertere Formel vorgeschlagen:

$$NP = f\ (FM \ \&\ NV)$$

NP = "need potential": die Wahrscheinlichkeit der Ausführung einer Gruppe funktional verbundener Verhaltensweisen
FM = "freedom of movement": die Erwartung, mit diesen auf eine Gruppe verbundener Verstärker gerichteten Verhaltensweisen Befriedigung zu erlangen
NV = "need value": der Präferenzwert dieser entsprechenden Verstärkergruppe

Die eigentlich interessante Überlegung ROTTERs aber ist die, daß die in einzelnen Situationen wirksam werdenden Erwartungen sich auf Erfahrungen unterschiedlichen Generalisierungsgrades gründen: "Erwartungen sind in jeder Situation nicht nur durch spezifische Erfahrungen in dieser Situation determiniert, sondern auch, in einem gewissen variablen Ausmaß, durch Erfahrungen in anderen Situationen, die das Individuum als ähnlich wahrnimmt" (ROTTER 1975/1982, S.45).

Das Verhältnis von spezifischen zu generalisierten Erwartungen wird in folgender Formel ausgedrückt:

$$E_{s1} = f\ (E'_{s1} \ \&\ GE/N_{s1})$$

Hierbei bezieht sich GE auf die generalisierten Erfahrungen und Erwartungen in anderen (als ähnlich wahrgenommenen) Situationen, E'sl dagegen auf die in der spezifischen Situation sl; Nsl bezeichnet die Anzahl der situationsspezifischen Erwartungen.

Aus dieser Formel ergibt sich, daß die Bedeutung generalisierter Erwartungen für spezifische Situationen in dem Maße zunimmt, wie spezifische Erfahrungen mit dieser speziellen Situation fehlen. Diese Annahme, nämlich "daß generalisierte Erwartungen in Abhängigkeit von der Situation, genauer gesagt, der Vertrautheit oder Komplexität der Situation, das Verhalten determinieren und andererseits die Bedeutung situationsspezifischer Erwartungen mit der Eindeutigkeit bzw. Bekanntheit der Situation zunimmt (vgl. zuletzt ROTTER 1980), erlaubt es, die Position ROTTERs aus persönlichkeitspsychologischer Sicht als interaktionistisch zu bezeichnen" (MIELKE 1984, S.51).

<u>Das Locus of Control-Konstrukt</u>: Eine besonders gewichtige Form solcher generalisierter Erwartungshaltungen ist laut ROTTER die Erwartung intern(al)er/extern(al)er Verstärkerkontrolle ("locus of control of reinforcement").

Diesem Konzept liegt die Überlegung zugrunde, "daß Individuen in der Interaktion mit ihrer Umwelt Erfahrungen darüber machen, ob Verstärker und Ereignisse als Folge eigener Handlungen oder eigener Charakteristika auftreten oder nicht" (KRAMPEN 1982, S. 43), und daß sich derartige Erfahrungen zu generelleren Erwartungeshaltungen verdichten, die, wie aus der sozialen Lerntheorie folgt, in insbesondere neuartigen Situationen handlungsrelevant werden.
Dabei wird von einem eindimensionalen Kontinuum ausgegangen: "Je geringer

die Überzeugung ist, daß die Verstärkung durch das eigene Verhalten bewirkt wurde (das wäre eine interne Kontrollüberzeugung), desto stärker muß die gegenteilige Überzeugung ausgeprägt sein, nämlich daß man glaubt, die Verstärkung ist unabhängig vom eigenen Verhalten und irgendwelche Kräfte außerhalb der Person teilen sie aus, d. h. haben Kontrolle über das Auftreten oder Nicht-Auftreten des verstärkenden Ereignisses (das wäre eine externe Kontrollüberzeugung)" (MIELKE 1982a, S. 20).

Obwohl mit diesem Konstrukt ursprünglich also erstens eine nur unter bestimmten Bedingungen wirkende und zweitens kontinuierlich ausgeprägte Variable gemeint war, wurden und werden "generalisierte Erwartungshaltungen eines Individuums darüber, ob es durch eigenes Verhalten Verstärker und wichtige Ereignisse in seinem Leben beeinflussen kann (internale Kontrolle) oder nicht (externale Kontrolle)" (KRAMPEN 1982, S. 1) durchweg als Entweder-oder-Haltungen interpretiert und in entsprechender Weise zur Typisierung von "Internalen" bzw. "Externalen" benutzt; die ursprüngliche Anbindung an die soziale Lerntheorie ist dabei mehr oder weniger in Vergessenheit geraten (OESTERREICH 1981).

Zu dieser Behandlung des Locus of Control-Konstrukts als Persönlichkeitsmerkmal hat ROTTER (1966, S. 1) durch seine Aussage, daß es "grundlegende Unterschiede" zwischen Individuen gibt, die sich auf das Ausmaß ihrer Bereitschaft beziehen, Belohnungen als unter der eigenen Kontrolle stehend zu erleben, nicht unerheblich beigetragen.

Dazu kommt, daß zur Erhebung internaler/externaler Kontrollüberzeugungen eine Reihe einfach zu handhabender Fragebogeninstrumente zur Verfügung steht, was diesen Trend unterstützt:

Die auf der Basis der Arbeiten von PHARES (1955), JAMES (1957), ROTTER, LIVERANT & CROWNE (1961) sowie ROTTER, SEEMAN & LIVERANT (1962) entwickelte und durch die Publikation von ROTTER (1966) bekanntgewordene englischsprachige I-E-Skala besteht aus 23 Items mit je einer internalen und einer externalen Antwortalternative im 'forced-choice'-Format und 6 Füllitems; sie ist inzwischen ins Deutsche übersetzt (z. B. durch ROST-SCHAUDE et al 1975) und hier einer ersten Normierung (durch PIONTKOWSKI et al 1981) unterzogen worden.
Die verschiedenen Probleme, die mit diesem "Ursprungsfragebogen" verbunden sind (s. insbesondere HOFFMANN & SCHENK 1985; anders dagegen: ASHKANASY 1985) haben zur Konstruktion einer Fülle von geänderten und gänzlich anderen Erhebungsinstrumenten geführt.
Inzwischen liegen Fragebogenverfahren unterschiedlichster Art für allgemeine und bereichsspezifische Kontrollerwartungen in ein- wie multidimensionaler Form, im forced-choice- wie im Likert-Format, für Erwachsene wie für Kinder, in englischen und auch in deutschen Versionen vor. Einen Überblick hierzu geben u.a. MIELKE (1982) und KRAMPEN (1982).

2.3.2 Forschungsschwerpunkte

Seit ROTTER das Locus of Control-Konstrukt vor rund zwanzig Jahren vorstellte, ist die Zahl der Veröffentlichungen hierzu beinahe unüberschaubar geworden (ROTTER 1975 spricht von über 600, MEYER 1982 bereits von über 1000 publizierten Untersuchungen).

Der größte Teil der Arbeiten läßt sich dabei laut KRAMPEN (1982) der differentialpsychologischen (Grundlagen-)Forschung -insbesondere zur Konstruktbildung und Messung- zurechnen, der verschiedene Untersuchungen im (eher angewandten) Bereich der Pädagogischen, Sozial- und Klinischen Psychologie gegenüberstehen.

Eine andere Möglichkeit der Zuordnung der vielfältigen Ergebnisse bieten in Anlehnung an MIELKE (1982a) die Fragestellungen:
(1) Worin unterscheiden sich Personen mit internalen von denen mit externalen Kontrollüberzeugungen? (I-E-Unterschiede)
(2) Auf Grund welcher Prozesse entwickeln sich internale/externale Kontrollüberzeugungen? (I-E-Entwicklung)
(3) Wie lassen sich Kontrollüberzeugungen modifizieren? (I-E-Veränderung)

I-E-Unterschiede: In bezug auf die Unterschiede zwischen internal und external kontrollierten Personen wird von den Locus of Control-Theoretikern angenommen, "daß Internale im Vergleich zu Externalen wirksamer, wachsamer oder lenkender in dem Bemühen sind, ihre Umwelt zu kontrollieren und zu manipulieren" (PHARES 1976, S. 60), woraus Hypothesen in Richtung auf vermehrte Anstrengungen, höhere Leistungen, bessere Verarbeitungsstrategien, verstärkte Widersetzungsversuche gegen Beeinflussungen und höhere Beteiligungen an politischen Aktionen von internal kontrollierten Personen abgeleitet werden.

Eine relativ stringente, wenn auch schon etwas ältere, Zusammenstellung verschiedener Ergebnisse solcher Hypothesenprüfungen durch STRICKLAND (1977) wird durch MIELKE (1982a) zusammengefaßt:

- "Es gibt einen eindeutigen Zusammenhang mit Konformität und Unterordnung. Interne halten ihr Urteil auch angesichts widriger Umstände aufrecht, während Externe dem Druck anderer nachgeben, insbesondere wenn Prestige und Expertentum eine Rolle spielen. Interne scheinen die Zügel gern selbst in der Hand zu haben. Sie verhalten sich so, daß sie ihre Unabhängigkeit schützen und weisen den Einfluß anderer zurück.
- Interne und Externe benutzen unterschiedliche Strategien bei der Informationsaufnahme, der Verwendung von Hinweisreizen und bei der Inangriffnahme zielgerichteten Verhaltens. Interne konzentrieren sich auf die relevanten Hinweisreize einer Aufgabe, ohne sich durch die Erklärungen anderer Personen oder soziale Verstärkungen beirren zu lassen. Sie verlassen sich auf ihre eigenen Fähigkeiten und Interpretationen und scheinen durch diese Strategie Externen bei der Bewältigung bestimmter Aufgabenarten überlegen zu sein.
- Interne/externe Kontrollüberzeugung hat eine Beziehung zur Attribution von Ursachen. Interne neigen dazu, insbesondere Erfolg als Ergebnis ihres Verhaltens zu sehen. Externe halten ihre Verhaltensergebnisse -insbesondere im Falle von Mißerfolg- häufiger für zufallsabhängig.
- Interne/externe Kontrollüberzeugung steht in direktem Zusammenhang mit Leistungsverhalten. Interne arbeiten nicht nur härter, sondern werden dafür auch durch bessere Noten oder den Erhalt sonstiger erwünschter Verstärker eher belohnt.
- Interne und Externe scheinen bei sozialen Interaktionen einen unterschiedlichen Stil zu haben... In dyadischen Interaktionen sind Interne überzeugender als Externe und bevorzugen persönliche und positive Beeinflussungsstrategien. Externe verlassen sich eher auf Sanktionsmittel und üben notfalls auch Druck aus..." (MIELKE 1982a, S.34/35).

Eine Möglichkeit, diese vielfältigen Ergebnisse auf einen gemeinsamen Nenner zu bringen, besteht in der Annahme eines Selbstverstärkungszirkels: "Das Gefühl, Ereignisse durch das eigene Verhalten steuern zu können, erleichtert es internal kontrollierten Personen, Ziele für sich zu formulieren, Pläne zu machen und ihr Verhalten dementsprechend instrumentell auf die Zielerreichung auszurichten", was zu besseren Verhaltensergebnissen führt, die internal attribuiert werden können. "Die Erfahrung eigener Kompetenz führt wiederum zur Verstärkung der generalisierten internalen Kontrollerwartung" (PIONTKOWSKI 1978, S. 312 u. 313).

Diese Annahme ist plausibel. Gegen die generelle Gültigkeit einer derartigen Interpretation spricht allerdings die Tatsache, daß es auch eine ganze Reihe ausgesprochen widersprüchlicher Befunde gibt.

Ein erster Bereich, der nicht klar mit dem Selbstverstärkungszirkel zur Dekkung zu bringen ist, betrifft den Zusammenhang zwischen Locus of Control und gelernter Hilflosigkeit:
Rein theoretisch wäre zu erwarten, daß Personen mit ausgeprägter internaler Kontrollüberzeugung in uneindeutigen Situationen eher deren Kontrollierbarkeit erwarten und sich dementsprechend ausdauernder und besser gegen (objektiv existierende) Unkontrollierbarkeit wehren, bevor sie schließlich aufgeben.
Während HIROTO (1974) zeigen konnte, daß external kontrollierte Personen nach erlebtem Hilflosigkeitstraining längere Reaktionslatenzen als Personen mit internalen Kontrollüberzeugungen hatten, zeigten sich bei COHEN et al (1976) zwar verschiedene Zusammenhänge zum Leistungsniveau, kein Zusammenhang jedoch zwischen Kontrollüberzeugungen und -theoretisch zu erwartenden- Unterschieden in der Ausdauer bei Problemlöseaufgaben.
Die Ergebnisse von PITTMAN & PITTMAN (1979) zeigen zwar differenzierte -sich aus dem Modell von WORTMAN & BREHM (1975) ergebende- Zusammenhänge zwischen Internalität/Externalität und Leistungsniveau, interessanterweise aber auch, daß sich nicht nur Internale über (leichtere) Unkontrollierbarkeit ärgern, sondern auch Externale, was darauf hindeutet, daß auch letztere eigentlich Kontrollierbarkeit erwartet haben müssen, obwohl sie diese Erwartungen nicht in entsprechende Handlungen umsetzen.

Ein zweiter Bereich, der inkonsistente Befunde erbringt, betrifft den Zusammenhang zwischen Locus of Control und politischer Betätigung:
Eigentlich ergibt sich aus dem Selbstverstärkungszirkel, daß internal kontrollierte Personen sich -da sie ja mehr Möglichkeiten zur aktiven Gestaltung der Umwelt sehen und erwarten- verstärkt an politischen Aktionen beteiligen (sollten).
Obwohl derartige Aussagen teilweise bestätigt werden konnten (GORE & ROTTER 1963; STRICKLAND 1965), gibt es auch anderslautende Ergebnisse - so z.B. positive Korrelationen zwischen Externalität und politischer Aktivität bei schwarzen (RANSFORD 1968; GURIN et al 1969) wie weißen (THOMAS 1970; SILVERN & NAKAMURA 1971) Amerikanern oder praktisch bedeutungslose Zusammenhänge bei deutschen Studenten (SCHENK et al 1985).
KLANDERMANS (1983), der 31 über einen Zeitraum von 20 Jahren zu diesem Themenkomplex durchgeführte Studien analysierte, fand sowohl signifikante Zusammenhänge in der einen wie der anderen Richtung als auch -und zwar in der überwiegenden Anzahl- Korrelationen, die auf einen Nichtzusammenhang des Locus of Control-Konstrukts zu politischer Handlungsbereitschaft hindeuten.

Die Inkonsistenz dieser Befunde könnte erstens damit zusammenhängen, daß Höhe und Richtung von Kontrollüberzeugungen kulturabhängig sind (s.z.B. WIEBERG & KRAMPEN 1982); die anscheinend in westlichen Ländern vorzufindende "Internalitätsnorm" (JELLISON & GREEN 1981) gilt jedenfalls nicht für Länder wie Japan (KOJIMA 1984), und im Hinblick auf einen Vergleich mit afrikanischen Kulturen fragen STREIFFELER et al (1982), ob nicht bereits die I-E-Dualität Ausdruck einer "bürgerlichen Ideologie" ist.
Die Inkonsistenz könnte zweitens damit zusammenhängen, daß Menschen entgegen der Theorie keine über alles hinweg generalisierten Kontrollüberzeugungen besitzen, sondern unterschiedliche Überzeugungen für etwa einerseits den vergleichsweise überschaubaren persönlichen Bereich und andererseits den im allgemeinen weniger transparenten gesellschaftlichen Bereich (s.z.B. GURIN, GURIN & MORRISON 1978).

<u>I-E-Entwicklung</u>: In bezug auf die Entwicklung von Kontrollüberzeugungen wurden unter anderem die Einflüsse durch Elternhaus und Schule untersucht.

Die Studien zur familiären Sozialisation zeigen in der Mehrzahl, daß ein konsistenter Erziehungsstil eine gute Voraussetzung zur Ausbildung von internalen Kontrollüberzeugungen bei Kindern darstellt (DAVIS & PHARES 1969; EPSTEIN & KOMORITA 1971; LEVENSON 1973; YATES et al 1975). Dies ist insofern theoriekonform, als ein inkonsistentes Elternverhalten den Glauben an die Determinierung des Lebens durch den Zufall, das Schicksal oder mächtige andere Personen fördern und so zur Entwicklung einer externalen Orientierung beitragen sollte.

Verschiedene Untersuchungen weisen daneben jedoch auch auf einzelne Moderatorvariablen hin.
Im Hinblick auf das Geschlecht zeigt sich, daß die Kontrollüberzeugungen von Kindern zwar einerseits eher denen der Mütter als denen der Väter entsprechen (CHANDLER et al 1980), daß andererseits aber ein unterstützender Erziehungsstil bei den Müttern eine internale Orientierung der Söhne fördert, derselbe Erziehungsstil bei den Vätern dagegen eine externale Orientierung der Töchter nach sich zieht (KATKOVSKY et al 1967); hierbei ist zu berücksichtigen, daß derartige Zusammenhänge auch von dem zu dem jeweiligen Untersuchungszeitpunkt vorherrschenden Geschlechtsrollenverständnis mitgeprägt sein könnten (s. DOHERTY & BALDWIN 1985).
Auf Wechselwirkungen zwischen Erziehungsstil und Alter im Hinblick auf Kontrollüberzeugungen gehen ROHNER et al (1980) ein, speziellere Aspekte des Familienklimas untersucht SCHNEEWIND (1982).

Die Untersuchungen zur schulischen Sozialisation legen einerseits nahe, daß offener Unterricht zu mehr Internalität führt (z.B. STEPHENS 1972), andererseits scheint zu gelten, daß Internalen eher ein offener, Externalen dagegen eher ein traditioneller Unterrichtsstil entgegenkommt (SEIDNER et al 1978).

<u>I-E-Veränderung</u>: Die intendierte Veränderung "ungünstiger" Kontrollüberzeugungen gehört mit zu den ursprünglichen zentralen Anliegen der Locus of Control-Theorie. Laut PHARES (1976) basiert das Konzept schließlich auf klinischen Einzelfall-Beobachtungen.

PHARES leitet sein Buch mit der Beschreibung des Klienten "Karl S." ein, eines 34jährigen Mannes, der unter verschiedenen Ängsten litt und sich durch beinahe keinerlei soziale Fertigkeiten sowie ausgesprochen niedrige Erfolgserwartungen im Hinblick auf seine grundlegenden zwischenmenschlichen Bedürfnisse auszeichnete.
Das Spezifikum dieses "Falles" ist, daß Karl zwar alle möglichen (durch den Therapeuten vorgeschlagenen) Änderungsschritte zur Ausweitung seiner sozialen Kompetenz bereitwillig ausführte, trotz gewisser Erfolge aber weiterhin hoffnungslos und -was selbst initiierte Bemühungen anging- inaktiv blieb. Als Grund für diese Passivität und die (weiterhin) niedrigen Erfolgserwartungen nennt PHARES die Unfähigkeit Karls, die erfolgreiche Änderung bestimmter Lebensumstände auf die eigenen Verhaltensweisen zurückzuführen.
Diese den "Ort der Kontrolle" nach außen verlagernde generalisierte Zuschreibungs- und Erwartungshaltung wurde im Rahmen der (1954 durchgeführten) Therapie nur ansatzweise zum Thema der verschiedenen Sitzungen gemacht. Aus dem Blickwinkel des Locus of Control-Konzepts jedoch ergibt sich, "daß die Änderung seiner externalen Orientierung in Richtung eines stärkeren Glaubens an internale Kontrolle in entscheidendem Maße den Beginn eines 'wünschenswerteren' Verhaltens gefördert hätte" (PHARES 1976, S. 5).

Beschreibungen systematischer und strukturierter Verfahren zur Erzielung höherer internaler Kontrollüberzeugungen finden sich beispielsweise bei NOWICKI & BARNES (1973), TYRE & MAISTO (1974) und GUTKIN (1978).

Die Überlegung, gezielte Trainings zur Ausbildung internaler statt externaler Kontrollüberzeugungen zu entwickeln, liegt insofern nahe, als sich external kontrollierte Personen im Schnitt nicht nur durch geringere Unabhängigkeit und soziale Kompetenz auszeichnen, sondern auch vorrangig in vielen klinischen Fallgruppen -so etwa bei Depressiven (PROCIUK et al 1976; BECKER & LESIAK 1977), Schizophrenen (CROFT et al 1975), Neurotikern (SMITH et al 1971) oder der Gruppe der ängstlichen Personen (ARCHER 1979) - vorzufinden sind.

Die generelle Sollvorgabe möglichst hoher internaler Kontrollüberzeugungen für Trainings und Therapien ist jedoch ausgesprochen problematisch, wenn man sich die real existierende (Un-)Kontrollierbarkeit verschiedener Lebensbedingungen vor Augen hält: "Den -bis heute zum Teil noch gängigen- Überzeugungen 'Wer will, findet auch Arbeit' oder 'Jeder ist seines Glückes Schmied' (internale Kontrolle) stehen beispielsweise für viele Arbeitslose Erfahrungen entgegen, die zeigen, daß eine Arbeitsstelle nicht oder kaum durch eigenes Engagement zu erhalten ist, sondern von unbeeinflußbaren Bedingungen abhängt (externale Kontrolle)" (HOHMANN 1983, S. 79). ROTTER selbst wehrt sich denn auch zunehmend gegen die Annahme, "daß es gut ist, intern zu sein und schlecht, extern zu sein", die er "vorschnell" (1975/1982, S. 51) nennt: Es sei zumindest unklar, ob internal kontrollierte Personen sich nicht durch zum Teil unrealistische Annahmen auszeichnen würden. Diese Vermutung wird durch die Ergebnisse einer Studie von BORGES et al (1980) gestützt.

Bewertung: Die aufgeführten Ergebnisse zu Unterschieden zwischen beiden Personengruppen sowie zur Entstehung und zur Veränderung von internalen/externalen Kontrollüberzeugungen spiegeln nur einen Bruchteil der tatsächlich durchgeführten Forschungsarbeiten wider; laut AMELANG & BARTUSSEK (1981) gibt es "kaum einen Merkmalsbereich des Erlebens und Verhaltens, der mit der locus of control-Variable nicht in Zusammenhang gebracht wurde" (S. 369).
Da die Menge der vielfältigen Untersuchungen "bisher noch nicht zu einer einigermaßen schlüssigen Vorstellung vom 'locus of control'-Konstrukt geführt" hat (MIELKE 1982a, S. 34), läßt sich die Frage aufwerfen, "ob schon davon gesprochen werden kann, daß die Forschungsquantität zu Kontrollüberzeugungen in Forschungsqualität umgeschlagen ist" (KRAMPEN 1982, S. 4).

2.3.3 Modifikationen und Differenzierungen

Inzwischen liegen einige Versuche vor, verschiedene Widersprüche und Ungereimtheiten des ursprünglichen Locus of Control-Konstrukts durch konzeptionelle Veränderungen zu bereinigen.

Konstruktmodifikationen: Die meisten Überlegungen gehen dabei in Richtung auf eine "Splittung" des ursprünglich eindimensionalen und generellen Konzepts.

Eine erste Modifikation stammt von ROTTER selbst; bereits bei der Publizierung seiner Grundannahmen formulierte er die Vermutung, daß Externalität sich nicht nur auf solche Menschen bezieht, die tatsächlich die Überzeugung haben, daß das, was ihnen widerfährt, das Resultat von Kräften außerhalb ihrer Kontrolle ist, und die sich deshalb konsequenterweise passiv verhalten (sogenannte "passiv" oder "kongruent" Externale), sondern auch auf jene Menschen, die externale Items vor allem deswegen ankreuzen, weil sie die Verantwortung für eigene Mißerfolge ablehnen (sogenannte "defensiv" Externale).

Obwohl z.B. HOCHREICH (1978) leistungsbezogene Vorhersagen durch eine solche Differenzierung (mittels der 'Interpersonal Trust Scale' von ROTTER 1967) verbessern konnte, scheint eine exakte empirische Trennung dieser beiden Gruppen aufgrund des dabei nur schwer zu lösenden Problems der sozialen Erwünschtheit schwierig zu sein; zudem wird die Fruchtbarkeit der Variable 'defensive Externalität' wegen verschiedener Hypothesenfalsifizierungen verschiedentlich angezweifelt (WRIGHT, HOLMAN, STEELE & SILVERSTEIN 1980).

Eine andere Differenzierung der Externalität wurde von LEVENSON (1972) vorgeschlagen: sie nimmt an, daß external kontrollierte Personen danach unterschieden werden können, ob sie glauben, daß Ereignisse deshalb unkontrollierbar sind, weil sie vom Zufall abhängen, oder ob sie davon ausgehen, daß zwar nicht sie selbst, jedoch mächtige andere Personen diese Ereignisse beeinflussen.
Der aufgrund dieser Überlegungen entwickelte IPC-Fragebogen (I = internal, P = powerful others, C = chance) -der inzwischen auch in einer deutschen Version vorliegt (s. KRAMPEN 1981)- konnte einige der zuvor im Zusammenhang mit politischen Aktivitäten gefundenen Widersprüche auflösen: das Ergebnis, daß unter politisch Engagierten vorrangig Externale zu finden sind (z.B. RANSFORD 1968), verliert seine Irritationskraft insofern, als der Zusammenhang nur dann zu gelten scheint, wenn sich die Externalität auf Überzeugungen im Sinne der P-Skala, nicht aber auf Fatalismushaltungen im Sinne der C-Skala gründet (vgl. LEVENSON 1972; LEVENSON & MILLER 1976).
Die generelle Brauchbarkeit dieser Externalitätssplittung wird allerdings im Zusammenhang mit der Qualität der deutschen IPC-Version von KRAMPEN (1981) zunehmend in Zweifel gezogen (MERZ 1981; HOFFMANN & SCHENK 1985).

Auch der dritte Versuch zur "Rettung" des Locus of Control-Konstrukts entstand im Zusammenhang mit der Vorhersage politischer Betätigung.
Der Vorschlag, zwischen persönlicher Kontrolle und Kontrollideologie zu unterscheiden, ergibt sich aus verschiedenen Analysen, in denen sich zeigte, daß in der ROTTERschen I-E-Skala sowohl Items enthalten sind, die sich auf den persönlichen Lebensbereich beziehen, als auch solche, die einen eher institutionell-politischen Bereich repräsentieren (GURIN, GURIN, LAO & BEATTIE 1969; MIRELS 1970; ABRAHAMSON, SCHLUDERMAN & SCHLUDERMAN 1973). Ein aktuellerer Versuch, politische Betätigung über Kontrollideologie-Items vorherzusagen (SCHENK et al 1985) erbrachte allerdings keine nennenswerten Zusammenhänge.

Die vierte Konstruktmodifizierung baut auf der dritten insofern auf, als auch dabei die Generalität des Locus of Control-Konstrukts angezweifelt wird.
In Fortführung dieser Überlegungen wurde zunehmend postuliert, daß Kontrollüberzeugungen in verschiedenen Verhaltens- und Lebensbereichen intraindividuell unterschiedlich ausgeprägt sein können, was die zunehmende Konstruktion bereichsspezifischer Skalen nach sich zog - so etwa zum Risikoverhalten (NEWMAN 1977), zum Gesundheitsbereich (KIRSCHT 1972, 1983; WALLSTON & WALLSTON 1981; GUTKIN et al 1985), zum Drogenkonsum (OZIEL et al 1972; DONOVAN & O'LEARY 1978) oder zum Verkehrsverhalten (TESSER & GROSSMAN 1969).

Eine fünfte Differenzierung schließlich bezieht sich auf den Unterschied zwischen Kontrollüberzeugungen im Zusammenhang mit Erfolg versus Mißerfolg (CRANDALL, KATKOVSKY & CRANDALL 1965) bzw. angenehmen versus unangenehmen Ereignissen (MISCHEL, ZEISS & ZEISS 1974).

<u>Differenzierungsebenen</u>: Unter Vernachlässigung der Unterscheidung zwischen

kongruenter und defensiver Externalität (wobei die letztgenannte letztlich auf eine Art 'Schutzhaltung' hinausläuft) lassen sich die aufgeführten Konstruktdifferenzierungen in Anlehnung an PAULHUS & CHRISTIE (1981) in der folgenden "Überzeugungsaussage" zusammenfassen:

"Gewisse Instanzen bestimmen die Ereignisse, die mir bzw. der Menschheit in verschiedenen Lebensbereichen widerfahren."

Als Kontrollinstanzen kommen dabei beispielsweise 'ich selbst, andere, der Zufall' (LEVENSON 1972; KRAMPEN 1981) in Frage; bei den Lebens- und Verhaltensbereichen lassen sich etwa 'persönliche Leistung, zwischenmenschliche Beziehungen, soziopolitische Aktivitäten' (PAULHUS & CHRISTIE 1981) unterscheiden; die Ereignisse wiederum können positiv oder negativ (CRANDALL et al 1965; MISCHEL et al 1974; GREGORY 1981) sein; und die gesamten Zusammenhänge können sich schließlich auf einen selbst (persönlich) und/oder auf andere (ideologisch) beziehen (GURIN et al 1969; MIRELS 1970).

2.3.4 Das zugrundeliegende Kontrollkonzept

Auch bei Berücksichtigung dieser verschiedenen Differenzierungen scheinen internale/externale Kontrollüberzeugungen das zu repräsentieren, was der Begriff impliziert - nämlich (mehr oder weniger generalisierte) Überzeugungen im Hinblick auf den (vermuteten) "Ort der Kontrolle".
Eine genauere Betrachtung der theoretischen Konzeption und empirischen Indikatoren zeigt jedoch, daß mit dem Locus of Control-Konstrukt grundlegende Uneindeutigkeiten verbunden sind; diese betreffen zum einen die Definition der internalen/externalen Kontrolle selbst, zum anderen deren Bezug zu den Annahmen der sozialen Lerntheorie.

Definitorische Unklarheiten: Während im allgemeinen das Locus of Control-Konstrukt als (generalisierte) Erwartungshaltung von Personen darüber, ob sie ihr Schicksal (bzw. Teile davon) selbst kontrollieren können oder nicht, aufgefaßt wird (z.B. BRAUKMANN 1981a, S.4; KRAMPEN 1982, S. 1; MIELKE 1982a, S. 17; aber auch: ROTTER & HOCHREICH 1975/1979, S. 118), - was auf eine Erwartung von Kontrolle vs. Nichtkontrolle hinausläuft -, hat ROTTER selbst zwei verschiedene Begriffe - nämlich Kontingenz und Kontrolle - zur Umschreibung seines Konstrukts herangezogen.

In der ROTTERschen Ursprungsdefinition heißt es: "Wenn ein Verstärker von der Person als zwar eigenen Handlungen folgend, aber nicht als völlig handlungskontingent wahrgenommen wird, dann wird er in unserer Kultur üblicherweise als das Ergebnis von Glück, Zufall, Schicksal, als unter der Kontrolle mächtiger anderer Personen oder als unvorhersehbar aufgrund der großen Komplexität der Kräfte in der Umwelt wahrgenommen. Wird das Ereignis auf diese Weise durch ein Individuum interpretiert, haben wir dies als Glaube an externale Kontrolle bezeichnet. Wenn die Person wahrnimmt, daß das Ereignis kontingent zu eigenem Verhalten oder eigenen relativ überdauernden Charakteristika ist, haben wir dies einen Glauben an internale Kontrolle genannt" (ROTTER 1966, S. 1).

Im Falle externaler Kontrollüberzeugungen wirft die Gleichsetzung von Kontingenz und Kontrolle kaum Probleme auf, da inkontingente Ereignisse, wie leicht einzusehen ist, generell auch unkontrollierbar sind.
Im Falle internaler Kontrollüberzeugung dagegen ist die Behauptung, daß kontingente Ereignisse zugleich auch kontrollierbar sind (ROTTER, SEEMAN & LIVERANT 1962, S. 499), ausgesprochen problematisch. Denn es ist ohne weiteres denkbar, daß jemand zwar (generell) davon ausgeht, daß das, was ihm wi-

derfährt, aufgrund seiner eigenen Handlungen geschieht -d.h. er sieht eine Handlungs-Ereignis-Kontingenz-, zugleich jedoch auch davon überzeugt ist, daß er alle möglichen ihm wichtigen Ziele (z.B. aufgrund von Unfähigkeit) selbst niemals erreichen kann - d.h. er besitzt in seinen Augen absolut keine Kontrolle.

Dieser Unterschied kann sich sowohl bei situationsbezogenen als auch bei generalisierteren Kognitionen niederschlagen: Jemand, der z.B. bei einer Aufgabe permanent Mißerfolge produziert und dies auf eigene Unfähigkeit zurückführt (die beobachteten Ergebnisse also als kontingent in bezug auf eigene Verhaltensweisen erlebt), wird wohl kaum die Aufgabe als selbst kontrollierbar annehmen. Ein Beispiel für generalisiertere Kognitionen ist etwa der Attributionsstil Depressiver, der sich ja bekanntlich dadurch auszeichnet, daß Mißerfolge als durch eigenes Verhalten verursacht gesehen (Kontingenz: ja), Erfolge aber nicht erwartet werden (Kontrolle: nein).
Angenommene Kontingenz impliziert zwar "Selbstverursachung" (und evtl. auch "Selbstverantwortlichkeit" - siehe SCHNEEWIND 1982), keineswegs jedoch zwangsläufig auch "Selbstwirksamkeit" - d.h. Kontrolle im Sinne von "Ich kann, wenn ich will" oder "Ich habe die Dinge fest im Griff".

Dies wird auch von MEYER (1982) herausgestellt. Er schreibt: " ... nicht alle Ereignisse und Bekräftigungen, die man 'als Folge der eigenen Handlungen' (ROTTER et al 1962, S. 499) bzw. als 'kontingent in bezug auf eigenes Verhalten oder auf die eigenen relativ überdauernden Charakteristika' (ROTTER 1966, S. 1) erlebt, wird man auch als kontrollierbar wahrnehmen, wie es Rotter behauptet" (S. 66).
Allerdings ist der Schluß MEYERs, daß es auf die Kontrollierbarkeit der U r s a c h e n ankomme, kaum nachzuvollziehen: Ein Indivuduum besitzt dann Kontrolle, wenn es intendierte Ereignisse und Zustände selbst herbeiführen kann (d.h. eigene Ziele selbst verwirklichen kann) - und dabei spielt es keine Rolle, ob ihm dies z.B. aufgrund ausgeprägter Begabung (die MEYER als "unkontrollierbar" klassifiziert) oder aufgrund höchster Anstrengung (die er als "kontrollierbar" bezeichnet) möglich ist.

Die unzureichende Trennung zwischen Kontingenz und Kontrolle ist nicht nur ein Definitionsproblem, sondern läßt sich auch bei den üblicherweise eingesetzten Fragebögen aufzeigen:

Eine Analyse des ursprünglichen I-E-Fragebogens von ROTTER (1966) sowohl in der englischen Originalfassung wie in der deutschen Übersetzung von ROST-SCHAUDE (abgedruckt in MIELKE 1982) zeigt, daß sich die wenigsten Items mit Kontrollüberzeugungen im engeren Sinn beschäftigen (etwa 11a 'Wenn ich etwas plane, bin ich fast sicher, daß ich es auch verwirklichen kann' oder, umgekehrt, 20a 'Oft glaube ich, daß ich wenig Einfluß darauf habe, was mir passiert'). Die meisten Items fragen nach Kontingenzen, also Handlungs-Ereignis-Abhängigkeiten (z.B. 9a 'Erfolg zu haben ist eine Frage harter Arbeit und hat wenig oder gar nichts mit Glück zu tun' sowie u.a. die Items 1b, 12a, 17b, 19b, 22a, 23b).

Auch in dem im deutschsprachigen Raum inzwischen mit größerer Aufmerksamkeit bedachten IPC-Fragebogen von LEVENSON (1972) bzw. seiner ins Deutsche übertragenen Form (KRAMPEN 1981) zeigt sich, daß von den 8 internalen Items 4 Items Kontingenzaussagen (Items 1, 4, 9 und 21) und 3 Items (Item 5, 18 und 19) Aussagen über Kontrollerwartungen sind (Item 23 ist nicht klassifizierbar).
In den Items zur Kontrolle im engeren Sinne wird gefragt, ob man glaubt, Einfluß über sein Leben (bzw. Ausführung eigener Pläne/Schutz eigener Interessen) zu haben. In den Fragen zur Kontingenz aber wird, unabhängig davon, nach Verursachungen gefragt - in der Form von 'Ob ich bekomme, was ich will (eine Führungsposition innehabe/einen Unfall habe/wieviel Freunde ich habe), hängt meistens (hauptsächlich/vor allem) von harter Arbeit (von mir und meinen Fähigkeiten/von meinem fahrerischen Können/von mir und meinem Verhalten) ab'.

Vergleichbare Differenzen und damit Probleme der 'face validity' lassen sich z.B. auch bei der 'Spheres of Control Battery' (PAULHUS & CHRISTIE 1981) oder bei unterschiedlichen I-E-Fragebögen für Kinder finden (vgl. auch WEISZ & STIPEK 1982).

In den meisten Fragebögen wird also in der Tendenz eher danach gefragt, ob man (positive) Ereignisse -wenn sie auftreten- als von einem selbst abhängig (verhaltenskontingent) oder nicht (inkontingent) wahrnimmt - nicht oder nur selten aber, ob ihre Auftretenswahrscheinlichkeit als unter der eigenen Kontrolle stehend erlebt wird.
Das Locus of Control-Konstrukt ist somit sowohl von seiner Definition als auch von den üblichen Untersuchungsmethoden her eigentlich eher eine Theorie über den 'Locus of Causality' (im Sinne von "Woran liegt es, wenn ich Angenehmes oder Unangenehmes erlebe?"), auch wenn das von mehreren Autoren bestritten wird (z.B. ICKES & LAYDEN 1978).

<u>Vernachlässigte Aspekte</u>: An der Nichtberücksichtigung des Unterschiedes zwischen Kontingenz und Kontrolle dürfte es liegen, daß weitere Aspekte, die vermutlich den Inhalt von Kontrollüberzeugungen im weiteren Sinne mitbestimmen, im Locus of Control-Ansatz vernachlässigt wurden und werden.

Eine erste Vernachlässigung betrifft die Aspekte 'Kompetenz' und 'Kontrollierbarkeit':
Zum einen müssen bei gegebener grundsätzlicher Handlungs-Ereignis-Abhängigkeit (Kontingenz) irgendwelche ausreichend effektiven Verhaltensweisen zur Verfügung stehen (Kompetenz), damit intendierte Ziele selbst erreicht werden können (Kontrolle).
Zum anderen wird jede Zielerreichung oder -nichterreichung immer auch über die spezifischen hemmenden oder fördernden Bedingungen einer Situation bzw. Klasse von Situationen mitbestimmt: Je "leichter" eine Situation bzw. ein Handlungs- oder Lebensbereich ist (d.h. je ausgeprägter deren Kontrollierbarkeit ist), desto eher lassen sich - bei gegebener allgemeiner Handlungs-Ereignis-Abhängigkeit - intendierte Ziele auch tatsächlich erreichen, und desto eher dürfte sich der Eindruck von tatsächlich gegebener Kontrolle manifestieren.

Die Bedeutsamkeit dieser beiden Aspekte läßt sich theoretisch und pragmatisch begründen.
Eine plausible common sense-Begründung für die Relevanz von Kompetenz- und Kontrollierbarkeitsannahmen im Hinblick auf Kontrollüberzeugungen findet sich z.B. bei OESTERREICH (1981):

Der - allerdings nicht unumstrittene - Befund von STRICKLAND (1965), daß internal kontrollierte Personen eine größere Bereitschaft zur Teilnahme an sozialen Aktionen zeigen, könnte - so führt OESTERREICH aus - neben evtl. vorhandenen Illusionen über die Effektivität solcher Aktionen "seinen Hintergrund darin haben,
- daß internale Personen solche sind, die mehr Fähigkeiten (z.B. soziale Kompetenz oder Mut und Risikobereitschaft) mitbringen, wodurch sie eher in der Lage sind, in für sie erfolgreicher Weise an solchen Aktionen teilzunehmen,
- daß internale Personen in Lebensverhältnissen leben, in denen sich soziale Aktionen als effektiver oder befriedigender erwiesen haben, als in dem Lebensraum der mehr externalen Personen" (1981, S. 266).
Und eben diese Aspekte, so läßt sich fortführen, dürften die kognitive Repräsentation der eigenen situationsübergreifenden Kontrollmöglichkeiten wesentlich mitbestimmen.

Eine stärker theoriebezogene Begründung ergibt sich aus der weiter oben getroffenen Feststellung, daß das Locus of Control-Konstrukt eigentlich eher

(zumindestens aber auch) ein Locus of Causality-Konstrukt ist: Objektive wie subjektive Kontrolle kann mehr oder weniger "gegeben", "ausgeprägt", "vorhanden" etc. sein - nie aber "internal" oder "external"! Das letztgenannte Begriffspaar kann sich - logisch betrachtet - allein auf die Ursachen für vorhandene oder fehlende Kontrolle beziehen.
Im Hinblick auf Ursachen aber lassen sich mindestens Person- und Situationsfaktoren unterscheiden - hier also: Kompetenz (als Personmerkmal) und Kontrollierbarkeit (als Situationsmerkmal).

Diese, auf HEIDER (1958) zurückgehende und zu den Basisannahmen der Attributionstheorie gehörende Überlegung wurde und wird von ROTTER ignoriert; dies ist insofern verwunderlich, als er bereits bei der Vorstellung seines I-E-Konstrukts davon gesprochen hat, daß "Individuen sich darin unterscheiden mögen, in welchem Maße sie Verstärker auf ihre eigenen Handlungen a t t r i b u i e r e n" (1966, S. 2 - Hervorhebung von mir).

Ein weiterer Aspekt, der im Zusammenhang mit dem Locus of Control-Konstrukt vernachlässigt wird, ist der der 'Kontrollvalenz'.
Wenn, wie in der sozialen Lerntheorie formuliert wird, menschliches Handeln in einer konkreten Situation sowohl von spezifischen "Erwartungen" (Meinungen, Überzeugungen etc.) als auch von spezifischen "Werten" (Valenzen, Wichtigkeiten etc.) abhängt und, wie weiter behauptet wird, in komplexeren Situationen statt spezifischer (auch) generalisierte Erwartungen "zum Tragen" kommen, dann - so läßt sich konsequenterweise fortführen - muß es auch generellere "Valenzmuster", d.h. Kognitionen i.w.S. bezüglich der Wichtigkeit einer Einflußnahme und/oder der Erreichung von Zielen, geben.

Der Aspekt der Einflußwichtigkeit ist nicht nur in situationsbezogenen Analysen -insbesondere im Zusammenhang mit der Erklärung von Hilflosigkeitssituationen- immer wieder betont worden (z.B. WORTMAN & BREHM 1975), sondern wird zunehmend auch als situationsübergreifende Variable untersucht - so beispielsweise durch BURGER & ARKIN (1980) und BURGER & VARTABEDIAN (1980). Die bei diesen Untersuchungen eingesetzte 'Desirability of Control Scale', die inzwischen auch für deutsche Verhältnisse adaptiert wurde (BRAUKMANN 1981a, b), korrelierte in einer Studie von BURGER & COOPER (1979) nur mäßig ($r = -.19$) mit der IE-Skala von ROTTER. Obwohl dieses Ergebnis selbstverständlich durch vielfältige Fehlerquellen (etwa die Problematik der IE-Skala selbst) bedingt sein könnte, deutet sich hier an, daß eine Unterscheidung zwischen Kontrollüberzeugungen und Kontrollvalenzen sehr fruchtbar sein könnte.
Einen spezifischeren Beleg für die Bedeutsamkeit von Valenzen liefert die Studie von SCHENK et al (1985); die Autoren, die, wie weiter oben dargestellt, keinen nennenswerten Zusammenhang zwischen Kontrollerwartungen und politischer Aktivität fanden, berichten, daß demgegenüber die ebenfalls erhobene Kontrollwichtigkeit einen klaren (hochsignifikanten) Zusammenhang zur politischen Aktivität aufwies.

<u>Fazit</u>: Das dem Locus of Control-Konstrukt zugrundeliegende Kontrollkonzept ist, genauer besehen, recht unklar. Wie es bereits der Begriff "Ort der Kontrolle" andeutet, werden hier Kontroll- und Kausalitätsannahmen vermischt. Dies hängt, wie anhand einer Analyse sowohl der Basisdefinition wie der verschiedenen Operationalisierungen deutlich wird, mit der Konfundierung von Kontingenz und Kontrolle zusammen, woraus sich, wie weitergehende Überlegungen zeigen, die Vernachlässigung verschiedener, mit dem Konzept der Kontrolle in engem Zusammenhang stehender Aspekte ergibt.

Diese Konfundierungen und Vernachlässigungen sind insofern nicht ganz verständlich, als ROTTER davon ausgeht, daß Internalität und Externalität sich "in Abhängigkeit von der individuellen Verstärkergeschichte" (1966, S. 2) entwickeln. Aufgrund der Hauptannahme der sozialen Lerntheorie (vgl. die 'Grundformel' in Abschnitt 2.3.1) müßte dies aber konsequenterweise heißen, daß individuelle Unterschiede in der Wahrnehmung spezifischer Situationen (Kontrollierbarkeit), Unterschiede in der wahrgenommenen Art, Anzahl und Effektivität der zur Verfügung stehenden Verhaltensweisen (Kompetenz), Unterschiede in dem Anreizwert der Erreichung von Verstärkern oder Zielen (Kontrollvalenz), Unterschiede in den subjektiven Erwartungen, diese Ziele durch bestimmte Verhaltensweisen tatsächlich selbst zu erreichen (Kontrolle im engeren Sinn) sowie -über die Formeln der sozialen Lerntheorie hinaus- Unterschiede in der Zuordnung von Ereignissen zu Situations- vs. Handlungsparametern (Kontingenz) eine bedeutsame Rolle spielen.

Ein Teil der genannten Kritikpunkte wird zwar in einzelnen Publikationen andiskutiert (z.B. OESTERREICH 1981; MEYER 1982; WEISZ & STIPEK 1982), es liegt aber bisher kein diese Gesichtspunkte integrierendes Alternativmodell vor.

2.4. ZUSAMMENFASSUNG

Die Bedeutung, die das Streben nach und die Wahrnehmung von Kontrolle für den Menschen haben (können), ist wohl unbestritten; entsprechende - wenn auch recht allgemein gehaltene - Postulate finden sich in einer ganzen Reihe psychologischer Theorien.
Detailliertere Aussagen zur Entstehung, Veränderung und Auswirkung individueller Kontrollkognitionen werden im Rahmen der Theorie der gelernten Hilflosigkeit (von SELIGMAN und Mitarbeitern) und des Konzepts der internalen/externalen Kontrollüberzeugung (von ROTTER) getroffen.

Während beim Learned Helplessness-Ansatzes postuliert wird, daß die Wahrnehmung fortgesetzter situativer Unkontrollierbarkeit in Abhängigkeit von den jeweiligen kognitiven Verarbeitungsprozessen zu generalisierteren Unkontrollierbarkeitserwartungen (und in der Folge zu bestimmten Hilflosigkeitsphänomenen) führt, wird beim Locus of Control-Ansatz angenommen, daß generalisiertere Kontroll- bzw. Nichtkontroll-Überzeugungen Auswirkungen auf die unterschiedlichsten Einzelsituationen haben.
Beide Theorien wären eigentlich recht gut miteinander integrierbar (siehe hierzu z.B. LEFCOURT 1980 und ZUROFF 1980).

Gewissen Gemeinsamkeiten stehen jedoch auch wichtige Unterschiede gegenüber. So darf nicht übersehen werden, daß der Locus of Control-Anspruch, nämlich die Erklärung und Vorhersage gewisser 'Handlungsstile' über bestimmte 'Kognitionsmuster', prinzipiell zumindestens falsifizierbar, der Learned Helplessness-Anspruch dagegen, "die Herausbildung klinischen oder sozialen Verhaltens über die Lebensspanne zu erklären, kaum experimentell prüfbar" ist. "Die Begrenzung des klassischen Hilflosigkeitsexperiments auf wenige Minuten kann wohl kaum ausreichend sein, um nachhaltig wirksame Hilflosigkeit zu erzeugen; allerdings wären nachhaltige Effekte auch aus ethischen Gründen nicht verantwortbar" (PETERMANN 1983, S. 228).

In beiden Theorien geht es zwar um individuelle Kontrollkognitionen, das ihnen zugrundeliegende Kontrollkonzept ist jedoch insoweit unterschiedlich, als es sich beim Learned Helplessness-Ansatz -sehr reduziert- auf die Vermeidung aversiver Stimuli in einfach strukturierten Situationen bezieht, beim Locus of Control-Konstrukt dagegen -sehr weitläufig- auf die Kontrollierbarkeit des gesamten Lebens schlechthin.

Beide Konzeptionen sind ausgesprochen problematisch. Als erstes Fazit läßt sich die Forderung ableiten, Kontrollkognitionen bereichsspezifisch -auf mittlerem Niveau sozusagen- zu untersuchen.

Ein grundsätzliches und in seiner Tragweite bisher übersehenes Problem der zu individuellen Kontrollkognitionen vorliegenden Theorien ist, daß die diesen zugrundeliegenden Vorstellungen davon, was nun genau "Kontrolle" ausmacht, sehr diffus formuliert sind:
Erstens werden die Begriffe Kontingenz und Kontrolle nicht klar auseinandergehalten, zweitens werden sowohl (personenbezogene) Kompetenz wie (situationsbezogene) Kontrollierbarkeit unter das Kontrollkonzept subsumiert, und drittens fehlt eine adäquate Berücksichtigung der Kontrollvalenz.

Als zweites Fazit ergibt sich die Forderung nach einer deutlicheren Bestimmung des Kontrollbegriffs.

Im folgenden soll der Versuch einer solchen Bestimmung in Verbindung mit einer Strukturierung der verschiedenen Kontrollkomponenten (Kapitel 3) vorgenommen werden, um auf dieser Basis dann auf spezifische Aspekte der Kontrolle im dyadischen Bereich (Kapitel 4) eingehen zu können.

3. KOMPONENTEN DER KONTROLLE - EIN RAHMENMODELL

Die beinahe schon inflationäre Verwendung des Kontrollkonzepts in psychologischen Theorien bedeutet zwar einerseits eine Anerkennung des Umstandes, "daß die Kontrolldimension einen grundlegenden Faktor menschlichen Verhaltens darstellt" (NIKETTA 1982, S. 99), andererseits hat sie zu einem Zustand geführt, der von KRAMPEN kürzlich wie folgt beschrieben wurde: "Nach wie vor mangelt es an einer fruchtbaren und integrativen Theorie zu Kontroll- und Kompetenzüberzeugungen; Begriffsunklarheiten und -verwirrungen bestimmen das Forschungsfeld, weswegen weitere konzeptuelle Arbeiten und Begriffsklärungen notwendig sind" (1986, S. 318).

In Fortführung der kritischen Beleuchtung des Konzepts der internalen/externalen Kontrollüberzeugung sowie unter Berücksichtigung weiterer Diskussionspunkte im Zusammenhang mit der Theorie der gelernten Hilflosigkeit wird im folgenden zunächst eine detailliertere Explikation des Kontrollkonzepts (Abschnitt 3.1) vorgenommen.
Die im letzten Kapitel dargelegten Überlegungen dürften deutlich gemacht haben, daß das Konstrukt der Kontrolle in verschiedene Komponenten zergliedert werden sollte; nach einer kurzen Beschreibung derselben (Abschnitt 3.2) wird ein Modell vorgestellt (Abschnitt 3.3), das die einzelnen Interdependenzen zwischen diesen zu klären versucht.

3.1 DER BEGRIFF DER KONTROLLE (IM ENGEREN SINN)

Das durchgängig zu verzeichnende Bemühen, in den unterschiedlichen psychologischen Theorien alle jene Aspekte unter das Kontrollkonzept zu subsumieren, die mit diesem Konzept irgendwie bedeutsam verbunden sind, hat zu einer "Heterogenität in der Terminologie bei der Konzeptualisierung von personaler Kontrolle und ihrer Korrelate" (BRAUKMANN 1981a, S. 1) geführt.

Definitionsvorschlag: In Abgrenzung zu solch unspezifizierten und extrem weit gefaßten Kontrollkonzeptionen (ALLEN & GREENBERGER 1980), die letztlich "Omnibus-Konzepte" darstellen und deshalb - wie SELIGMAN & MILLER (1979) in einem Kommentar zu den Beiträgen des Sammelbandes von PERLMUTER & MONTY (1979) herausheben - mit vielfachen begrifflichen und operationalen Ungereimtheiten behaftet sind, läßt sich Kontrolle im engeren Sinn wie folgt definieren:

Ein Individuum besitzt in einem Handlungs-/Lebensbereich Kontrolle in dem Maße, in dem es selbst Möglichkeiten zur Verfügung hat, intendierte Zielereignisse und -zustände aufrechtzuerhalten und/oder herbeizuführen; ein Individuum besitzt subjektiv Kontrolle in dem Maße, in dem es diese Möglichkeiten kognitiv repräsentiert.

Mit einem solchen Definitionsvorschlag (vgl. auch AVERILL 1973; LEFCOURT 1973; FRESE & SCHÖFTHALER-RÜHL 1976; FREY et al 1977; ARNKOFF & MAHONEY 1979; MILLER 1979, 1981; THOMPSON 1981; OESTERREICH 1981; ROTHBAUM et al 1982; FOLKMAN 1984) können verschiedene Mängel anderer Begriffsbestimmungen, wie sie etwa im Learned Helplessness- und im Locus of Control-Ansatz vorzufinden sind, umgangen werden.

Erläuterung: Folgende Aspekte dieser Definition seien gesondert hervorgehoben:

(1) Kontrolle wird hier auf einen Handlungs- oder Lebensbereich bezogen; ein solches "mittleres Niveau" erscheint angemessen, da es einerseits inadäquat sein dürfte, (wie im Hilflosigkeitsparadigma) bereits dann von Kontrolle zu sprechen, wenn einzelne Detailprobleme in einzelnen Situationen als lösbar erscheinen, und da andererseits die Annahme nicht zu halten ist, daß (wie von manchen Locus of Control-Theoretikern behauptet wird) Menschen über alles hinweg generalisierte Kontrollkognitionen ausbilden.

(2) Innerhalb eines umgrenzten Bereiches kann sich die Ausprägung von objektiver wie subjektiver Kontrolle zwar auch über die erfolgreiche Beeinflussung spezieller Zielereignisse bestimmen; im allgemeinen jedoch konstituiert sich Kontrolle vermutlich eher über einen allgemeinen Zielzustand, der die "Regulierbarkeit" eben dieses Bereiches im Sinne eines möglichst großen Handlungsspielraumes beinhaltet (s. OESTERREICH 1981) - was auf "Situationskontrolle" (LACEY 1979) bzw. "Kontrolle über Bedingungen" (FRESE 1978) hinausläuft.

(3) Die aktive Veränderung oder Aufrechterhaltung solcher Ereignisse und Zustände muß intendiert sein, um zur Erweiterung der eigenen Kontrollmöglichkeiten beizutragen (FRESE & SCHÖFTHALER-RÜHL 1976); eine Umweltveränderung beispielsweise "aus Versehen" oder "aus Zwang" erbringt zwar u.U. positive Ergebnisse, impliziert jedoch nicht unbedingt Kontrolle.

(4) Die Ziele, auf die sich Kontrolle richtet, können sich natürlich nicht nur -wie dies z.T. implizit behauptet wird (z.B. THOMPSON 1981)- auf die erfolgreiche Vermeidung unangenehmer Ereignisse und Zustände beziehen; Kontrolle umfaßt selbstverständlich auch die gelungene Herstellung angenehmer Ereignisse (s. GREGORY 1981).

(5) Wesentlich ist, daß Kontrolle im engeren Sinne nur dann gegeben ist, wenn dem betreffenden Individuum selbst entsprechende Möglichkeiten zur Zielerreichung zur Verfügung stehen; anderenfalls mag zwar eine prinzipielle, "irgendwem mögliche" Kontrollierbarkeit vorliegen, es läßt sich jedoch kaum von "persönlich gegebener" Kontrolle sprechen.

(6) Unabhängig davon, daß sich das Ausmaß der eigenen Kontrollmöglichkeiten langfristig am besten über tatsächlich durchgeführte Kontrollhandlungen bestimmen läßt, gilt zumindest kurzfristig, daß Kontrolle sich über die Möglichkeiten zur Zielerreichung konstitutiert - d.h. unabhängig davon, ob diese entsprechend genutzt werden oder nicht (vgl. AVERILL 1973).

(7) Daß Kontrolle in einem bestimmten Ausmaß objektiv gegeben bzw. subjektiv repräsentiert sein kann, heißt, daß Kontrolle eine kontinuierliche Variable darstellt, die von totaler Nichtkontrolle bis zu vollkommener Kontrolle reicht (vgl. FRESE 1977).

Abgrenzung: Folgende weitere, in einzelnen Abhandlungen verstreut diskutierte, Aspekte der Kontrolle sind im Zusammenhang mit dem obigen Definitionsvorschlag von Bedeutung:

Direkte vs. indirekte Kontrolle: Individuen definieren das Ausmaß ihrer Kontrolle vermutlich in erster Linie über erfolgreiche direkte Strategien zur Veränderung ihres Lebensraumes und erst in zweiter Linie über indirekte Strategien - wie z.B. gelungene kognitive Umbewertungen- die ebenfalls verschiedentlich unter das Kontrollkonzept subsumiert worden sind (AVERILL 1973; THOMPSON 1981; vgl. auch MILLER 1979).
Direkte und indirekte Kontrollstrategien werden von ROTHBAUM, WEISZ & SNYDER (1982) als "primary" versus "secondary control" bezeichnet. In Analogie zum Assimilations-Akkommodations-Konzept PIAGETs (1970) werden unter den Begriff 'primäre Kontrolle' erfolgreiche Handlungen zur bedürfnisgemäßen Umweltveränderung gefaßt, während 'sekundäre Kontrolle' als Versuch, sich in die Umwelt einzufügen, begriffen wird.
Sekundäre Kontrollbemühungen sind nach ROTHBAUM et al insbesondere dann zu erwarten, wenn primäre fehlgeschlagen sind. So kann z. B. die Attribution auf machtvolle andere Personen (vicarious control) die Hoffnung, an der Größe eben dieser anderen teilzuhaben, stärken; die Attribution auf Glück (illusory control) kann, wenn sie häufiger vorgenommen wird, Glück zu einem stabilen Faktor und die eigene Person zu einer "lucky person" machen; die Attribution auf geringe eigene Fähigkeiten (predictive control) kann weitere Enttäuschungen vermeiden helfen, indem z.B. aktives Bemühen auf sehr leichte Situationen beschränkt wird; und die Suche nach solchen Ursachen schließlich, die Erlebtes "sinnvoll" machen (interpretive control), kann ebenfalls das Gefühl von Kontrolle stärken, indem aus der Situation "das Beste" gemacht wird.
Diese Unterscheidung hat sicherlich heuristischen Wert. Es bleibt allerdings unklar, ob sekundäre Kontrolle manchmal nicht nur ein Mittel zur Ausübung primärer Kontrolle in weiteren Situationen darstellt. So dürfte die 'interpretive control' beispielsweise zur Setzung neuer Ziele führen, die dann direkt angesteuert werden können; und bezüglich der 'predictive control' ist nicht einzusehen, warum das Bestehen schwieriger Situationen immer aktiver sein soll als das aktive Auswählen leichterer - insbesondere, wenn die Kontingenz fraglich ist (vgl. auch HECKHAUSEN 1980).

Aktive vs. passive Kontrolle: Die Erwartung hoher Kontrolle in einem Handlungsbereich setzt die Erwartung erfolgreicher eigener Handlungen voraus. Intendierte Ziele müssen aufgrund der Effekte eigener Handlungen aufrechterhalten/herbeigeführt werden, nicht durch die "Eigendynamik der Situation" (vgl. LANTERMANN 1980b).
Dieser Unterschied scheint allerdings nicht immer klar repräsentiert zu sein; anscheinend fällt manchen Menschen die Erkenntnis schwer, daß als angenehm erlebte und damit im weitesten Sinne "erfolgreiche" Situationsausgänge wegen, trotz oder unabhängig von eigenen Bemühungen auftreten können. Dies mag u.U. damit zusammenhängen, daß aufgrund der Erfahrung 'Wenn ich Kontrolle besitze, treten häufig angenehme Ereignisse auf' im Umkehrschluß auch der Satz 'Wenn angenehme Ereignisse auftreten, habe ich Kontrolle über diese' als gültig betrachtet wird (WARD & JENKINS 1965; EINHORN & HOGARTH 1978; ABRAMSON & ALLOY 1980).
Dennoch gilt: Wenn Zielzustände "von alleine" auftreten, ist Kontrolle weder gegeben noch notwendig; Kontrolle besteht erst da, wo eigene Möglichkeiten zur Veränderung vorgefundener Bedingungen in Richtung auf persönliche Ziele existieren bzw. - bei drohender Verschlechterung - zur Aufrechterhaltung guter Bedingungen durch eigenes Zutun.
In einer gegebenen Situation könnte Kontrolle deshalb auch als Differenz oder Verhältnis zwischen der Wahrscheinlichkeit des Auftretens intendierter Ereignisse ohne eigene Handlungen ("Basisraten") und der nach eigenen Handlungen ("Aktionsraten") gefaßt werden. Dabei ist jedoch einschränkend zu berücksichtigen, daß die 'Basisraten' einer Situation nicht immer bekannt sind, so daß der eigene Einfluß nur gegenüber einer 'Zufallsrate' bestimmt werden kann. Darüber hinaus kann in Ausnahmefällen die 'Basisrate' trotz gewisser Einflußmöglichkeiten mit der 'Aktionsrate' übereinstimmen - und zwar dann, wenn das Unterlassen jeglicher Aktionen, passives Abwarten also, die erfolgreichste und damit aktiv anzustrebende Strategie darstellt.

Aktuelle vs. potentielle Kontrolle: Das subjektiv wahrgenommene Ausmaß persönlich gegebener Kontrolle wächst in der Regel mit der Zahl der Erfolge aufgrund eigener Beeinflussungsversuche. Wahrgenommene Kontrollmöglichkeiten werden jedoch nicht in jedem Fall in tatsächliche Veränderungsversuche umgesetzt (WILSON 1979).
Inwieweit "potentielle Kontrolle" auch "aktuelle Kontrolle" (MILLER 1979) bedeutet, dürfte

außer von der Wahrnehmung verschiedener Kontrollhindernisse (WRIGHT 1984) ganz entscheidend von der jeweiligen Kontrollmotivation (BURGER & COOPER 1979) abhängen, deren Ausprägung wiederum durch zurückliegende Erfahrungen erfolgreicher bzw. fehlgeschlagener Lebensereignisbewältigungen mitbestimmt wird.
Zu diesen Erfahrungen zählt u.U. auch die Erkenntnis, daß jedes Engagement zur Durchsetzung als wichtig erachteter Ziele oftmals Verpflichtungen mit sich bringt, welche eine Verringerung der Kontrollmöglichkeiten hinsichtlich des eigenen Handlungsspielraumes bedeuten; in der Folge wird manchmal - trotz als gegeben gesehener Einflußmöglichkeiten - ein "Verzicht auf Kontrolle aus Angst vor Kontrollverlust" (PREISER 1981) vorgenommen.
Diese Zusammenhänge sind auch deshalb bedenkenswert, weil aus ihnen folgt, daß die subjektiven Annahmen über eigene Kontrolle nicht - wie dies in den Hilflosigkeitsexperimenten geschieht - über die Beobachtung der Kontrollperformanz (der tatsächlichen Kontrollbemühungen...) und -persistenz (...in unterschiedlicher Dauer und Intensität) erhoben werden können (siehe BRAUKMANN 1981a, b), sondern direkt zu erfragen sind.

3.2 DIE KOMPONENTEN DER KONTROLLE (IM WEITEREN SINN)

Die Überlegung, daß man Kontrollüberzeugungen "im engeren Sinn" nicht mit subjektiven Annahmen über allgemeine Kontingenzverhältnisse, eigene Kompetenzen, spezifische Kontrollierbarkeitsaspekte sowie mit Kontrollvalenzmustern konfundieren sollte, heißt nicht, daß diese Kognitionen im Hinblick auf Kontrollüberzeugungen irrelevant wären.

Ganz im Gegenteil: In welchem Maße ein Individuum glaubt, in einem bestimmten Bereich intendierte Ziele selbst ansteuern und erreichen zu können (personale Kontrolle, d.h. Kontrolle im engeren Sinn), hat, so wird hier behauptet, mit der Annahme zu tun, inwieweit in diesem Bereich Ereignisse überhaupt handlungsabhängig sind (allgemeine Kontingenz), mit der Einschätzung der eigenen Fähigkeiten zur Durchsetzung angestrebter Ziele (Kontrollkompetenz), mit der Beurteilung der besonderen Anforderungen dieses Bereiches (spezifische Kontrollierbarkeit) sowie mit dem Wunsch, in diesem Bereich auch Kontrolle ausüben zu wollen (Kontrollvalenz).
Alle diese Aspekte stellen damit Komponenten der Kontrolle "im weiteren Sinn" dar; diese lassen sich wie folgt präzisieren:

▒ Die eingeschätzte <u>allgemeine Kontingenz</u> (AK) eines umgrenzten Bereiches beinhaltet Annahmen darüber, ob und inwieweit hier Ereignis- und Zustandsänderungen handlungsabhängig sind.

Diese Einschätzung basiert auf der Beobachtung und Interpretation der Zusammenhänge zwischen Handlungen einerseits und bestimmten "Effekten" andererseits.
Kontingenzannahmen sind somit häufig das Ergebnis von konkreten eigenen oder fremd-vermittelten Erfahrungen. Darüber hinaus sind sie auch Bestandteil von "Ideologien" im weitesten Sinne - so wird z.B. das Wetter in westlichen Kulturen als von Handlungsaktivitäten grundsätzlich unabhängig betrachtet (obwohl Kindern mit dem Satz "Iß deine Suppe auf, sonst regnet es morgen" zunächst etwas anderes suggeriert wird), während es in anderen Kulturen auch "Wettermacher" gibt (was bedeutet, daß bestimmte meteorologische Elemente als von bestimmten Handlungsweisen abhängig gesehen werden).
Die Bedeutsamkeit bestimmter Kontingenz-"Normen" kann auch anhand des Satzes "Jeder ist seines Glückes Schmied" aufgezeigt werden, der das "westliche"

Postulat beinhaltet, das eigene Schicksal sei generell handlungsabhängig, und im Gegensatz etwa zum "Kismet"-Denken islamischer Kulturen steht.

Der Einfluß derartiger Normen auf individuelle Kontingenzeinschätzungen ist deshalb so erheblich, weil ein objektiver Test von Kontingenzannnahmen kaum möglich ist; die Schwierigkeit, bestimmte Interdependenzen adäquat einzuschätzen, zeigt sich insbesondere bei Nicht-Zusammenhängen: diese sind erstens nur schwer zu identifizieren und zweitens (wie Nullhypothesen) letztlich nicht zu beweisen.
Im Hinblick auf die Entstehung von Kontingenzannahmen könnte dies heißen, daß die in den ersten Lebensjahren evtl. noch vorhandene Wirkung "objektiver" (In-)Kontingenzen zunehmend durch ein gesellschaftlich vermitteltes "Wissen" über Ereignis-Handlungs-Interdependenzen überlagert wird. PERREZ (1983) geht davon aus, daß -ontogenetisch betrachtet- bestimmte Handlungs-Ereignis-Zusammenhänge zunächst bei Geschwistern beobachtet und über Geschichten u.ä. symbolisch vermittelt erfahren werden. Diese Erfahrungen werden später dann von Fremdinterpretationen -etwa durch die Eltern- so überformt, daß sich im Laufe der Zeit ein stabiler Zuschreibungsstil im Hinblick auf eine "Selbstinterpretation" beobachteter Zusammenhänge entwikkelt.

▒ Die eingeschätzte personale Kontrolle (PK) beinhaltet Annahmen darüber, ob und wie sehr man selbst Möglichkeiten besitzt, in einem bestimmten Bereich Zielereignisse und -zustände aufrechtzuerhalten und/oder herbeizuführen.

Die wesentlichen Bestimmungsstücke dieser Kontrolle "im engeren Sinn" sind bereits weiter oben (Abschn. 3.1) erläutert worden: Die Möglichkeiten müssen dem betreffenden Individuum selbst zur Verfügung stehen, und die Änderungen müssen sowohl intendiert als auch durch eigene Aktivitäten (nicht durch die "Eigendynamik der Situation") herbeiführbar sein.

Personale Kontrolle bezieht sich damit zuallererst auf Möglichkeiten zur aktiven Einflußnahme; diese setzen zwar Möglichkeiten zur Erklärung und Vorhersage voraus - der Zusammenhang dieser drei Aspekte ist allerdings nur schwer auf einer allgemeinen Ebene zu bestimmen (FREY et al 1977; PRYSTAV 1980; MATTHEWS et al 1980; ROTHBAUM et al 1982; FOLKMAN 1984).
Darüber hinaus gilt: Während Erklärungs- und Vorhersagemöglichkeiten vor allem auf einer rein kognitiven Ebene relevant sind, spielen die Möglichkeiten einer gezielten Einflußnahme auch auf einer affektiven Ebene eine Rolle; auf diesen Umstand zielt DE CHARMS mit seiner Behauptung "We do not see control, we feel it" (1979, S.31) ab. Vor einer Überbewertung derartiger Unterschiede warnt allerdings PLUTCHIK (1985).

▒ Die eingeschätzte spezifische Kontrollierbarkeit (SK) beinhaltet Annahmen darüber, unter welchen Bedingungen die spezielle Situation die Herstellung und Aufrechterhaltung intendierter Zielereignisse und -zustände zuläßt.

Kontrollierbarkeitsannahmen zielen damit auf die "Schwierigkeit" bzw. "Leichtigkeit" des betreffenden Handlungs-/Lebensbereiches ab; dabei geht es weniger um "subjektive" als um "objektive" Bedingungen, wobei unter "objektiv" zu verstehen ist, daß es hier auf die Anforderungen ankommt, denen "man" sich in der Situation ausgesetzt sieht.
Diese objektive Einschätzung wird auch als "Schwierigkeit an sich" bezeichnet: eine spezielle Aufgabe wird dann als an sich schwierig eingeschätzt, wenn "man annimmt oder weiß, daß die meisten Personen einer be-

stimmten Gruppe sie nicht oder nur unter hohen Anstrengungen bewältigen können" (MEYER 1984, S. 39).

Während sich in einzelnen Situationen das Konzept der Kontrollierbarkeit direkt mit 'Leichtigkeit der Lösung einer speziellen Aufgabe' übersetzen läßt, bezieht sich Kontrollierbarkeit in vernetzteren Handlungsbereichen eher auf die Möglichkeit, Endziele über Zwischenziele zu erreichen; auf die dabei auftretenden Anforderungen geht OESTERREICH (1982) ein, wenn er ausführt, "daß ein Handlungsfeld umso besser kontrollierbar ist, je mehr es - durchschnittlich gesehen - erlaubt, durch die Auswahl von Handlungen das Erreichen von Konsequenzen zu determinieren" (S. 119/120).

Darauf, daß eine geringe Kontrollierbarkeit bzw. hohe Kontrollbarrieren entweder auf unklaren Anforderungen oder aber auf klaren und hohen Anforderungen beruhen können, geht WRIGHT (1984) ein; trotz des Umstandes, daß eine hohe Uneindeutigkeit der Anforderungen insbesondere bei völliger Inkontingenz gegeben ist und daß eine absolute Inkontingenz zugleich auch eine absolute Unkontrollierbarkeit impliziert, sind die Kontingenz- und Kontrollierbarkeitskomponenten nicht identisch, da die Anforderungen zweier verschiedener Situationen bei identischer Kontingenzausprägung unterschiedlich hoch ausfallen können.

▩ Die eingeschätzte <u>Kontrollkompetenz</u> (KK) beinhaltet Annahmen darüber, ob und inwieweit man selbst die in dem betreffenden Bereich zur Erreichung intendierter Ziele notwendigen Fähigkeiten besitzt.

Diese Annahmen, die in engem Zusammenhang zum Konzept der wahrgenommenen eigenen Wirksamkeit (BANDURA 1982) stehen, basieren insbesondere auf dem Wissen um die differenzierte Effektivität eigener Handlungen, und zwar auf der Basis von Erfahrungen in ähnlichen, vergangenen Situationen; bei Vorliegen von Vorerfahrung ist dieses Wissen somit von der Kontrollierbarkeit des betreffenden Handlungsbereiches unabhängig: "Auch wenn der Handelnde z.B. das Ziel für nur schwer erreichbar hält, kann er dennoch seine Kontrollkompetenz als perfekt einschätzen" (OESTERREICH 1981, S. 54).

Die Bildung einer einigermaßen 'sicheren' Einschätzung der eigenen Kontrollkompetenz setzt (a) hochkontingente Situationen (es muß überhaupt auf Fähigkeiten ankommen) und (b) Variationen von Schwierigkeitsgraden (die Höhe der Fähigkeit muß getestet werden können) voraus, wobei insbesondere mittelmäßig schwierige Situationen die größtmögliche "Diagnostizität" (TROPE & BRICKMAN 1975) besitzen dürften, da sie die meisten fähigkeitsrelevanten Informationen liefern.
Die Einschätzung der eigenen Kompetenzhöhe kann über individuelle und über soziale Bezugsnormen erfolgen (RHEINBERG 1980; HECKHAUSEN 1980); erstere stellen einen intraindividuellen Längsschnitt über die eigenen Erfolge und Mißerfolge in der Vergangenheit dar, letztere dagegen einen interindividuellen Querschnitt per Vergleich mit - vermutlich als ähnlich wahrgenommenen - anderen Personen. Individuelle Bezugsnormen dürften vor allem in all den Situationen eine Rolle spielen, wo die Aufmerksamkeit auf eigene Lernfortschritte gerichtet ist; in den meisten Situationen jedoch wird sich die Einschätzung der eigenen Kompetenzhöhe über einen sozialen Vergleich konstituieren.

Während die Einschätzung der Kontrollierbarkeit sich also auf die vermutete Erfolgsquote anderer Personen in dieser Situation (im Vergleich zu anderen Situationen) bezieht, betrifft die Einschätzung der Kontrollkompetenz die

Erfolgsquote der eigenen Person in ähnlichen Situationen (im Vergleich zu anderen Personen).

▒ Die subjektive Kontrollvalenz (KV) beinhaltet die Wichtigkeit einer Einflußnahme in dem betreffenden Handlungs- oder Situationsbereich.

Darauf, daß das Postulat eines generellen Strebens nach und einer generellen Valenz von Kontrolle über die Umwelt in vielen westlichen sozialwissenschaftlichen Theorien vorzufinden ist, wurde bereits mehrfach hingewiesen. Ein solches Streben "ist darauf gerichtet, so zu handeln, daß das Ausmaß der objektiven Kontrolle im Handlungsfeld erhalten und erhöht wird. Dies dadurch, daß besser kontrollierbare Teile von Handlungsfeldern bevorzugt aufgesucht werden, und dadurch, daß Handlungsräume durch Handeln so verändert werden, daß sie besser kontrollierbar werden" (OESTERREICH 1982, S. 122).

Im Hinblick auf die für einen speziellen Bereich ausgebildete Kontrollvalenz ist zu berücksichtigen, daß der Anreiz, sich hier einflußnehmend zu engagieren, auch von einer "Ziel-Situations-Abhängigkeit" bestimmt sein dürfte: Ein Engagement in dem betreffenden Bereich ist vermutlich umso wichtiger, je schwieriger gleiche oder ähnliche Ziele in anderen Situationen (etwa über 'Ersatzhandlungen' - vgl. WICKLUND 1974) zu erreichen sind.
Auf weitere Faktoren, die die Höhe einer bereichsspezifischen Kontrollvalenz mitbestimmen können, gehen u. a. RODIN et al (1980), SCHORR & RODIN (1984), SOLOMON et al (1980) sowie THOMPSON (1981) ein.

3.3 DIE STRUKTUR DER KOMPONENTEN (MODELLANNAHMEN)

Grundlagen: Im Hinblick auf die Interdependenzen zwischen diesen verschiedenen Kontrollkomponenten sind im Zusammenhang mit der kritischen Durchsicht der SELIGMANschen und ROTTERschen Annahmen bereits folgende Grundbedingungen personaler Kontrolle angerissen worden:

(1) Die Überzeugung personaler Kontrolle (die Einschätzung, in einem bestimmten Bereich intendierte Ereignisse selbst herbeiführen zu können) setzt voraus, daß der/die Betreffende von einer mindestens minimalen Kontingenz ausgeht (d.h. davon überzeugt ist, daß in diesem Bereich Ereignis- und Zustandsänderungen zumindestens teilweise handlungsabhängig sind).

(2) Die Überzeugung personaler Kontrolle setzt des weiteren eine mindestens minimale wahrgenommene Kontrollkompetenz (die Erwartung, zumindest ansatzweise entsprechende Verhaltensweisen zur Verfügung zu haben) sowie die Einschätzung einer mindestens minimalen Kontrollierbarkeit des betreffenden Situationsbereiches (Kognizierung der Situationen als nicht allzu schwierig) voraus.

Ein Beispiel hierzu: Wenn ein Beamter davon überzeugt ist, mit entsprechenden eigenen Handlungsweisen seine eigene Beförderung beschleunigen zu können (er also glaubt, daß er selbst hierüber die Kontrolle besitzt), so wird er dies nur dann tun, wenn er zugleich annimmt, daß Beförderungen im öffentlichen Dienst nicht nach dem "Lotterieprinzip" erfolgen (d.h. daß hier eine generelle Kontingenz zwischen Handlungsweisen und solchen Zielereignissen existiert), daß er selbst zumindest einzelne Qualifikationen vorweisen oder aber auf sonstige Ersatz-Strategien zurückgreifen kann (d.h. daß er eine entsprechende Kontrollkompetenz besitzt) und daß die speziellen Anforderungen für die einzelnen Beförderungsstufen nicht unerreichbar hoch sind (d.h. daß sich die einzelnen Situationen durch geringe Kontrollbarrieren bzw. eine hohe spezifische Kontrollierbarkeit auszeichnen). Anderenfalls könnte er zwar auf die Eigendynamik des "Beamtenapparates" bauen und abwarten, nicht aber davon ausgehen, daß er selbst irgendwelche Einflußmöglichkeiten hätte.

Ohne Kontingenz sind weder situative Anforderungen noch persönliche Fähigkeiten relevant; bei wahrgenommener Kontingenz aber muß ein "Zusammenspiel" von förderlichen Situationsbedingungen und eigenen Fertigkeiten gegeben sein (siehe Abbildung 3.1), um intendierte Ereignisse und Zustände - beispielsweise "Erfolg" - als durch einen selbst herbeiführbar zu erwarten.

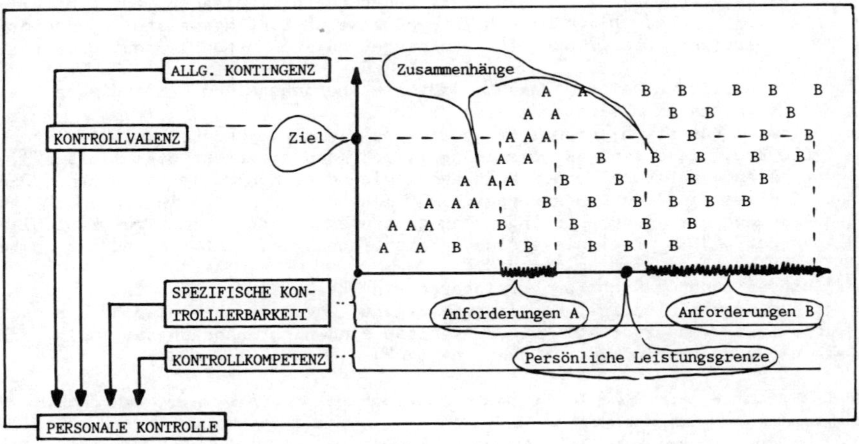

Abb. 3.1: Graphische Veranschaulichung der Funktionen der einzelnen Kontrollkomponenten

Legende: Die Zusammenhänge zwischen Verhaltensweisen (Horizontale) und Ergebnissen (Vertikale) und damit die Handlungs-Ergebnis-Abhängigkeiten können mehr oder weniger deutlich ausfallen: im Bereich A ergibt sich eine höhere Kontingenz als im Bereich B.
Die Anforderungen, die in einzelnen Situationen zu bewältigen sind, um bestimmte Ziele zu erreichen, können unterschiedlich hoch sein: im Bereich A sind sie z.B. niedriger als im Bereich B und erlauben damit eine bessere Kontrollierbarkeit der jeweiligen Ergebnisse.
Die eigenen Leistungsgrenzen können diese Anforderungen übersteigen (und damit Kontrolle ermöglichen) oder nicht: im Bereich A reicht die eigene Kontrollkompetenz aus, um das gesteckte Ziel erreichen zu können, im Bereich B nicht.
Die Wichtigkeit der Erreichung der gesetzten Ziele steht in direktem Zusammenhang zur Kontrollvalenz; alle genannten Komponenten wirken sich auf die personale Kontrolle aus.

Diese, bis hierhin relativ kompakt dargestellten, Überlegungen und weitere, sich daran anschließende, Annahmen sollen im folgenden ausführlicher und detaillierter aufgerollt werden.

Auswirkungen allgemeiner Kontingenz: In einem ersten Schritt wird das Verhältnis zwischen Kontingenz, Kontrolle und Kontrollvalenz untersucht.

■ Im Hinblick auf das Verhältnis zwischen Kontingenz und Kontrolle gilt: Allgemeine Kontingenz ist eine notwendige, keineswegs jedoch hinreichende Bedingung für personale Kontrolle. Nach logischen Gesichtspunkten folgt aus niedriger Kontingenz niedrige Kontrolle, mit hoher Kontingenz kann jedoch sowohl niedrige wie hohe Kontrolle einhergehen.
Diese Voraussetzungsbehauptung bezieht sich zunächst einmal auf objektive Kontingenz und objektive Kontrolle; es kann vermutet werden, daß diese objektiven Gegebenheiten sich auch in den entsprechenden subjektiven Kognitionsmustern niederschlagen:

> Personen beurteilen das Ausmaß ihrer personalen Kontrolle (PK) in einem bestimmten Bereich auf der Basis ihrer Annahmen über die allgemeine Kontingenz (AK) eben dieses Bereiches - und zwar dergestalt, daß sie zwar u. U. mehr Kontingenz als Kontrolle annehmen, nicht jedoch mehr Kontrolle als Kontingenz. Die eingeschätzte allgemeine Kontingenz stellt insofern eine "logische Obergrenze" für die eingeschätzte personale Kontrolle dar.

Zur Verdeutlichung dieser Annahme läßt sich herausstellen: Mit dieser Behauptung verträglich sind alle jene Fälle,
- wo jemand von sowohl niedriger Kontingenz wie niedriger Kontrolle ausgeht ("Die Ereignisse sind zufallsabhängig, ich kann sie nicht beeinflussen"),
- wo jemand von sowohl hoher Kontingenz wie hoher Kontrolle ausgeht ("Die Ereignisse sind handlungsabhängig, und ich besitze Kontrolle über sie"),
- wo jemand von hoher Kontingenz ausgeht und zugleich niedrige Kontrolle erwartet ("Die Ereignisse sind handlungsabhängig, ich persönlich habe -jedoch- keinen Einfluß darauf").

Mit dieser Annahme nicht zu vereinbaren sind Fälle,
- wo jemand von niedriger Kontingenz ausgeht, zugleich aber eine hohe personale Kontrolle erwartet ("Die Ereignisse sind nicht handlungsabhängig, ich kann -dennoch- Einfluß auf diese nehmen").

Noch deutlicher dürfte diese Annahme werden, wenn man sich vergegenwärtigt, welche Zusammenhangsmuster damit ausgeschlossen werden:
Fall 1: Kontingenz und Kontrolle werden durchweg gleich hoch bzw. gleich niedrig eingeschätzt, größere Abweichungen kommen nicht vor; ein solches Muster würde auf die (im Rahmen der Locus of Control-Forschung ja zumindest implizit behauptete) Synonymität von Kontingenz und Kontrolle hinauslaufen, gegen die hier jedoch vehement argumentiert wird.
Fall 2: Kontingenz und Kontrolle werden in allen möglichen Kombinationen eingeschätzt; ein solches Muster würde eine völlige Unabhängigkeit dieser beiden Komponenten bedeuten, die jedoch unplausibel erscheint.
Fall 3: Kontingenz und Kontrolle werden z.T. gleich hoch eingeschätzt, es gibt z.T. Abweichungen, jedoch - im Gegensatz zur hier vertretenen Annahme - nur solche, die in Richtung auf "mehr Kontrolle als Kontingenz" gehen; ein solches Muster würde bedeuten, daß die Kontingenz realistisch, die Kontrolle dagegen unrealistisch hoch eingeschätzt würde. Dies wäre zumindest verwunderlich.

■ Im Hinblick auf das Verhältnis zwischen Kontingenz und Kontrollvalenz läßt sich im Anschluß an die erste Modellannahme fragen, ob neben der wahrgenommenen personalen Kontrolle (PK) evtl. auch die subjektiv erwünschte Kontrolle (KV) von der eingeschätzten allgemeinen Kontingenz (AK) abhängt. Diesbezüglich läßt sich vermuten:

> Personen richten sich im Ausmaß ihrer Kontrollvalenz (KV) nach ihren Annahmen über die allgemeine Kontingenz (AK) insofern, als sie - aus "Machbarkeits"-Gründen - zwar u.U. von mehr Kontingenz ausgehen als sie an Kontrolle besitzen wollen, jedoch nicht umgekehrt. Die eingeschätzte

allgemeine Kontingenz stellt eine "realistische Obergrenze" für die Kontrollvalenz dar.

Mit dieser Annahme wird keine logische Verknüpfung (wie zwischen Kontingenz und Kontrolle) behauptet; denn es ist ja durchaus denkbar, daß sich Personen in einem bestimmten Handlungsbereich mehr Kontrolle wünschen, als nach ihrer Meinung hier prinzipiell möglich ist. Nach rein logischen Gesichtspunkten sind alle vier Kombinationen (niedrige/hohe Kontingenz in Verbindung mit niedriger/hoher Kontrollvalenz) möglich.
Es wird hier jedoch vermutet, daß der allgemeinen Kontingenz deshalb eine Begrenzungsfunktion auch für die Kontrollwichtigkeit zukommt, weil jedes über das maximal "Machbare" hinausgehende "Wollen" auf Dauer zu "anstrengend" wäre. Diese Überlegung geht mit allen Theorien konform, die eine kognitive Konsistenztendenz postulieren (einen zusammenfassenden Überblick gibt z.B. STROEBE 1980, S. 194 ff).

Die beiden ersten Modellannahmen laufen insgesamt darauf hinaus, daß die allgemeine Kontingenz den "Rahmen" für die als vorhanden eingeschätzte und die gewünschte Kontrolle absteckt, indem das AK-Ausmaß sowohl das PK- als auch das KV-Ausmaß begrenzt.
Dies heißt für die Bedeutung dieser drei Komponenten: Die allgemeine Kontingenz ("Inwieweit sind in dem betreffenden Bereich Ereignisse überhaupt handlungsabhängig?") stellt die maximal mögliche Kontrolle dar (MAX), die personale Kontrolle ("Kann ich selbst die gesteckten Ziele hier erreichen?") die Kontrolle, die der Betreffende tatsächlich hat bzw. zu haben glaubt (IST), und die Kontrollvalenz ("Wie wichtig ist mir hier eigentlich die Erreichung dieser Ziele?") die Kontrolle, die er zu besitzen wünscht (SOLL).

<u>Bestimmungsstücke personaler Kontrolle</u>: In einem zweiten Schritt wird untersucht, wovon das Ausmaß der personalen Kontrolle abhängt, das Individuen erwarten, wenn sie Ereignisse und Zustände als generell handlungsabhängig betrachten.

■ Ein Punkt, der bereits mehrfach angesprochen wurde, ist, daß hierbei die Kontrollierbarkeit (als spezifisches Umweltmerkmal) und die Kontrollkompetenz (als Personmerkmal) eine wichtige Rolle spielen. Die dritte Modellannahme heißt:

Bei als gegeben angenommener Kontingenz schätzen Personen das Ausmaß ihrer personalen Kontrolle (PK), das sie für einen bestimmten Bereich erwarten, als "Ergebnis" sowohl ihrer wahrgenommenen Kontrollkompetenz (KK) wie der beurteilten spezifischen Kontrollierbarkeit (SK) des betreffenden Bereichs ein; Kontrollkompetenz und Kontrollierbarkeit können sich dabei einander kompensieren.

Dies heißt erstens: Bei nicht vorhandener Kontingenz haben sowohl die der eigenen Person zugeschriebene Kontrollkompetenz wie die den Situationsbedingungen zugeschriebene Kontrollierbarkeit für die Frage des Ausmaßes der personalen Kontrolle keine Bedeutung, da Inkontingenz (wie in der ersten Modellannahme formuliert ist) unter allen Umständen Nicht-Kontrolle nach sich zieht; bei vorhandener Kontingenz aber hängt das Maß der personalen Kontrolle von der Kontrollkompetenz und der Kontrollierbarkeit ab.

Die Annahme beinhaltet zweitens: Im Hinblick auf das Ausmaß der personalen Kontrolle kann eine niedrige Kontrollierbarkeit durch hohe Kontrollkompetenz

und eine niedrige Kompetenz durch eine hohe Kontrollierbarkeit kompensiert werden.
Weder die spezifische Kontrollierbarkeit als (für vergleichbare andere Personen gültig eingeschätzte) Kontroll-"Leichtigkeit" noch die Kontrollkompetenz als (die im Vergleich zu anderen Personen bestimmte) Kontroll-"Fähigkeit" sagen für sich genommen besonders viel über die dem betreffenden Individuum mögliche Erreichbarkeit seiner Ziele aus. Entscheidend ist nicht die Schwierigkeit und die Fertigkeit "an sich", sondern die "Relation von wahrgenommener objektiver Schwierigkeit und der Einschätzung der eigenen Begabung oder Fähigkeit" (MEYER 1984, S. 38); diese Relation, die die "subjektive" Schwierigkeit bzw. die Schwierigkeit "für mich" ausmacht, bestimmt letztlich, ob gesteckte Ziele erreicht werden können, d.h. ob in dem betreffenden Bereich personale Kontrolle möglich ist und -wenn ja- in welchem Maße.

Die Überlegung, bei den Bestimmungsstücken personaler Kontrolle in erster Linie auf wahrgenommene Kontroll-"Fähigkeiten" sowie -"Schwierigkeiten" abzuheben, mag auf den ersten Blick angesichts der in der Attributionstheorie als fundamental geltenden 4-Felder-Kategorien 'Fähigkeit', 'Schwierigkeit', 'Anstrengung' und 'Zufall' als "zu kurz gegriffen" erscheinen; dabei ist jedoch zu berücksichtigen:
Eine "Zufalls"-Attribuierung ist entweder ein Ausdruck für wahrgenommene Inkontingenz oder aber ein Indikator für eine subjektive Nichterklärbarkeit von Ereignissen. Im ersten Fall wird der Zufallsfaktor durch die Komponente der allgemeinen Kontingenz berücksichtigt, im zweiten Fall dagegen kann er keine Bedingung für das A u s m a ß der personalen Kontrolle sein, sondern höchstens ein Indikator für die S i c h e r h e i t der Einschätzung eben dieses Ausmaßes (vgl. hierzu WERBIK 1978).
Auch eine "Anstrengungs"-Attribuierung liegt auf einem anderen Niveau als eine Zuschreibung auf Fähigkeiten oder Schwierigkeiten. Die Mißerfolgsbegründung "Ich habe mich evtl. nicht genügend bemüht" ist zunächst einmal eine reine Beschreibung; sie sagt nichts darüber aus, ob dem Betreffenden an einem stärkeren Einsatz nicht g e l e g e n war bzw. ist oder ob ihm ein Mehr an Anstrengung nicht m ö g l i c h war bzw. ist.
Der erste Aspekt (die Bereitschaft zu höherem Einsatz) hängt eng mit der Kontrollvalenz zusammen (siehe unten); der zweite Aspekt (der einem selbst maximal mögliche Anstrengungsgrad) aber ist ein Bestandteil der Kontrollkompetenz: Zu letzterer gehört im optimalen Fall, daß man in der Lage ist, seine eigenen Energiereserven so auszuschöpfen, daß Ziele auch unter erschwerten Bedingungen erreicht werden können; zumindest aber beinhaltet eine hohe Kontrollkompetenz, die zur Verfügung stehenden Energiereserven adäquat zu verwalten (ein Beispiel hierfür ist das Beherrschen von Lern- und Arbeitstechniken).
Anders gesagt: Der Anstrengungsfaktor spielt zwar "rückwärts gerichtet" bei Erklärungen eine Rolle zur "Testung" der eigenen Kompetenzen (so markieren z.B. Mißerfolge trotz maximaler Anstrengung sehr deutlich die eigenen Leistungsgrenzen), "vorwärts gerichtet" jedoch, d.h. bei Vorhersagen und auf die Zukunft gerichteten Erwartungen, ist die Anstrengung unter das Konzept der Kompetenz zu subsumieren (im Sinne von: "Wenn es darauf ankommt, bin ich fähig, alle meine Energien zu mobilisieren").
Unter diesem Blickwinkel gilt, daß, wie weiter oben dargelegt, das Maß der personalen Kontrolle von dem "Zusammenspiel" von Kontrollkompetenz und spezifischer Kontrollierbarkeit abhängt.

■ Mit der dritten Modellannahme wird der volle Begründungszusammenhang der personalen Kontrolle abgedeckt; hinsichtlich weiterer Determinanten läßt sich zusätzlich annehmen:

> Bei dem Ausmaß der eingeschätzten personalen Kontrolle (PK) spielt die Höhe der Kontrollvalenz (KV) insofern eine Rolle, als eine hohe Kontrollwichtigkeit zu einer höheren Einsatzbereitschaft und diese - im Falle hoher Kontrollkompetenz und/oder Kontrollierbarkeit - zu mehr Erfolgser-

lebnissen beitragen dürfte, wobei sich letztere wiederum in der Einschätzung einer höheren personalen Kontrolle niederschlagen sollten.

Ein vergleichbares Zusammenhangsmuster wurde von BURGER (1985) für den Bereich 'leistungsbezogene Aufgaben' gefunden: in seiner sechs Experimente umfassenden Untersuchungsreihe strebten die Personen mit hohen Kontrollmotivationswerten -gemessen mit der 'Desirability of Control-Scale' (BURGER & COOPER 1979)- nach höheren Leistungslevels, erwarteten mehr Erfolge (wobei sie ihre Erwartungen realistischer setzten) und reagierten auf Herausforderungen mit vermehrter Anstrengung und stärkerer Ausdauer als Personen mit niedrigen Kontrollmotivationswerten.
BURGER selbst klassifiziert seine Ergebnisse als einen ersten Schritt zur Untersuchung derartiger Zusammenhänge; zudem ist -wie bereits mehrfach hervorgehoben wurde- unklar, ob für den persönlichen Leistungsbereich geltende Muster auch für andere Bereiche, etwa den persönlichen Beziehungs- oder den gesellschaftlichen Aktivitätsbereich, gelten (siehe PAULHUS & CHRISTIE 1981).

Aus diesem Grunde ist die obige Annahme vergleichsweise vage formuliert. Sie ist Ausdruck der Überlegung, daß die Einschätzung von Personen über die Höhe der eigenen Kontrollmöglichkeiten von "Tests" zur Bestimmung eben dieser Möglichkeiten nicht unabhängig sein dürfte und daß für die Ausführung oder Unterlassung solcher Kontrollhandlungen neben der eingeschätzten Kontrollhö-

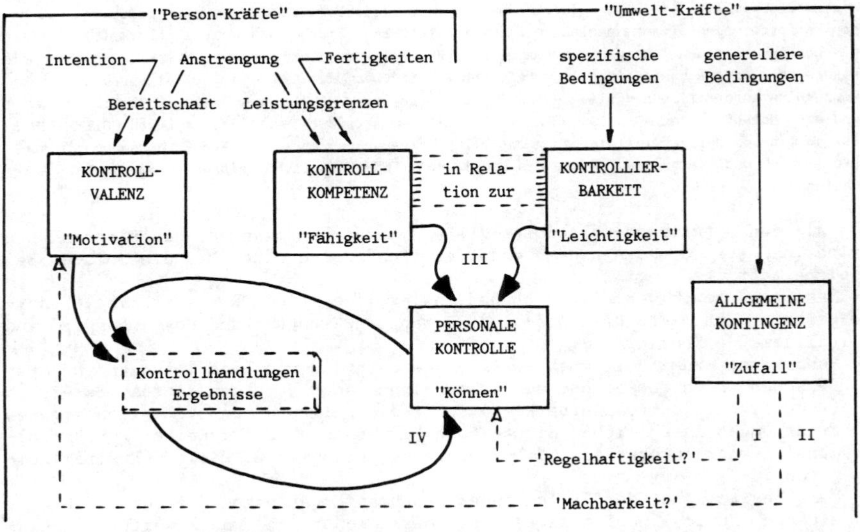

Abb. 3.2: Darstellung des Komponentenmodells in Anlehnung an die (modifizierten) Annahmen von HEIDER

Erläuterung: Die Heiderschen Grundkonzepte sind in Anführungszeichen gesetzt. Die hier postulierten Komponenten der Kontrolle sind in Großbuchstaben genannt, die vier Modellannahmen mit I-IV gekennzeichnet.

he auch das Ausmaß der Kontrollvalenz eine gewichtige Determinante ist. Die Kontrollvalenz stellt insofern eine eher "indirekte" Bedingung personaler Kontrolle dar.

Der Gesamtzusammenhang der vier Modellannahmen zur Struktur der Kontrollkomponenten wird in Abbildung 3.2 dargestellt. Das hier vorgestellte Rahmenmodell ist, wie die gewählte Darstellungsform zeigt, mit den Überlegungen HEIDERs (1958/1977) zu "naiven" Analysen (vgl. HECKHAUSEN 1980, S.457) nicht unverträglich, wenn man berücksichtigt, daß neben einigen Änderungen im Hinblick auf Anstrengung und Zufall Kreislaufprozesse als zusätzlich wichtige Bestimmungsstücke eingeführt wurden.

Eingrenzung: Die behauptete Annahmestruktur gilt in erster Linie für solche Kognitionsmuster, die auf vergleichsweise sicheren Einschätzungen basieren.

In völlig neuen und unbekannten Situationen, wie sie z.B. die Versuchssituationen im Learned Helplessness-Paradigma darstellen, ist eine exakte Trennung der verschiedenen Komponenten für die betroffenen Personen äußerst schwierig:

Zunächst einmal dürften sich Menschen in solchen Situationen erst im Laufe der Zeit darüber klar werden, ob sie hier Einfluß ausüben wollen oder nicht (Kontrollvalenz); falls ja, so kann der evtl. erlebte Fehlschlag von Problemlösungen (und damit das Nichtvorhandensein von Kontrolle über die Situation) -ohne daß dies genauer zu eruieren wäre- an der fehlenden allgemeinen Handlungs-Ereignis-Kontingenz dieses Situationsbereiches (und damit an dessen prinzipieller Unkontrollierbarkeit) liegen , oder an -auch für vergleichbare andere Personen geltenden- zu hohen Anforderungen dieser speziellen Situation (der spezifischen Unkontrollierbarkeit) oder an zu geringen eigenen Fertigkeiten (mangelnder Kontrollkompetenz), deren Einschätzung aber ein Wissen über eigene Fähigkeiten in vergleichbaren anderen Situationen voraussetzen würde.
Wenn keine Informationen vorliegen, so ist die jeweilige Zuschreibung letztlich beliebig bzw. - und eben darauf zielen ABRAMSON et al (1978) mit dem Attributionsstil-Konzept und ROTTER (1966, 1975) mit dem der generalisierten "Kontroll"-Überzeugungen ab- eine Frage personspezifischer "Vorlieben" und/oder -darauf läuft das Modell von HECKHAUSEN (1980) hinaus- prozessualer "Automatismen".

In all den Situations-/Handlungs-/Lebens-Bereichen dagegen, die nicht so neu sind, daß sie ad hoc-Annahmen erfordern (und das dürfte für die meisten Bereiche zutreffen), gilt:
- Man weiß bzw. vermutet, ob und inwieweit es eine "Regelhaftigkeit" dergestalt gibt, daß Ereignis- und Zustandsänderungen handlungsabhängig sind (allgemeine Kontingenz).
- Man kennt -zumindest ansatzweise- die aufgrund von Beobachtungen anderer Personen sich abzeichnenden "objektiven" Anforderungen dieses Bereiches (spezifische Kontrollierbarkeit) sowie die aufgrund von bisherigen eigenen Erfahrungen in ähnlichen Situationen "erwiesenen" Fertigkeiten zur Verfolgung eigener Interessen und Durchsetzung persönlicher Ziele (Kontrollkompetenz).
- Man besitzt auf der Basis dieser Annahmen Erwartungen über die Höhe der eigenen Kontrollmöglichkeiten (personale Kontrolle) und Bewertungen hinsichtlich der Wichtigkeit derselben (Kontrollvalenz).

Die "Existenz" und "Sicherheit" solcher Kognitionen sagt natürlich nichts über deren "Angemessenheit" aus. LEFCOURT (1973) geht sogar so weit zu behaupten, daß alle Einschätzungen persönlicher Kontrolle letztlich Illusionen seien - dennoch, so führt er aus, sind sie wirksam, da sie Konsequenzen haben.

3.4 ZUSAMMENFASSUNG

Um zu einem klareren Verständnis davon, was mögliche Inhalte von Kontrollkognitionen sind, zu gelangen, werden hier folgende Komponenten der Kontrolle im Hinblick auf die Einschätzung eines bestimmten Handlungs- oder Lebens-Bereiches vorgeschlagen: allgemeine Kontingenz (AK), personale Kontrolle (PK), Kontrollkompetenz (KK), spezifische Kontrollierbarkeit (SK) und Kontrollvalenz (KV).

Die personale Kontrolle stellt die "Kontrolle im engeren Sinn" dar; sie bezieht sich auf die angenommenen Möglichkeiten, die das betreffende Individuum s e l b s t zur Verfügung hat, um intendierte Ereignisse und Zustände herbeizuführen und aufrechtzuerhalten.
Die allgemeine Kontingenz beinhaltet Annahmen zu der Frage, inwieweit in dem betreffenden Bereich Ereignisse generell handlungsabhängig sind; die Kontrollkompetenz bezieht sich auf die Einschätzung der eigenen Fertigkeiten zur Durchsetzung von Zielen, die spezifische Kontrollierbarkeit auf die Anforderungen in dem speziellen Bereich; die Kontrollvalenz schließlich umfaßt die individuelle Wichtigkeit von Kontrolle in dem betreffenden Handlungsbereich.

Zur Struktur der fünf Komponenten wird angenommen:

- Die allgemeine Kontingenz begrenzt als "Grundvoraussetzung" das Ausmaß der personalen Kontrolle aus "logischen" Gründen und des weiteren das der Kontrollvalenz aufgrund von "realistischen" Gesichtspunkten.

- Das Ausmaß der personalen Kontrolle (der 'Hauptkomponente' sozusagen) wird in erster Linie über die Ausprägungen der Kontrollkompetenz und der spezifischen Kontrollierbarkeit determiniert, die einander kompensieren können. Darüber hinaus beeinflußt auch die Höhe der Kontrollvalenz die personale Kontrolle, und zwar aufgrund von Kreislaufprozessen.

Diese Zusammenhänge, so wird weiter angenommen, stellen nicht nur eine Möglichkeit zur strukturierenden "externen" Beschreibung vorzufindender Sachverhalte dar, sondern werden von Individuen auch tatsächlich "intern" repräsentiert. Dabei ist einschränkend hervorzuheben, daß diese Struktur nur für jene Handlungs-/Lebens-Bereiche als gültig erachtet wird, die nicht völlig neu sind, d.h. wo Vorerfahrungen vorliegen, die vergleichsweise sichere Einschätzungen zulassen; eben diese Vorbedingung dürfte im allgemeinen auch für den Bereich der interpersonalen "intimen" Beziehungen (Ehe, Partnerschaft etc.) erfüllt sein.

Mit diesem Versuch einer genaueren Klärung und Gliederung des Kontrollkonzepts ist die Voraussetzung gegeben, um auf die Ausgangsfragestellung -den Zusammenhang zwischen Kontrolle und Zufriedenheit in Beziehungen- zurückzukommen.

4. KONTROLLE UND ZUFRIEDENHEIT IN PARTNERBEZIEHUNGEN - SPEZIFISCHE ASPEKTE -

Das vorgestellte Komponentenmodell läßt sich im Prinzip auf jeden Handlungs- oder Lebensbereich übertragen; im Hinblick auf die Besonderheiten solcher Bereiche, in denen Menschen nach Kontrolle streben, ist jedoch die Frage, ob es sich dabei um Subjekt-Objekt- oder Subjekt-Subjekt-Relationen handelt, nicht zu vernachlässigen.

Im Umgang mit "Dingen" ist es durchaus möglich, durch gezielte Ausweitung eigener Fertigkeiten ein hohes Maß an Effektivität und damit an Kontrolle zu erlangen. "Dies gilt weniger für Handlungen, in denen der Mensch mit anderen Menschen unmittelbar in Kontakt tritt oder sich auseinandersetzt. Andere Menschen sind selbst aktiv; ob bestimmte soziale Handlungen eines Einzelnen zu den vom Handelnden angezielten Konsequenzen führen, ist daher bei weitem weniger sicher als bei Handlungen im Umgang mit unbelebter Materie" (OESTERREICH 1981, S. 203).

Während in Subjekt-Objekt-Interaktionen das Ausmaß der Kontrolle des Handelnden in erster Linie davon abhängt, ob -falls überhaupt Handlungs-Ergebnis-Kontingenzen existieren- für den jeweiligen Schwierigkeitsgrad ausreichende eigene Fähigkeiten zur Verfügung stehen, wird in Subjekt-Subjekt-Interaktionen die Kontrolle jedes Einzelnen auch durch die Handlungsfertigkeiten der jeweils anderen Beteiligten determiniert.
Anders gesagt: "Menschen denken unterschiedlich. Sie haben unterschiedliche Ziele. Sie wählen unterschiedliche Strategien und Taktiken. Sie handeln unterschiedlich und benützen unterschiedliche Kontrollmechanismen, um die Erreichung der Ziele zu gewährleisten" (GUNTERN 1983, S. 60).

Wechselseitige Kontrolle in zwischenmenschlichen Beziehungen erfordert deshalb Reflexivität. Dies hat LEWIS (1975) sehr anschaulich beschrieben: "Wenn ich ermitteln will, was du tun wirst, ... muß ich ermitteln, welche Handlung du von mir erwartest. Nun weiß ich aber auch, daß, wie ich deine Überlegungen repliziere, um zu ermitteln, was du tun wirst, auch du meine Überlegungen replizierst, um zu ermitteln, was ich tun werde. Dies ist genauso wie alles andere, was du anstellen magst, um zu ermitteln, was ich tun werde, Teil deiner Überlegungen. Daher muß ich, wenn ich deine Überlegungen replizieren will, möglicherweise auch deinen Versuch, meinen Versuch zu replizieren, replizieren" (S. 27 - Hervorhebungen weggelassen).

Es mag an dieser Komplexität liegen, daß Bedingungen und Konsequenzen von Kontrolle bisher durchweg im Bereich der Leistungsmotivation, d.h. im Umgang mit maximal reaktiver Materie, nicht aber im interpersonalen Bereich, d.h. im Umgang mit aktiven anderen Menschen, erforscht wurde; fast keine Beachtung wurde bisher der Kontrolle in und über "intime" Beziehungen (Ehe, Partnerschaft etc.) geschenkt.

Dieser Tatsache steht die immense Bedeutung gegenüber, die gerade Zweierbeziehungen für die Aufrechterhaltung einer Kontrollmotivation zukommen kann. (Abschnitt 4.1); aufgrund der besonderen Bedingungen der Kontrollmöglichkeiten im interpersonalen Bereich (Abschnitt 4.2) zeigt sich, daß Kontrolle in Beziehungen für die persönliche Zufriedenheit der Partner besonders wichtig, zugleich aber auch an besondere Prinzipien gekoppelt ist (Abschnitt 4.3).

4.1 PARTIALISIERUNG UND KOMPENSATORISCHE KONTROLLE

Kontrolle im Bereich privater Beziehungen kann von der im politischen Bereich i.w.S. nicht losgelöst betrachtet werden, da das Ausmaß objektiver individueller Kontrolle -d.h. der realen Möglichkeiten, Umgebungsbedingungen so zu verändern, daß diese die Befriedigung wichtiger eigener Bedürfnisse erlauben- zwangsläufig an gesellschaftliche Bedingungen geknüpft ist.

Kontrolle und partialisierte Arbeitsstrukturen: Eine wesentliche Bedeutung kommt dabei dem Arbeitsprozeß in seiner heutigen Form zu, der dem größten Teil der Bevölkerung nur sehr beschränkte Einfluß- und Gestaltungsmöglichkeiten bietet.
Denn die während der Manufaktur-Epoche zunächst ansatzweise und aufgrund der Entwicklung der Arbeitswissenschaft dann systematisch betriebene Arbeitsprozeßzergliederung bedeutet, wie MEYER (1982) ausführlicher darlegt, für die meisten Arbeitnehmer sowohl eine Entqualifizierung (Reduktion auf pure Arbeitskraft) als auch eine Entmachtung (Entzug des Produktionswissens).

Unabhängig davon, "ob das Kriterium des Produktionsmittelbesitzes für die Analyse der sozialwissenschaftlichen Gliederung moderner Gesellschaften ausreicht" (HANDL et al 1977, S.15), heißt dies, "daß Arbeiter und Angestellte, die niedrige Funktionen ausüben, vom Arbeitsplatz her gesehen überwiegend nur über partielle bzw. fast gar keine Kontrolle verfügen können" (FRESE 1978, S.172), weil "der Arbeitsablauf weitestgehend durch Technik und Arbeitsorganisation vorgegeben ist; es gibt kaum noch Entscheidungssituationen und somit kaum noch Möglichkeiten, irgendeinen Einfluß auf die Arbeitstätigkeit zu nehmen" (GROSKURTH 1979, S.47).

Die Implikationen derartiger Einflußbeschneidungen im Rahmen der Arbeitswelt werden detaillierter durch Vertreter der 'Handlungstheorie' (z.B. HACKER 1986; VOLPERT 1974) untersucht; für weite Teile der Bevölkerung, so die Hauptaussage, läuft die Arbeitstätigkeit auf unteren Regulationsebenen ab, die oberste Ebene, auf der intellektuelle Planungsvorgänge stattfinden, bleibt unberücksichtigt.
VOLPERT (1974) bezeichnet solche Tätigkeitsformen als "partialisierte Handlungen", die sich durch folgende Merkmale auszeichnen: sie sind...
- "isoliert, d.h. der Gesamtzusammenhang der Arbeit bzw. seine das Individuum übergreifenden Bestandteile werden nicht mit erfaßt und mit bestimmt" (S.59)
- "restringiert, d.h. der individuelle Handlungszusammenhang ist im Sinne einer Unterentwicklung umfassender und komplexer Planungsvorgänge gestört, an die Stelle der Beherrschung der Gegebenheiten und des Überblicks tritt die Perspektivlosigkeit und das Beherrschtwerden..." (S.59).

Dieser "spezifischen Partialisierung" stellt VOLPERT (1975) die "prinzipielle Partialisierung" gegenüber, unter der er das "Auseinanderfallen des allgemeinen (Erwerbs-)Motivs der Arbeitstätigkeit und des konkreten Inhalts und Ziels (Produkt) dieser Tätigkeit" versteht, in deren Folge "alles 'lebenswerte Leben' auf den Restbereich" verschoben werde (S.159/160).

Kontrolle und gesellschaftliche Partizipation: Eine weitgehend rationalisierte Arbeitswelt bringt nicht nur verringerte Einflußmöglichkeiten mit sich, sie zeichnet sich auch dadurch aus, daß der "lange Arm der Arbeit" (MEISSNER 1971) bis weit in die Freizeit hineinreicht. Die "Verdichtung der Arbeit, der Zwang zu stärkerer Konzentration und der Zeitdruck machen längere Regenerationszeiten (Schlafen, Nichtstun, soziale Isolation) notwendig" (RINDERSPACHER 1984, S.40); dabei ist zugleich ein permanenter Zuwachs von Anforderungen festzustellen, die die Definition von "Frei-Zeit" fraglich werden lassen. "Die Beispiele reichen vom TÜV-Termin zu Versorgungsausgleichsstreitereien, von den Hilfsdiensten für die Kieferorthopädin bis zur Schwangerschaftsgymnastik, von der Küchenrenovierung bis zum Pannenkurs..." (MÜLLER-WICHMANN 1985, S.63).

Der letztlich geringe Umfang an "Restzeit", d.h. an Zeit, über die man wirklich frei verfügen kann, dürfte mit dazu beitragen, daß die Beschränkung individueller Kontrollmöglichkeiten nur ansatzweise durch die Schaffung kollektiver Kontrolle im Sinne einer 'agenda control' (s. Kap. 2.2.4) durch aktive Beteiligung an gesellschaftlich-politischen Entscheidungen aufzuheben versucht wird.

Schließlich setzt eine wirksame Einflußnahme auf gesellschaftliche Bedingungen eben jene Energie voraus, die allzuoft bereits "verbraucht" ist; aufgrund der Struktur mancher Entscheidungsprozesse ist -pointiert formuliert- deshalb zu befürchten, daß heutzutage teilweise "nur diejenigen, die die Zeit finden können dafür, grenzenlos zu diskutieren, nur diejenigen, die sich zu diesem Zweck organisieren, tatsächlich noch einen Einfluß haben auf die politischen Entscheidungen" (SADER 1976, S.128 unter Bezug auf DAHRENDORF 1975, S.103).
Die Konsequenz davon: Aufgrund entsprechender Erfahrungen "sieht sich eine Mehrheit der 'Inkompetenten', die in der selbständigen Bestimmung ihrer Lebensform stark eingeschränkt ist, einigen wenigen 'Experten' gegenüber, die das gesellschaftliche Leben strukturieren" (SCHUCH 1982, S.8/9).

Die "Logik" dieses gesellschaftlichen Zustandes wird ausführlicher im Rahmen der sogenannten 'Kritischen Theorie' thematisiert. Ein Kerngedanke ist, daß der Mensch, um in der Natur zu überleben, diese soweit wie möglich berechenbar macht, um sich auf sie einstellen und sie kontrollieren zu können - daß aber die dadurch bedingte Bürokratisierung und Verwissenschaftlichung des Lebens zur Entfremdung führt (s. HORKHEIMER & ADORNO 1969): "Daß die gesellschaftlichen Tendenzen sich über den Köpfen der Menschen durchsetzen, daß sie jene Tendenzen nicht als ihre eigenen wissen, macht den gesellschaftlichen Schleier aus... Die Undurchsichtigkeit der entfremdeten Objektivität wirft die Subjekte auf ihr beschränktes Selbst zurück und spiegelt ihnen dessen abgespaltenes Für-sich-sein... als das Wesentliche vor" (ADORNO 1972, S.54).

Kompensation fehlender Kontrolle im Privatbereich: Obwohl es grundsätzlich mehrere Möglichkeiten gäbe, auf die Erfahrung von Entfremdung und eingegrenzter Kontrolle zu reagieren (s.z.B. FRESE 1978), scheint es so, als ob "konservative Strategien" (OESTERREICH 1981), bei denen versucht wird, zumindest ansatzweise durchschaubare und kontrollierbare Bereiche scharf abzugrenzen, i.a. den Vorzug erhielten. Und eben hier bieten (Ehe-)Beziehungen eine wichtige "Rückzugsmöglichkeit":

OTTOMEYER (1976) z.B. geht davon aus, daß die Erfahrung der "Fremdheit und Mittelbarkeit" in einer "Gesellschaft, in der die Individuen ihren grundlegenden gesellschaftlichen Zusammenhang über die Waren- bzw. Geldform haben, ihn 'in der Tasche bei sich haben' (Marx), und noch während der Kooperation im Produktionsprozeß von der Dominanz des Verwertungsprozesses gegeneinander isoliert werden" zu einer Kompensierung in Form von Sozialbeziehungen drängt, die "notwendig einer Tendenz in Richtung auf eine Harmonisierung um jeden Preis" unterliegen (S.133/134).
SIGUSCH (1980) spricht von der "Leere, Distanz und Kälte der Arbeitswelt, überhaupt des gesellschaftlichen und öffentlichen Lebens", die "im allgemeinen nur mit der Aufgabe, Nähe und Wärme einer Zweierbeziehung auszuhalten" sei (S.15). Und CLANTON & SMITH (1977) nehmen an: "Je mehr wir die Kontrolle in verschiedenen Bereichen unseres Lebens verlieren oder je mehr wir entdekken, daß wir dort niemals wirklich Kontrolle ausgeübt haben, desto mehr su-

chen wir Sicherheit in der engen Paarbeziehung und im Familienleben" (S.16).

Diese Annahmen, die der Partnerbeziehung eine Art "Sonderstatus" und "Oasenfunktion" zuschreiben, werden teilweise in einer Untersuchung von JOST et al (1985) zur 'Interaktion mit dem (Ehe-)Partner im Vergleich zu der mit Freunden, Berufskollegen und Nachbarn' bestätigt; aufgrund ihrer Ergebnisse bezeichnen die Autoren die "These vom Ausnahmecharakter der partnerschaftlichen Beziehung" als zumindest für alle die Personen zutreffend, die -was für einen nicht unerheblichen Teil der Bevölkerung zu gelten scheint- keine (engeren sonstigen) Freunde haben.

Alles in allem läßt sich demnach hinsichtlich möglicher Funktionen von Kontrolle in Paarbeziehungen annehmen:

(1) Intime Beziehungen sollen alle jene Bedürfnisse befriedigen, die in anderen Bereichen und Beziehungen kaum oder nur sehr viel schwieriger zu realisieren sind - also insbesondere nach Sicherheit, Geborgenheit, Wärme, Zuneigung, Unmittelbarkeit, Nähe etc.
Die Ausübung von Kontrolle fungiert hierbei als M i t t e l, um die Befriedigung dieser Bedürfnisse möglichst dauerhaft zu sichern.

(2) Intime Beziehungen sollen eine Möglichkeit zur Bestätigung dafür bieten, daß man -wenn schon nicht im "Großen", so doch wenigstens im "Kleinen"- in der Lage ist, Einfluß auf seine Umgebung zu nehmen.
Kontrolle stellt hierbei ein Z i e l dar, das sich mit dem Stichwort "Kontrolle um der Kontrolle willen" umreißen läßt (und das mit als ein Grund dafür gelten kann, daß in Beziehungen so viel "gekämpft" wird).

4.2 INTERPERSONALE KONTROLLE ALS MEHR-EBENEN-REGULATION

In beiden Fällen dürfte die Kontrolle, die Beziehungspartner als gegeben betrachten, dann "optimal" sein, wenn sie die Sicherheit besitzen, gegebenenfalls auf die Bedingungen der Beziehung Einfluß nehmen zu k ö n n e n, ohne sich gezwungen zu sehen, ihren Einfluß tatsächlich auch geltend machen zu m ü s s e n.

Der Zwang, etwas unternehmen zu müssen, ist schließlich oftmals eher ein Ausdruck für Hilflosigkeit als ein Zeichen für Kontrolle; zumindest beruht die Ausübung von Kontrolle, d.h. die Durchführung von Kontrollhandlungen, nicht unbedingt immer auf der Wahrnehmung von Kontrolle, d.h. der Einschätzung, in der Beziehung ausreichende Einflußmöglichkeiten zu besitzen (diese beiden Aspekte werden insbesondere in der amerikanischen Literatur zur interpersonalen Kontrolle oft nicht auseinandergehalten).

Die Einschätzung, im Rahmen der Beziehung Einfluß nehmen zu können -also die Wahrnehmung personaler Kontrolle- setzt, wie aus dem Komponentenmodell folgt, die grundsätzliche Annahme voraus, daß Beziehungen überhaupt handlungsgesteuert sind (d.h. sich durch Handlungs-Ergebnis-Kontingenzen ausweisen).
Sie gründet sich darüber hinaus insbesondere auf die Einschätzung eigener Kontrollkompetenzen ("Fähigkeiten") und der Kontrollierbarkeit der spezifischen Beziehung ("Barrieren" bzw. "Schwierigkeiten") - also auf Annahmen,

die jeder Partner über sich selbst besitzt (u.zw. vermutlich aufgrund seiner Erfahrungen in anderen Beziehungen), und die, die er bezüglich des Gegenübers und der Beziehung (u.zw. vermutlich in Relation zu anderen Beziehungen) trifft.

Diese Annahmen und Einschätzungen können natürlich mehr oder weniger realistisch sein. Unrealistisch wäre es auf jeden Fall, so soll im folgenden gezeigt werden, von unbegrenzten Kontrollmöglichkeiten auszugehen:
Kontrolle ist im interpersonalen Bereich immer an bestimmte "Eckwerte" geknüpft, die sich aus den Spezifika der zugrundeliegenden Interaktionsprozesse ergeben.

Zur Untermauerung dieser These lassen sich Annahmen der Kommunikationstheorie, des Symbolischen Interaktionismus, der Kontrakt- und der Systemtheorie heranziehen.

4.2.1 Kommunikation und Kontrolle

Die Besonderheit der Kontrollbedingungen im interpersonalen Bereich macht sich zunächst einmal daran fest, daß die Ziele und Absichten der eigenen Handlungen verdeutlicht werden müssen, wenn sie die intendierte Wirkung erzielen sollen.

Problematisch daran ist, daß jeder Handlung unterschiedliche Bedeutungen unterlegt werden können: "Selbst wenn jedes Individuum die Handlungen als ein und dieselben wahrnimmt, kann die Interpretation des identischen Aktes sehr verschieden ausfallen. Sie zwinkert ihm freundlich mitwissend zu - er deutet das jedoch als eine verführerische Geste... Sie verweigert ihm aus 'Selbstachtung' den Gutenachtkuß - er deutet das als Zurückweisung" (LAING et al 1971, S.23).
Aber auch bei rein verbaler Kommunikation sind Mißverständnisse kaum zu vermeiden, da diese auf verschiedenen Ebenen abläuft.

Ebenen interpersonaler Kommunikation: Grundlage der meisten Kommunikationsmodelle ist das Nachrichten-Modell von SHANNON & WEAVER (1949), das sich durch einen Sender, einen Empfänger und einen Stimulus, mit dem der Sender Nachrichten an den Empfänger schickt, auszeichnet.
Die so ausgetauschten Nachrichten erhalten dann einen Sinngehalt, wenn die Decodierung der verwendeten Zeichen auf gemeinsamer Erfahrung beruht; aus Interaktion im weiteren Sinne wird Kommunikation im engeren Sinn, wenn der Sinngehalt von den Beteiligten gemeinsam aktualisiert werden kann (vgl. LUHMANN 1971; REIMANN 1974; SCHOCH 1979).
Störungen sind dabei praktisch unumgänglich, da zwischen Gesagtem und Gemeintem keine eindeutige Beziehung besteht: "Mißverstehen wird dadurch möglich, daß das Gesagte, auf welches der Hörer rekurrieren muß, mehrdeutig und das hörerseitig Verstandene das Ergebnis einer Interpretation ist, die einen gewissen Spielraum hat" (DOBRICK 1985, S.163).

Dieser Spielraum betrifft in Erweiterung der Überlegungen von SCHULZ VON THUN (1977, 1981), der sich seinerseits u.a. auf BÜHLER (1934) und WATZLAWICK et al (1969) beruft, mindestens folgende Ebenen:

(1) Sachebene ("worüber ich dich informieren möchte...")
= Aussagen darüber, wie der Sender eine bezeichnete Sache sieht

(2) Selbstoffenbarungsebene ("was ich von mir selbst zeigen möchte...")
= Aussagen darüber, wie sich der Sender selbst sieht

(3) Fremdzuschreibungsebene ("was ich von dir halte...")
= Aussagen darüber, wie der Sender den Empfänger sieht

(4) Beziehungsebene ("wie wir zueinander stehen...")
= Aussagen darüber, wie der Sender die Beziehung zum Empfänger definiert

(5) Appellebene ("wozu ich dich veranlassen möchte...")
= Aussagen darüber, was der Empfänger nach Meinung des Senders tun soll

Wesentlich ist, daß alle diese fünf Ebenen (die man auch als Es-, Ich-, Du-, Wir- und Tu-Ebene bezeichnen könnte) auf einmal eine Rolle spielen.

SCHULZ VON THUN (1977), der die dritte und vierte Ebene unter den WATZLAWICKschen Beziehungsaspekt subsumiert, beschreibt die Senderseite wie folgt: "er teilt Sachinformationen mit; stellt sich dabei gleichzeitig selbst dar; drückt aus, wie er zum Empfänger steht, so daß sich dieser in der einen oder anderen Weise behandelt fühlt; und versucht, Einfluß auf das Denken, Fühlen und Handeln des anderen zu nehmen" (S.21).
Für den Empfänger heißt das: "Je nachdem, auf welcher Seite er besonders hört, ist seine Empfangstätigkeit eine andere: Den Sachinhalt sucht er zu verstehen. Sobald er die Nachricht auf die Selbstoffenbarungsseite hin 'abklopft', ist er personaldiagnostisch tätig ('Was ist das für eine(r)?' bzw. 'Was ist im Augenblick los mit ihm/ihr?'). Durch die Beziehungsseite ist der Empfänger persönlich besonders betroffen ('Wie steht der Sender zu mir, was hält er von mir, wen glaubt er vor sich zu haben, wie fühle ich mich behandelt?'). Die Auswertung der Appellseite schließlich geschieht unter der Fragestellung 'Wo will er mich hinhaben?' bzw. im Hinblick auf die Informationsnutzung ('Was sollte ich am besten tun, nachdem ich dies nun weiß?')" (SCHULZ VON THUN 1981, S.44).

<u>Kontrolle und kommunikative Kompetenz</u>: Da man nicht nicht kommunizieren kann (WATZLAWICK et al 1969), besteht keine Möglichkeit, sich diesen verschiedenen Kommunikationsebenen zu entziehen.

Beziehungspartner, die beide auf das "Produkt" ihrer Beziehung Einfluß nehmen wollen, sind somit -wenn sie nicht Gefahr laufen wollen, sich permanent mißzuverstehen- gezwungen, ein "offenes Ohr" für alle diese Kommunikationsebenen und ein feines "Gespür" dafür zu entwickeln, welche Ebene die Hauptebene für den Partner ist; bei dauerndem Auseinanderklaffen sind Klärungen erforderlich, bei denen die Form der Kommunikation selbst zum Gegenstand des Gespräches gemacht wird.

Eine solche explizite 'Metakommunikation', von MANDEL et al (1971, S.127) recht allgemein als "ein Gespräch über die Beziehung", von EHLICH & MARTENS (1972, S.391) eingegrenzter als "explizite Kommunikation über eine geschehene Kommunikation" bezeichnet, umfaßt nach SATIR (1971) eine ausdrückliche Verdeutlichung der Kommunikationsziele - also z.B., wie Äußerungen vom Sender gemeint waren und wie der Empfänger sie verstanden hat bzw. verstehen sollte.
Der 'springende Punkt' erfolgreicher Metakommunikation ist nach WATZLAWICK et al (1969), daß dabei der übliche Kommunikationsrahmen verlassen wird, da "nichts i n n e r h a l b eines Rahmens etwas ü b e r den Rahmen aussagen kann" (S. 253). Detailliertere Kriterien für effektive Metakommunikation

diskutiert FISCHER (1981), kritische Überlegungen zu diesem Konzept finden sich u.a. bei ZIEGLER (1977).

Spezielle Aspekte, die sich auf die Selbst- und Fremd-Ebene beziehen, ergeben sich aus verschiedenen Annahmen des Symbolischen Interaktionismus im Zusammenhang mit dem Begriff der 'Identität', solche, die die Beziehungsebene unter besonderer Berücksichtigung der Auswirkung von 'Beziehungsregeln' betreffen, aus Überlegungen der Kontrakt- und Systemtheorie; diese werden im folgenden näher erläutert.

Nicht weiter verfolgt werden hier dagegen Aspekte des Zusammenhangs zwischen Sach- und Appellebene. Auf solche Fragen (insbesondere darauf, wann eher direkte und wann eher indirekte, d.h. über Sachaussagen vermittelte, Appelle "angemessen" sind), gehen die sogenannten 'Pragmalinguisten' ein; nähere Hinweise zu diesem Forschungsfeld, das vornehmlich um die Sprechakttheorie von SEARLE (1971) zentriert ist, finden sich z.B. in den Arbeiten von ENGELKAMP (1974) und WUNDERLICH (1976), kritische Einschätzungen bei BALLMER (1979) sowie HENNE & REHBOCK (1979).

4.2.2 Kontrolle und Identitätsbalance

Was Interaktionspartner von sich selbst "offenbaren" bzw. "darstellen" möchten, ist eine Frage des Verständnisses der eigenen Person. Für die Entwicklung, Aufrechterhaltung, Erweiterung und Verfestigung des Selbstverständnisses von Individuen sind Beziehungen -dies wird im Symbolischen Interaktionismus postuliert- nicht nur hilfreich, sondern unumgänglich.

Grundannahmen des Symbolischen Interaktionismus: Der Symbolische Interaktionismus wurde in den USA von G. H. MEAD (1934; deutsch 1968) entwickelt, dort von R. H. TURNER, E. GOFFMAN und anderen als Theorie weiter ausgebaut und in der BRD von L. KRAPPMANN sowie J. HABERMAS mit neuen Akzenten versehen; aufgrund seines weiträumigen Erklärungsanspruches wird er teilweise der Sozialpsychologie (HELBIG 1979), teilweise der verstehenden Soziologie (PIONTKOWSKI 1976) zugerechnet.

Nach BLUMER (1973), der im übrigen die Bezeichnung 'symbolische Interaktion' einführte, basiert die Theorie letztlich auf folgenden drei Prämissen:
- "...daß Menschen 'Dingen' gegenüber auf der Grundlage der Bedeutungen handeln, die diese Dinge für sie besitzen"
- "...daß die Bedeutung solcher Dinge aus der speziellen Interaktion, die man mit seinen Mitmenschen eingeht, abgeleitet ist oder aus ihr entsteht"
- "...daß diese Bedeutungen in einem interpretativen Prozeß, den die Person in ihrer Auseinandersetzung mit den ihr begegnenden Dingen benutzt, gehandhabt und abgeändert werden" (S.81).

Aus der Annahme, daß der Mensch nicht (nur) auf die "objektive", sondern (auch) auf die "symbolisch vermittelte" (d.h. sozial konstruierte) Umwelt reagiert (vgl. ROSE 1967), folgt, daß jedes menschliche Handeln Interpretationsprozesse verlangt. Dies gilt nicht nur gegenüber unbelebter Materie, deren mögliche Handlungsfunktionen es zu erkennen gilt, sondern auch gegenüber anderen Menschen, die im Hinblick auf mögliche Rollen identifiziert werden müssen, um deren Verhalten vorhersehbar und damit in die eigenen Handlungspläne integrierbar zu machen.

Da Personen in den meisten Situationen Träger verschiedener Rollen sein können und jede Rolle wiederum unterschiedlich ausgefüllt werden kann (und muß), stellen die wechselseitigen Zuschreibungen immer nur eine Art vorläu-

figen "Arbeitskonsens" (McCALL & SIMMONS 1974) dar, der von den Beteiligten jederzeit modifiziert oder verworfen werden kann.
Diese Vorläufigkeit gilt auch für die Identifikation und Interpretation der eigenen Person, für das Bewußtsein der eigenen Identität.

Das Konzept der Identität: Nach MEAD (1968), der eine ausführliche Beschreibung der Entwicklung der Identität über Gesten, Sprache und Denken liefert, ist eine wesentliche Voraussetzung für ein Identitätsbewußtsein, daß der einzelne sich "aus der besonderen Sicht anderer Mitglieder der gleichen gesellschaftlichen Gruppe oder aus der verallgemeinerten Sicht der Gruppe als Ganzer" erfahren und so zu einem "Objekt für sich selbst" werden kann (S.180), was auf die "Fähigkeit, sich mit den Augen der anderen zu sehen" (PIONTKOWSKI 1976, S.33) hinausläuft.

Da "die anderen" viele verschiedene Bezugsgruppen repräsentieren, ergeben sich Teil-Identitäten, die in die Selbststruktur so zu integrieren sind, daß "eine immer wieder neue Verknüpfung früherer und anderer Interaktionsbeteiligungen des Individuums mit den Erwartungen und Bedürfnissen, die in der aktuellen Situation auftreten" (KRAPPMANN 1978, S.9) möglich wird.

Die Erwartungen der Interaktionspartner in jeder einzelnen aktuellen Situation beziehen sich zum einen darauf, sich allgemein anerkannten Rollenvorstellungen anzupassen, zum anderen darauf, sich davon insoweit abzugrenzen, als diese individuell auszufüllen sind.
Im Sprachgebrauch GOFFMANs (1967) macht dies die -von außen zugeschriebene- 'soziale' und 'persönliche' Identität aus.
Beide Forderungen "stehen zueinander im Widerstreit, denn in der biographischen Dimension, der 'personal identity', wird vom Individuum verlangt, zu sein wie kein anderer. In der horizontalen Dimension, der 'social identity', dagegen wird das Individuum betrachtet, als ob es mit den vorgegebenen Normen voll zur Deckung zu bringen sei. In dieser Dimension wird ihm folglich zugeschrieben, so zu sein wie alle anderen" (KRAPPMANN 1971, S.30).

Die gleichzeitig existierende Forderung nach Einzigartigkeit und nach Gemeinsamkeit macht, wie es einige Theoretiker des Symbolischen Interaktionismus ausdrücken, 'Identitätsbalance' notwendig: "Das Individuum agiert, als ob es einzigartig wäre und hält doch die Gemeinsamkeit mit den Interaktionspartnern fest" (KRAPPMANN 1978, S.78).
Diese 'als ob'-Basis interpersonaler Interaktionen verlangt nicht nur ein gewisses Einfühlungsvermögen (Empathie) einerseits und ein gewisses Zurückweisen der angesonnenen Erwartungen (Rollendistanz) andererseits, sondern auch das Aushalten der Tatsache, daß die eigenen Bedürfnisse in Interaktionen immer nur partiell erfüllt werden können (Ambiguitätstoleranz).

Dynamik von Beziehungen: Der Umstand, daß in jeder Interaktion ein Teil der Selbststruktur vom Gegenüber aufgegriffen und unterstützt, ein Teil dagegen negiert oder zurückgewiesen wird, erzeugt Diskrepanzen zwischen dem persönlich bevorzugten und dem dargestellten Selbstbild. Diese Diskrepanzen können nur dann reduziert werden, wenn man sich an weiteren Interaktionen beteiligt, in denen andere, bisher 'unberücksichtigte', Teile des eigenen Selbstbildes aufgegriffen werden; dabei ist anzunehmen, "daß das Individuum solchen Rollenpartnern und Situationen den Vorzug gibt, die in vielfacher Hinsicht bedeutsame Darstellungen ermöglichen, so daß es auf diese Weise mehr als eine seiner Identitäten darstellen und Unterstützung für sie gewinnen kann" (McCALL & SIMMONS 1974, S.255).

Der Wunsch nach möglichst umfassender und dauerhafter Unterstützung der eigenen Identität dürfte, so gesehen, mit ein Grund für die Konstituierung von Beziehungen sein; für McCALL & SIMMONS (1974) jedenfalls stellt Verläßlichkeit, die auf der Verpflichtung zur wechselseitigen Unterstützung bestimmter Identitäten und zum beiderseitigen Einsatz knapper Ressourcen (wie z.B. Zeit und Geld) begründet ist, ein Hauptmerkmal interpersonaler Beziehungen dar.

Beziehungen werden umso lohnender, je mehr Teil-Identitäten einbezogen werden können; je "erfolgreicher" die Beziehung dabei verläuft, desto mehr werden die wechselseitigen Ansprüche Schritt für Schritt ausgeweitet, um die volle Identität jedes Beteiligten zu erfassen. Dieses 'Wenn es angenehm ist, warum dann nicht mehr davon...' hat SIMMEL (1908) die "Tendenz, ins Unbegrenzte zu gehen" genannt.
Andererseits geht diese Monopolisierungstendenz zugleich immer auch mit einer Verringerung der Möglichkeiten zur Beteiligung an anderen Interaktionen (z.B. bereits aus reinen Zeitgründen) einher und führt damit letztlich zu neuen Defiziten, da es aufgrund der 'als ob'-Basis von Interaktionen unmöglich ist, daß ein Partner alle Teil-Identitäten des anderen voll bestätigt.

Diese Struktur ist eine wesentliche Basis für wechselseitige Macht und Abhängigkeit, die allerdings -wie FALK (1979) zu Recht kritisiert- im Rahmen des Symbolischen Interaktionismus nur unzureichend analysiert werden.
Im Modell der Austauschtheorie (HOMANS 1958; THIBAUT & KELLEY 1959; BLAU 1964; JONES & GERARD 1967) definiert sich die Abhängigkeit von einem Beziehungspartner über das subjektive Kosten-Nutzen-Verhältnis der aktuellen Beziehung im Vergleich zu konkreten Alternativen; diese Relation aber dürfte umso ungünstiger aussehen, je mehr Verpflichtungen die bisherige 'Tendenz ins Unendliche' bereits mit sich gebracht hat (Kinder sind hier wohl das brisanteste Beispiel).

<u>Identität und Kontrolle in Beziehungen</u>: Auf der Basis der Überlegungen zur 'symbolischen Interaktion' wird deutlich, daß Kontrolle in Beziehungen wesentlichen Einschränkungen unterliegt.
Die Möglichkeiten, gegebenenfalls auf den Partner so Einfluß zu nehmen, daß dieser eigenen Bedürfnissen, Zielen und Interessen maximal entgegenkommt, erfahren insofern eine strukturelle Begrenzung, als die gewünschte Unterstützung des eigenen Selbstbildes durch den Partner voraussetzt, daß dieser die Möglichkeit zur Zurückweisung besitzt: "Zwar kann sich das Individuum, das eine Machtstellung besitzt und ausnutzt, viele Vorteile und Annehmlichkeiten verschaffen. Jedoch eine Identität zu entfalten und aufrechterhalten vermag es auf diesem Wege nicht, weil die Anerkennung seiner Erwartungen, die es einholt, leer ist. Sie bedeutet keine Zustimmung, sondern lediglich Unterwerfung" (KRAPPMANN 1978, S.29).

4.2.3 Kontrolle und Beziehungsbalance

Das Postulat des Symbolischen Interaktionismus, daß in interpersonalen Beziehungen die Identitäten der Beteiligten immer wieder aufs neue miteinander auszuhandeln sind, läßt sich dahingehend erweitern, daß auch über die Vorstellung davon, wie denn die spezifische Beziehung "beschaffen" sein soll, ein Konsens herzustellen ist; Annahmen über die Funktion solcher Beziehungsdefinitionen finden sich u.a. in der Systemtheorie.

Hauptannahmen der allgemeinen Systemtheorie: Als Meilenstein in der Entwicklung systemtheoretischer Betrachtungsweisen gilt im allgemeinen das Werk von WIENER (1948 'Cybernetics or control and communication in the animal and the machine'), auf das sich weitere bedeutende Arbeiten in den 50er Jahren (z.B. BERTALANFFY 1950; HALL & FAGEN 1956; ASHBY 1956; WIESER 1959) gründen.

Ein wesentliches Prinzip aller Systeme ist deren Eigenschaft, Gleichgewichtszustände durch Rückkopplungsprozesse zu sichern. Die Grundstruktur ist der sog. Regelkreis; dieser "besteht aus zwei - für sich genommen rückwirkungsfreien - Hauptteilen (Gliedern); dem zu regelnden Objekt, der Regelstrecke, und der regelnden Einrichtung, dem Regler. Aufgabe des Reglers ist es hierbei, eine bestimmte veränderliche Größe, die Regelgröße, entgegen störender Einwirkungen gemäß einer vorgegebenen Funktion, der Führungsgröße, zu variieren. Das wird dadurch erreicht, daß der Regler die Ergebnisse seiner regulierenden Maßnahmen, die über die Stellgröße erfolgen, ständig kontrolliert und dementsprechend seine weiteren Maßnahmen gestaltet" (KLAUS 1968, S. 521/522 - Hervorhebungen weggelassen).

Mit solchen Mechanismen kann bis zu einem gewissen Grad Stabilität, d.h. Beständigkeit gegenüber Außeneinflüssen, gesichert werden.
Ob dieser auch bei Versagen der Rückkopplungsmechanismen erhalten werden kann, hängt davon ab, ob im System die Möglichkeit angelegt ist, von einer Struktur, die bei Überschreitung gewisser Grenzen bestimmte Größen nicht mehr konstant halten kann, sprunghaft zu anderen, besseren Strukturen überzuwechseln; ASHBY (1952) spricht in diesem Zusammenhang von 'Ultrastabilität'.

Beziehungsregeln: Da sich solche Tendenzen zur Stabilitätssicherung auch in zwischenmenschlichen Beziehungen beobachten lassen, werden hier systemtheoretische Analysebegriffe anwendbar (vgl. GUNTERN 1983).
Dies wird insbesondere von der sogen. Palo-Alto-Gruppe vertreten. WATZLAWICK et al (1969) schreiben: "Unsere These ist, daß zwischenmenschliche Systeme - also Gruppen, Ehepaare, Familien, psychotherapeutische oder selbst internationale Beziehungen usw. - als Rückkopplungskreise angesehen werden können, da in ihnen das Verhalten jedes einzelnen Individuums das jeder anderen Person bedingt und seinerseits von dem Verhalten aller anderen bedingt wird" (S. 32).

Die "Führungsgröße" zwischenmenschlicher Systemstrukturen sind Beziehungsregeln, d.h. implizite oder explizite "Vorschriften für das Zusammenleben innerhalb eines sozialen Systems, aus denen sich Regeln und Pläne für das Verhalten der Individuen solcher Systeme ableiten lassen" (BARTLING et al 1980, S. 43; vgl. auch ARGYLE & HENDERSON 1985 sowie RAMSENTHALER 1986).
Solche Regeln können beispielsweise heißen: "Bei uns darf es nie zu (offenen) Konflikten kommen" - "Wir müssen für andere ein sympathisches Paar abgeben" - "Jede Unstimmigkeit muß sofort angesprochen und bereinigt werden" - "Keiner soll dem anderen zu nahe treten" oder "Unsere Beziehung darf durch keinen von uns näher definiert werden" (auf die letzte Regel geht FIVAZ 1979 näher ein).

Die Gültigkeit solcher Regeln setzt einen impliziten oder expliziten Konsens voraus: "Auf jede Definition der Beziehung reagiert der andere mit seiner eigenen und bestätigt, verwirft oder entwertet damit die des Partners. Dieser Vorgang verdient unsere Aufmerksamkeit, denn zur Herstellung einer stabilen Beziehung kann die Frage ihrer Definierung durch die Partner nicht ungelöst oder im Hin und Her unvereinbarer Auffassungen gelassen werden. Wird diese Stabilisierung nicht erreicht, so führen die sich daraus ergebenden Schwankungen - ganz zu schweigen von dem Umstand, die Beziehung immer wieder neu definieren zu müssen - zu Krisen und evtl. zum Bruch" (WATZLAWICK et al 1969, S. 127).

Prototypen von Beziehungsformen: Die Orientierungsfunktion eines solchen Konsensus wird - außerhalb der Systemtheorie - auch im Rahmen der Kontrakttheorie betont, die von KAYSER, KÖHLER, MIKULA und SCHWINGER (1980) im Zusammenhang mit Überlegungen zum Konzept der Gerechtigkeit entwickelt wurde.
Die Autoren gehen in enger Anlehnung an das Kontrollkonzept davon aus, daß Menschen nach der Sicherheit streben, in allen möglichen Situationen zu wissen, wie sie durch eigene Handlungen Befriedigung erlangen können. Aufgrund dieses - generell wirkenden - Bedürfnisses, so postulieren sie, existiert innerhalb jeder Kultur ein allgemein verbindliches begrenztes Repertoire an möglichen Beziehungskonzepten, d.h. ein "Alltagswissen darüber, was in Sozialbeziehungen verschiedener Art... angemessen ist" (KAYSER & SCHWINGER 1982, S. 3); dabei werden die folgenden fünf Beziehungsformen als besonders "typische" Konfigurationen verschiedener Beziehungsmerkmale betrachtet:

Abb. 4.1: Typische Beziehungskonfigurationen (in Anlehnung an SCHWINGER et al 1982; SCHWINGER et al 1983; SCHWINGER 1983)

ORIENTIERUNG	Partner-orientierung	Einheits-orientierung	Eigen-orientierung	Wettbewerbs-orientierung	Aggressive Orientierung
ZIELE	Wohlbefinden des Partners	Wohlbefinden der Beziehung	Eigenes Wohlbefinden	Relat. eigenes Wohlbefinden	Schaden des anderen
AFFEKTE	sehr positiv	positiv	neutral	negativ	sehr negativ
TRANSAKTIONS-RICHTUNG und TRANSAKTIONS-PRINZIP	Geben Bedürfnis	Geben Gleichheit	Geben & Nehmen Beitrag	Nehmen Maximale Differenz	Nehmen Maximale Schädigung
BEISPIELE	"Liebe"	"Freundschaft"	"Geschäft"	"Wettkampf"	"Feindschaft"

Wesentlich ist, nach welchem Prinzip Ressourcen ausgetauscht werden: Bei dem "Bedürfnisprinzip" erhält jeder Partner so viel, wie er braucht, beim "Gleichheitsprinzip" erhält jeder gleich viel und beim "Beitragsprinzip" bekommt jeder so viel, wie er/sie zur Erreichung der Beziehungsaufgaben beisteuert; das "Prinzip maximaler Differenz" zeichnet sich dadurch aus, daß jeder versucht, mehr zu nehmen als zu geben, und das der "maximalen Schädigung", daß jeder danach trachtet, dem anderen alles zu nehmen - und zwar unabhängig davon, wieviel er selbst dabei erhält.

Alle Aktivitäten des Partners, die sich nach dem zugrundeliegenden (als gültig erachteten) Transaktionsprinzip richten, werden als gerecht, alle anderen als ungerecht bewertet - wobei im letzteren Fall entweder "Korrekturmaßnahmen" (Beeinflussung des Partners, z.B. durch Appelle) oder eine "Neudefinition" der Beziehung notwendig werden, um Erwartungen und Handlungen wieder miteinander in Einklang zu bringen; anderenfalls läßt sich auf Dauer ein Beziehungsbruch nicht vermeiden.

Abb. 4.2: Schema dyadischer Beziehungen unter Berücksichtigung von Zielkongruenz und Zieldiskrepanz (nach SCHWINGER 1983)

A / B	Wohlergehen des anderen	gemeinsames Wohlergehen	nur eigenes Wohlergehen	relat. eig. Wohlergehen	Schaden des anderen
Wohlergehen des anderen	LIEBE Verliebte	Lotte & Werther (n. Lotte)	Heirats-schwindler & Frau X	Klient & Therapeut (Übertragung)	Folterer & Märtyrer
gemeinsames Wohlergehen		FREUNDSCHAFT Freunde	Tormann & Mittelstürmer	Werther & Albert	Großinquisitor & Jesus
nur eigenes Wohlergehen			GESCHÄFT Partner	Assistent & Professor	Verlierer & Sieger
relat. eig. Wohlergehen				WETTKAMPF Boxgegner	Ehemann & Hausfreund
Schaden des anderen					FEINDSCHAFT Blutrache

Anmerkung: Symmetrische Beziehungen sind schraffiert, bei asymmetrischen Beziehungen ist Person A vor Person B aufgeführt.

Beziehungen sind symmetrisch, wenn alle Beteiligten dieselben Prinzipien als Bestandteil des Beziehungsvertrages betrachten und damit als gemeinsame Beziehungsregel akzeptieren (d.h.: was für den einen gilt, gilt auch für den anderen); sie sind asymmetrisch, wenn die Partner - oftmals verdeckt - unterschiedliche Ziele verfolgen (siehe die Beispiele in Abb. 4.2).

Stabilität und Ultrastabilität: Beziehungssysteme bleiben dann stabil, wenn ihre Regelkreisstrukturen so beschaffen sind, daß "Störungen" (wobei dieser Begriff wertneutral aufzufassen ist) "aufgefangen" werden können. Folgendes Beispiel mag dies veranschaulichen:

Das Ehepaar X legt großen Wert darauf, keinen Streit aufkommen zu lassen. Beider Vorstellung von einer guten Ehe (Regelstrecke) ist geprägt von dem Gedanken, daß es in einer harmonischen Ehe nur Gemeinsamkeiten geben darf und Konflikte deshalb vermieden werden müssen (Führungsgröße). Aufgrund dieser Regel sprechen beide grundsätzlich nur über gemeinsame und positive Aspekte ihrer Beziehung und verschweigen das, was sie beim anderen stört. Diese Art, miteinander umzugehen (Stellgröße), wenden sie verstärkt an, wenn ihr Harmoniegefühl (Regelgröße) durch Anstöße von außen, die auf evtl. vorhandene Unterschiede zwischen beiden Partnern hinweisen (Störgröße), beeinträchtigt wird. Da so ihr Ist-Wert dem Soll-Wert immer wieder angeglichen wird, bleibt ihre Beziehung "stabil" (s. Abb. 4.3).

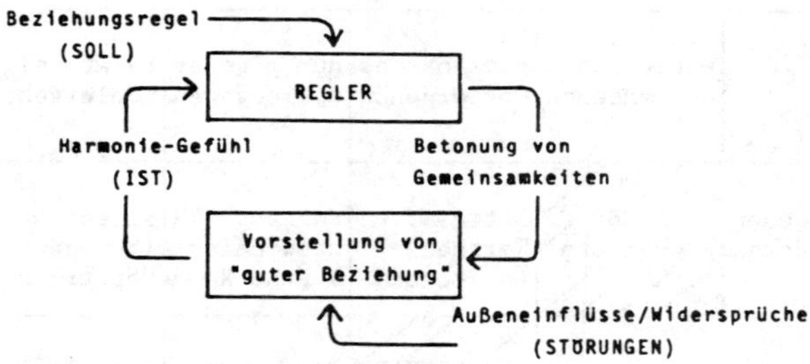

Abb. 4.3: Beispiel für eine Einfach-Regulation

Die Stabilitätserhaltung wird komplizierter, wenn die gemeinsame Beziehungsregel für jeden Partner unterschiedliche Verhaltensweisen nach sich zieht (so daß das System nicht von einem, sondern von zwei Reglern geregelt wird):

Die vom Ehepaar X im Laufe ihrer Beziehung ausgehandelte allgemeine Regel, Gemeinsamkeiten zu betonen und Konflikte zu vermeiden, kann letztlich von jedem der beiden durch unterschiedliche Aktivitäten "erfüllt" werden. So kann sich Frau X z.B. bemühen, bei ihrem Mann nur angenehme Seiten anzusprechen, während Herr X seiner Frau gegenüber zu allem und jedem schweigt und so ebenfalls die Beziehungsregel befolgt.
Zunächst trägt jeder so seinen Teil dazu bei, daß Konflikte nicht zur Sprache kommen und die Ehe, wie von beiden gefordert, "harmonisch" bleibt. Sobald jedoch intensive Außeneinflüsse auf das Beziehungssystem einwirken, die durch eine Intensivierung dieser beiden Verhaltensformen kompensiert werden müssen, wird auch die Unterschiedlichkeit im Verhalten der beiden Eheleute immer offensichtlicher. Da ein extrem unterschiedliches Verhalten (bzw. die Wahrnehmung desselben) jedoch eindeutig der Beziehungsregel, nur Gemeinsamkeiten herauszustellen, widerspricht, "greift" das Lösungsverhalten nicht mehr (s. Abb. 4.4).

Im genannten Beispiel ergibt sich ein potentieller Dauerstreit aufgrund des Umstandes, "daß die Partner sich individuell in einer Weise verhalten, die jeder für sich die angebrachteste Reaktion auf ein unerwünschtes Verhalten des anderen hält. In anderen Worten: beide sehen im spezifischen Korrekturverhalten des Partners ein Verhalten, das der Korrektur bedarf" (WATZLAWICK et al 1974, S. 55).

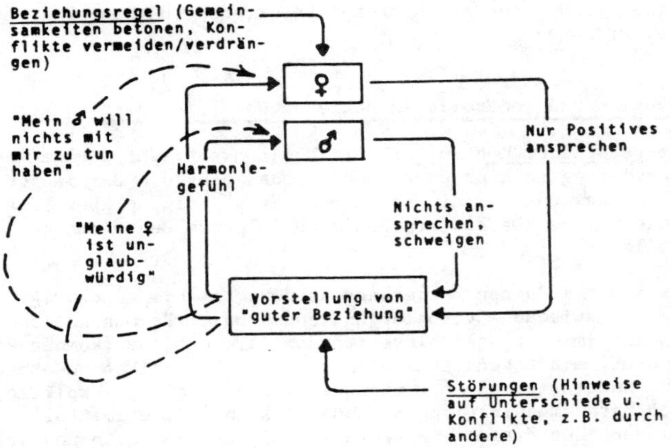

Abb. 4.4: Beispiel für eine komplexere und instabile Regulation

In solchen Situationen wird die Lösung selbst zum Problem, das zu lösen ist; es liegen dann keine kompensierenden Rückkopplungen mehr vor, sondern kumulative (vgl. REIMANN 1974), die das Beziehungssystem zerstören, falls es nicht auf einer anderen Ebene - etwa durch Aushandlung von Metaregeln (HALEY 1963) - so umorganisiert wird, daß erneut Gleichgewichtszustände möglich werden (Ultrastabilität).

Kontrolle, Stabilität und Wandel: In Beziehungen das zu erhalten, was man sich wünscht, setzt voraus, daß der Partner verläßlich ist (sich z.B. also an ausgehandelte Beziehungsregeln hält). Nur dann bleibt sein Verhalten vorhersehbar. Dieses Bedürfnis nach Konstanz beruht nicht zuletzt auf dem Umstand, daß dem Status quo meist ein langer Aushandlungsprozeß vorausgegangen ist, der auch häufig die größtmögliche Zufriedenheit beider Partner zum Ziel hatte.
Solange keine übermäßig starken 'Störungen' auf das Beziehungssystem einwirken, kann diese Konstanz auch immer wieder erreicht werden.

Das Dilemma zwischen Stabilität und Wandel liegt darin begründet, daß widersprüchliche und sich ändernde Normen (etwa hinsichtlich des Mann-Frau-Bildes), wechselnde Beziehungsaufgaben (z.B. durch Kinder, Arbeitslosigkeit, Pensionierung), ein sich wandelndes Selbstverständnis der Partner (bspw. aufgrund von Lebenserfahrungen) usw. zu immer wieder neuen wechselseitigen Erwartungen führen, deren Erfüllung andere Beziehungsstrukturen erfordern; diese aber setzen eine gewisse Variabilität der Beziehung voraus - die sich systemtheoretisch durch Stichworte wie "klare, aber durchlässige Systemgrenzen" (MINUCHIN 1977) und "flexible Strukturen" (WILLI 1978) kennzeichnen läßt.

Die Möglichkeit zur Befriedigung eigener Bedürfnisse im Rahmen der Beziehung setzt beim Partner und der Beziehung somit zugleich Konstanz und Variabili-

tät voraus; Gleichförmigkeit entspricht dem Bedürfnis nach Erklärung und Vorhersage, Veränderbarkeit dem nach Einflußnahme.
In diesem Spannungsfeld ist "Beziehungsbalance" zu leisten: Die Herstellung immer wieder neuer Gleichgewichtszustände (Stabilität erster Ordnung) auf der Basis immer wieder neu geschaffener Strukturen (Ultrastabilität; Stabilität zweiter Ordnung).

4.2.4 Regulation und Kontrolle in Beziehungen - ein Fazit

Grenzen interpersonaler Kontrolle: Die Möglichkeit, auf die Bedingungen einer Partnerbeziehung so Einfluß zu nehmen, daß hier die Befriedigung eigener Bedürfnisse ermöglicht wird, setzt eine Verständigung über die wechselseitigen Ziele voraus. Daraus ergeben sich folgende Begrenzungen interpersonaler Kontrolle:

(1) Der Austausch zwischen Beziehungspartnern ist nie eindeutig. Auch bei Übereinstimmung zwischen verbaler und nonverbaler Kommunikation entstehen notwendigerweise immer wieder Mißverständnisse, da jeder kommunikative Akt einerseits über mindestens fünf verschiedene Kommunikationsebenen laufen kann, diese andererseits aber nicht alle gleichzeitig expliziert werden können; auch Metakommunikation ist deshalb kein 'Allheilmittel', denn auch bei der Klärung der Frage 'Wie reden wir eigentlich miteinander?' können zugleich Sachaspekte, direkte Appelle oder auch Ich-, Du- und Wir-Botschaften relevant werden.

(2) Das besondere Problem auf der Ich- und Du-Ebene liegt in dem Umstand begründet, daß gemeinsames Handeln die Abklärung der Identitäten der Beteiligten erfordert, wobei die dabei auftretenden Anforderungen in sich widersprüchlich sind: Jeder Partner verlangt vom anderen zugleich, sich anzupassen (soziale Identität) und sich abzugrenzen (persönliche Identität).
Die deshalb von jedem zu leistende Identitätsbalance bedeutet insofern eine strukturelle Grenze von Kontrollmöglichkeiten, als man des anderen nicht "habhaft" werden kann: die völlige Unterwerfung des Partners würde einen um jene Bestätigung der eigenen Person bringen, um derenwillen man (auch) die Beziehung eingegangen ist.
Die Behandlung des Beziehungspartners als (zu manipulierendes) Objekt steht deshalb der Erreichung eigner Ziele (mittelfristig) entgegen; in Beziehungen fehlende Kontrolle über Machtausübung zu sichern, ist kein Ausweg.

(3) Auf der Wir-Ebene ergibt sich daraus das Dilemma von Stabilität und Wandel. Gemeinsames Agieren erfordert, aus dem großen Pool möglicher Vorschriften für das Miteinanderumgehen bestimmte Beziehungsregeln auszuwählen. Diese Beziehungsregeln sollen einerseits zu einer Gleichmäßigkeit des Miteinanders beitragen, d.h. die Konstanz der Beziehung sichern, andererseits aber auch eine Veränderung der Beziehung ermöglichen, wenn äußere Umstände oder geänderte Bedürfnisse der Partner -etwa aufgrund anderer Identitätsvorstellungen- dies erfordern, d.h. die Variabilität der Beziehung garantieren. Die in diesem Spannungsfeld zu leistende Beziehungsbalance spiegelt das Problem wider, daß sich Bedürfnisse nach Erklärbarkeit und Vorhersagbarkeit des Partnerverhaltens einerseits und solche nach dessen Beeinflußbarkeit andererseits teilweise widersprechen.

Regulation und Kontrolle: Auf der individuellen Ebene gilt, daß Beziehungspartner dann ein hohes Maß an personaler Kontrolle besitzen, wenn sie in ihrer Partnerbeziehung -unter Berücksichtigung der aufgeführten Balanceanfor-

derungen- ihre eigenen Bedürfnisse auch bei sich ständig verändernden Bedingungen befriedigen können.
Dies setzt auf der dyadischen Ebene eine gut funktionierende Regulation voraus, wobei anzunehmen ist, daß das Ausmaß der personalen Kontrolle (auf Partnerebene) zugleich Bedingung und Folge derartiger Regulationsbemühungen (auf Paarebene) ist.

Jeder Versuch, die dabei auftretenden Probleme ein-für-allemal zu lösen, indem alles integrierende Regeln ausgehandelt und dann (für immer) festgelegt werden, wäre ein Widerspruch in sich, da so der Dynamik des Geschehens zu wenig Rechnung getragen würde: "Von einem dynamischen Standpunkt aus gesehen besteht die Stabilität des Systems gerade in einem ständigen Streben nach Ausgleich, nicht in diesem selbst, der niemals möglich sein wird" (REIMANN 1974, S.71).

Auf der dyadischen Ebene läuft dies praktisch auf eine permanente Steigerung von Systemkomplexität hinaus (s. LUHMANN 1968); auf der individuellen Ebene heißt dies: das Individuum "sucht und erreicht ein Höchstmaß an Bedürfnisbefriedigung, wenn es eine teilweise Nichtbefriedigung zu ertragen vermag" (KRAPPMANN 1978, S.64).

4.3 INTERPERSONALE KONTROLLE UND BEZIEHUNGSQUALITÄT

Trotz der aufgezeigten strukturellen Begrenzung läßt sich vermuten, daß in solchen Beziehungen, in denen beide Partner einen genügend großen Einfluß auf die Bedingungen ihrer Beziehung besitzen und demzufolge ein hohes Maß an entsprechender Kontrolle wahrnehmen, beide Partner ihre Beziehung als zufriedenstellend empfinden und als "erfolgreich" beurteilen.

Zur Klärung der detaillierteren Bezüge zwischen den einzelnen Komponenten subjektiver Kontrolle von Beziehungspartnern und der von ihnen erlebten Beziehungsqualität werden im folgenden verschiedene Befunde zur Kommunikations- und Kooperationsforschung referiert.

4.3.1 Beziehungszufriedenheit und Beziehungserfolg

Das Konzept der Beziehungszufriedenheit: Die Frage "Was macht eine Ehe glücklich ?" kann als d i e Frage der Beziehungsforschung gelten (SCHWARZENAUER 1980). Das Konzept der "Ehe- bzw. Beziehungszufriedenheit" im weiteren Sinn ("marital happiness", "marital satisfaction", "marital adjustment") gehört deshalb zu den zentralen Themen der Beziehungsforschung; als deren Ausgangspunkt gelten i.a. die Arbeiten von KIRKPATRICK (1937), TERMANN (1938) sowie BURGESS & COTTRELL (1939).
Nach HICKS & PLATT (1970), die einen Überblick über Forschungsergebnisse der 60er Jahre liefern, zeigt sich die Vielfalt untersuchter Zufriedenheitsdeterminanten an dem Umstand, daß "ein hoher beruflicher Status, Einkommen und Bildungsniveau der Ehemänner, Mann-Frau-Ähnlichkeiten bezüglich des sozioökonomischen Status, des Alters und der Religion, gefühlsmäßige Belohnungen, (wie Wertschätzung für den Partner, sexuelles Vergnügen, Kameradschaft) und Heiratsalter alle als positiv mit ehelichem Glück korrelierende Variablen beschrieben" (S. 555) wurden.

In den 70er Jahren, so referieren SPANIER & LEWIS (1980), wurden insbesondere Veränderungen der Zufriedenheit im Laufe einer "Ehekarriere", z.B. aufgrund von Kindergeburten, untersucht, in den 80er Jahren zunehmend auch, welchen Einfluß extradyadische Aspekte besitzen (MIKULA 1984).

Im Hinblick auf eine mögliche "Verwertung" der vielfältigen Ergebnisse ist zu berücksichtigen, daß die meisten Untersuchungen in den USA durchgeführt wurden; die Anzahl entsprechender Studien im deutschsprachigen Raum nimmt sich dagegen recht bescheiden aus (JÄCKEL 1980). Das aber läßt, da Beziehungsvorstellungen kulturspezifisch sein dürften, eine Verallgemeinerung für hiesige Verhältnisse fraglich erscheinen.

Zweitens gründen sich die zur Erhebung der Beziehungszufriedenheit eingesetzten Fragebögen teilweise auf Definitionskriterien, "die in anderen Arbeiten als B e d i n g u n g e n für Ehezufriedenheit, eheliche Anpassung etc. genannt werden" (JÄCKEL 1980, S. 4) oder beinhalten Items, in die "ganz bestimmte Normen über eine funktionierende Beziehung" eingehen (KOENIG-KRUSKE 1977, S.49). Dazu kommt, daß in diesen Erhebungsinstrumenten unzureichend zwischen 'Eheglück bzw. -zufriedenheit' (marital happiness/satisfaction) einerseits und 'ehelicher Anpassung' (marital adjustment) andererseits getrennt wird. Auch bei Übersetzung des problematischen Anpassungsbegriffes mit 'Einstellung auf den Partner' (KOENIG-KRUSKE 1977) ist diese Konfundierung problematisch; denn "Ehepartner können einander 'angepaßt', aber deswegen doch nicht besonders glücklich und zufrieden mit ihrer Ehe sein" (REITER & STEINER 1981, S. 80 - vgl. auch den Disput zwischen AUCKENTHALER 1982, 1983 und HAHLWEG & SCHINDLER 1983).

Und drittens schließlich bleibt hervorzuheben, daß die untersuchten Zusammenhänge - weil fast durchweg nur einer der beiden Partner befragt wurde (FLIEGEL et al 1983) - zumeist nur die individuelle Ebene abbilden; offen gelassen wird die Möglichkeit, daß ein Partner sehr zufrieden, der andere aber sehr unzufrieden ist.

<u>Das Konzept des Beziehungserfolges</u>: Der letzte Kritikpunkt ist auch insofern wichtig, als man eigentlich davon ausgehen kann, daß Individuen aus ihrer Partnerbeziehung langfristig nur dann Befriedigung ziehen können, wenn der andere Partner zumindest nicht völlig unzufrieden ist.

Nach JÄCKEL (1980) ist deshalb eine (Ehe-)Beziehung letztlich nur dann "erfolgreich", wenn b e i d e Partner mit ihr zufrieden sind; daraus folgt, daß in Untersuchungen, die sich mit 'Beziehungsqualität' befassen, die Zufriedenheitsurteile von Mann und Frau zu erheben sind: "Ehezufrieden-

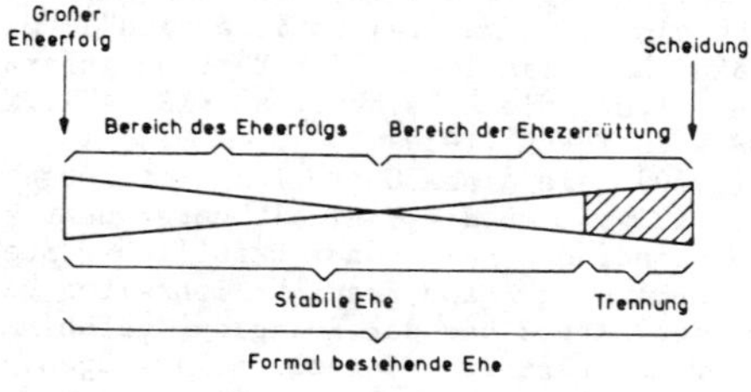

- Abbildung 4.5: Begriffliche Abgrenzung des Eheerfolgs-Konzeptes (aus: JÄCKEL 1980, S. 5) -

heit und Eheerfolg sind dabei als Dimensionen aufzufassen, die von 'großer Ehezufriedenheit' zu 'Eheunzufriedenheit' bzw. von 'großem Eheerfolg' zu 'völliger Ehezerrüttung' (Ehemißerfolg) reichen. Der Begriff des Eheerfolges wird damit klar abgegrenzt von dem in der deutschen Soziologie gängigen Begriff der 'Ehestabilität', für den der formale Aspekt des Aufrechterhaltens des Systems Ehe entscheidendes Begriffselement ist" (JÄCKEL 1980, S.5).

Die Überlegung, den Erfolg einer Beziehung an der Zufriedenheit der Partner statt an dem Weiterbestehen der Beziehung festzumachen, ist plausibel, da "es Bedingungen geben muß, die eine Ehe stabil erhalten, wenngleich beide Partner keine Ehezufriedenheit erreicht haben.
Eine solche Bedingung könnte z.B. das Gefühl der Verpflichtung gegenüber den Kindern sein, ausgeprägter 'Familiensinn', die Bindung an religiöse Werte und kirchliche Vorschriften, Druck der Verwandtschaftsgruppen oder auch einfach das Fehlen attraktiver Alternativen" (ebda., S. 5).

Zufriedenheit, Stabilität und Erfolg: Auf der Überlegung, daß Beständigkeit und Zufriedenheit zwei voneinander unterscheidbare Dimensionen abbilden, basiert auch die "Beziehungstypologie" von LEDERER & JACKSON (1972); die Autoren beziehen sich zwar nicht explizit auf das Konzept des Beziehungserfolges - sie sprechen von "Funktionsfähigkeit" -, dennoch soll deren Schema (s. Abb. 4.6) hier kurz vorgestellt werden:

		Grad der Befriedigung der Partner in der Ehe hoch	niedrig
Beständigkeit der Ehe	beständig	Kastor und Pollux Genies des Teamwork a	die schrecklichen Zwei die paranoiden Propheten d
	unbeständig	Mußezeit-Kämpfer Pfandleiher b	überdrüssige Streithähne psychosomatische Drückeberger c

Abb. 4.6: Klassifizierung von Ehen/Beziehungen nach LEDERER & JACKSON (1972, S.93ff) - aus: REITER (1983, S.83)

(a) Befriedigende und beständige Beziehungen zeichnen sich nach LEDERER & JACKSON durch viele Gemeinsamkeiten zwischen den Partnern auf der einen Seite und eine hohe Akzeptanz von Unterschieden auf der anderen Seite aus - die Andersartigkeit des jeweils anderen "gilt als Symptom verschiedenen Geschmacks, nicht als Symbol einer gestörten Beziehung" (S. 95).
Während "Kastor- und Pollux-Typen" solche Partner sind, die "füreinander geboren" zu sein scheinen, erarbeiten sich die "Genies des Teamworks" ihre Beziehung durch ihre Verständigungsbereitschaft.

(b) In befriedigenden und unbeständigen Beziehungen herrscht Zufriedenheit trotz gewisser "Narben".
Die "Mußezeit-Kämpfer" reißen diese zwar gegenseitig immer wieder auf, dennoch überwiegt bei ihnen die Zufriedenheit mit ihrer Beziehung. Die "Pfandleiher" dagegen lieben sich letztlich nicht - ihre (relative) Zufriedenheit ziehen sie alleine aus der Überlegung, daß der Zustand ihrer Beziehung "einem unsicheren Lohn vorzuziehen ist, den sie unter Umständen durch die längere Suche nach dem Idealgefährten oder durch die Rückkehr in die Ehelosigkeit erreicht hätten" (S. 101).

(c) Unbefriedigende und unbeständige Beziehungen sind oft das Ergebnis jahrelanger wechselseitiger Enttäuschungen in Verbindung mit hohen Ansprüchen an den Partner.
Die "überdrüssigen Streithähne" sind voll auf Kampfgewinn fixiert; dabei erlangen sie "eine Art Trost in der gegenseitigen Feindseligkeit, denn die Situation ermöglicht es ihnen, die Verantwortung für ihr Unglück dem anderen zuzuschieben" (S. 104). Die "psychosomatischen Drückeberger" tragen ihre Gefechte nicht (mehr) offen, sondern über Krankheiten, Alkoholismus, Sexualstörungen etc. aus; im Laufe der Jahre dann "erkennen sie, daß sie immer weniger Zeit haben und immer noch nicht das bekommen haben, was ihnen ihrer Meinung nach von Seiten des anderen zusteht" (S.110).

(d) Unbefriedigende und beständige Beziehungen sind für die Partner objektiv am "schlimmsten", obwohl sie den Beziehungszustand oft selbst kaum bemerken.
Die "schrecklichen Zwei" z.B. werden nur deshalb zusammen alt, weil sie ihre Unzufriedenheit weder vor sich noch vor dem Partner zugeben wollen; sie versichern einander dauernd, wie glücklich sie sind und vermeiden alles, was ihre wirklichen Gefühle zur Sprache bringen könnte. Die "paranoiden Propheten" konzentrieren sich auf einen Kampf gegen die vermeintlich feindliche Umwelt, um die Leere ihrer eigenen Beziehung verleugnen zu können. "Ihre Einstellung 'Wir zwei gegen die ganze Welt' ermöglicht zwar den Fortbestand ihrer Ehe, aber nur gegen ungeheure Kosten, die sie selbst, ihre Kinder und die Gesellschaft zu tragen haben" (S. 117/118).

Ein wichtiges Kriterium für die Zuordnung zu einer dieser Kategorien ist nach LEDERER & JACKSON der Grad der beobachtbaren "klaren" interpersonalen Kommunikation, der von (a) nach (d) abnimmt; ein weiteres wichtiges Kriterium ist das jeweils eingesetzte "Vertrauenskapital", dessen Ausmaß in befriedigenden und beständigen Beziehungen (Typ a) am höchsten ausfällt.

4.3.2 Kontrolle und Beziehungszufriedenheit

Obwohl sich die Beziehungsforschung durch eine "beinahe unendliche Zahl thematischer Aspekte" (MIKULA 1984, S.349) auszeichnet, scheint der direkte Zusammenhang zwischen der Zufriedenheit von Partnern mit ihrer Beziehung und deren wahrgenommener Kontrolle in der und über die Beziehung bisher nicht untersucht worden zu sein.
Aufgrund der weiter oben dargelegten Annahme, daß interpersonale Kontrolle u.a. wegen der in Beziehungen erforderlichen "Gratwanderung" zwischen Anpassung und Abgrenzung sowie zwischen Konstanz und Variabilität kommunikative Kompetenzen von den Partnern erfordert, interessieren im folgenden jedoch die Untersuchungen, die Zusammenhänge zwischen Zufriedenheit und kommunikativen Fertigkeiten im Rahmen von (Ehe-)Beziehungen zum Gegenstand haben.

Einzelne Untersuchungsergebnisse: Einer Übersicht von DINDIA & FITZPATRICK (1985) zufolge bevorzugen Individuen, die mit ihrer Beziehung zufrieden sind, ein eher positiv-problemlösendes Verhalten (BIRCHLER 1972), zeigen eine höhere Akzeptanz für die Vorschläge ihres Partners (BARRY 1970), stimmen diesem eher zu (GOTTMAN 1979) und können ihre Gefühle für diesen besser ausdrücken (WEGENER et al 1979); unzufriedene Partner zeichnen sich demgegenüber durch geringere Problemlöseaktivitäten aus (RAUSH et al 1974), fassen die Mitteilungen des anderen negativer als gemeint auf (GOTTMAN et al 1976) und senden verstärkt inkonsistente Botschaften (NOLLER 1982).

Zur Klärung der bei solchen Korrelationsstudien stets offenen Frage der Wirkungsrichtung können Untersuchungen zur Evaluation von Kommunikationstrainings herangezogen werden, die insgesamt nahelegen, daß eine höhere Zufriedenheit der Partner mit ihrer Beziehung auf eine Verbesserung ihrer

Kommunikationsfertigkeiten zurückgeführt werden kann, und nicht umgekehrt (s.z.B. BAUMANN et al 1978; WAMPLER et al 1980).

Anhaltspunkte für u.U. geschlechtsabhängige Zusammenhänge ergeben sich aus einer bundesdeutschen Studie von FLIEGEL et al. (1983), derzufolge die kommunikativen Fertigkeiten der Frau einen positiven Einfluß auf ihre eigene Beziehungszufriedenheit und -indirekt- die des Mannes ausüben, während sich für die kommunikative Kompetenz des Mannes derartige Auswirkungen (bei einem allerdings vergleichsweise geringen Stichprobenumfang von nur 52 Paaren) nicht nachweisen ließen.

Alle diese Untersuchungen lassen den Schluß zu, daß effektive Kommunikationsfähigkeiten, die ihrerseits eine Grundvoraussetzung erfolgreicher Beziehungsregulation darstellen, zumindest teilweise dazu beitragen, daß Beziehungspartner ihre Partnerschaft als befriedigend erleben.

Dabei ist jedoch kritisch anzumerken, daß viele Untersuchungen an dem Mangel leiden, daß sie die Häufigkeiten einzelner kommunikativer Verhaltensweisen erheben, ohne deren "Qualität" zu präzisieren (FLIEGEL et al 1983); die Häufigkeit von partnerschaftlichen Gesprächen kann jedoch erstens auch ein Indikator dafür sein, daß die Partner mit ihrer Beziehung unzufrieden sind, weil gerade dann Kommunikation besonders notwendig wird (BOMMERT et al 1984); zweitens können Gespräche über die Beziehung auch "zu einer Art Ersatzhandlung werden, die verhindert, daß man Dinge, die man fühlt, auch tut" (SPANGENBERG 1982, S.32).

Kommunikative Fertigkeiten stellen einen wichtigen Bestandteil der Kontrollkompetenz dar; der subjektiv angenommene Wirkungsgrad der einzelnen Partner dürfte umso höher ausfallen, je stärker die Partner den Eindruck haben, sich gut verständlich machen zu können.
Kommunikative Fähigkeiten spielen darüber hinaus auch eine Rolle bezüglich der dem Partner und der Beziehung zugeschriebenen spezifischen Kontrollierbarkeit; wenn sich aus der Sicht des einen Partners der andere Partner durch kommunikative Kompetenz auszeichnet, so bedeutet dies für den ersten Partner, daß das Verhalten des zweiten durchschaubarer und vorhersehbarer und die Beziehung kontrollierbarer wird.

<u>Schlußfolgerung</u>: Es wird deshalb hier die Annahme vertreten, daß diejenigen Partner mit ihrer Beziehung sehr zufrieden sind, die sich selbst als kompetent und ihre Beziehung als kontrollierbar erleben und die (deshalb) eine hohe personale Kontrolle wahrnehmen.
Bei niedriger Kontrolle dürfte dagegen Unzufriedenheit vorherrschen; da solche Partner vermutlich mehr Kontrolle wünschen, kann darüber hinaus vermutet werden, daß Kontrollvalenz und Beziehungszufriedenheit eher negativ miteinander verbunden sind.
Ähnlich argumentiert HOFSTÄTTER (1986), wenn er schreibt: "Die Motivation, etwas bezüglich der eigenen (individuellen) Lage zu verändern, ist insofern eine Funktion der Zufriedenheit, als sie umso stärker sein dürfte, je geringer die Zufriedenheit ist, das heißt, umso mehr die Bewertung der eigenen Lage hinter den Erwartungen zurückbleibt" (S.125).

Insgesamt also, so wird hier angenommen, ist die Zufriedenheit von Partnern mit ihrer Beziehung positiv mit dem Ausmaß ihrer Kontrollkompetenz-, Kontrollierbarkeits- und Kontrolleinschätzungen verknüpft, negativ dagegen mit ihrer Kontrollvalenz.
Für die von Partnern eingeschätzte allgemeine Kontingenz von Beziehungen liegen keine Hinweise auf Bezüge zur Beziehungszufriedenheit vor; es kann angenommen werden, daß diese für die Zufriedenheit irrelevant ist.

Diese Annahmen gelten zunächst einmal nur für die individuelle Ebene, also für mögliche Determinanten der (partnerbezogenen) Beziehungszufriedenheit, nicht jedoch für die dyadische (paarbezogene) Ebene, d.h. für die langfristige Zufriedenheit b e i d e r Partner.

4.3.3 Kontrolle und Beziehungserfolg

Eine Beziehung, so läßt sich annehmen, ist langfristig nur dann "erfolgreich", wenn die Partner sie so regulieren können, daß sie beide zufriedenstellt; das aber verlangt im allgemeinen kooperatives Verhalten.

Einzelne Annahmen und Ergebnisse: Nach PRUITT & KIMMEL (1977) entsteht der Wunsch, miteinander zu kooperieren insbesondere dann...
(1) wenn sich die Beteiligten/Partner voneinander abhängig fühlen,
(2) wenn sie -aufgrund bisheriger Erfahrungen- davon ausgehen, daß sie einander nicht ausbeuten können, und
(3) wenn sie vermuten, nur dann Kooperation erwarten zu dürfen, wenn sie selbst zu kooperativem Verhalten bereit sind.

Zumindest die ersten beiden Bedingungen dürften in den meisten Intimbeziehungen erfüllt sein: wechselseitige Abhängigkeit ergibt sich -zumindestens ansatzweise- aus der Tendenz von Beziehungen, 'ins Unbegrenzte zu gehen', die Grenzen jedweder Ausbeutungsmöglichkeit ergeben sich aus dem Umstand, daß Unterwerfung keine Zustimmung bedeutet (s. Abschnitt 4.2.2).

Spezifischere Aspekte kooperativen Verhaltens sind bisher kaum in natürlichen Beziehungssettings, recht intensiv jedoch im Rahmen von Entscheidungsverhaltensstudien im Labor untersucht worden.

Eine Grundsituation stellt das sogenannte Gefangenen-Dilemma-Spiel dar, das folgende Vorgaben beinhaltet: wenn von zwei Inhaftierten beide gestehen, werden sie beide zu einer hohen Strafe verurteilt; wenn beide leugnen, erhalten beide (da ihnen nicht alles nachgewiesen werden kann) eine kürzere Strafe; wenn einer gesteht und einer leugnet, wird der Geständige (als Kronzeuge) freigelassen, der andere dagegen zur Höchststrafe verurteilt.
Da die Ergebnisse beider Beteiligten sowohl von der eigenen Entscheidung wie von der des Gegenübers abhängen, spiegelt diese Vorgabe eine Situation wider, in der sich die Versuchspersonen für oder gegen Vertrauen entscheiden müssen (PETERMANN 1985).

Insgesamt scheint die Bereitschaft zu Vertrauensvorschüssen (in solchen Spielverläufen) höher zu sein, wenn die Vor- und Nachteile kooperativen Verhaltens für beide Partner gleich beschaffen sind (TEDESCHI et al 1969; MARWELL & SCHMITT 1975; MÜLLER 1980) und wenn die (Spiel-)Partner die Möglichkeit zur Kommunikation besitzen (WICHMANN 1970).
Günstige Ausgangsbedingungen für kooperatives (statt konkurrierendes) Verhalten sind, so führt MÜLLER (1985) aus, u.a. ausbalancierte Machtstrukturen und Erfahrungen mit solch wechselseitig bedingten Entscheidungssituationen, günstige Interaktionsbedingungen u.a. die Reaktivität des Gegenübers und wechselseitige Belohnungen für ein Entgegenkommen.

Welche Strategie letztlich "optimal" ist, hängt von vielen Situationsfaktoren ab. Da die Versuchspersonen in Gefangenen-Dilemma-Spielen wissen, daß sie sich anschließend nicht mehr treffen, bietet es sich -rein rational gesehen- an, beim letzten Spielzug auf Kooperation zu verzichten und stattdessen den höchsten eigenen Vorteil zu wählen; da dies auch das Gegenüber weiß und deshalb u.U. -konsequenterweise- bereits beim vorletzten Zug auf Eigenvorteil setzt, "besteht nach dem Prinzip der vollständigen Induktion kein Anlaß, beim ersten von endlich vielen Spielen kooperativ zu wählen" (CROTT 1979, S. 133).

Anders allerdings sieht das bei langfristigen Beziehungen aus, wo ein Ende der wechselseitig bedingten Entscheidungen nicht abzusehen ist: "Unter diesen Voraussetzungen gibt es genau besehen keine rationale Lösung ...und viele Überlegungen sprechen für ein kooperatives Verhalten" (ebda, S. 133).

Die Untersuchungen, die diesen Umstand berücksichtigen und mit sehr langen Spielsequenzen arbeiten, zeigen insgesamt einen umgekehrten U-Kurven-Verlauf (z.B. RAPOPORT & CHAMMAH 1965): die anfängliche Kooperation nimmt zunächst ab und steigt dann zwischen dem 30. und 60. Spielzug an, um ab dort kontinuierlich gewählt zu werden.
Dieses Muster kann mit PRUITT & KIMMEL (1970) als Wechsel von kurzfristigem (auf Hier- und Jetzt-Vorteil bedachtem) zu langfristigem (auf dauerhafte Ergebnissicherung gerichtetem) Denken interpretiert werden.

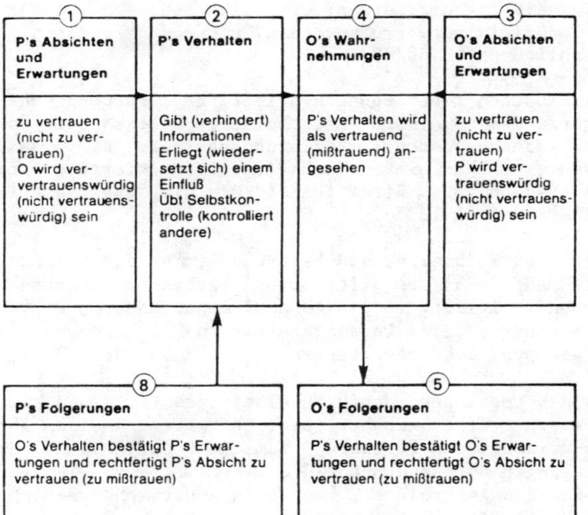

Abb. 4.7: Ein Interaktionsmodell zweier Personen P und O mit gleichen Vertrauenserwartungen (aus ZAND 1977, S.67)
Die Pfeile markieren die angenomme Wirkrichtung für einen Selbstverstärkungszirkel.

Auch wenn zu diesen Studien kritisch anzumerken ist, daß sie sich auf rein strategische Entscheidungsprozesse mit beschränkten Alternativen und vergleichsweise trivialen Belohnungen für die Versuchspersonen beziehen (vgl. MANZ 1980; BRÜCKERHOFF 1982), so zeigen sie doch die Bedeutung von vertrauensvollem Handeln für die Erzielung von solchen Beziehungsergebnissen, die für alle Beteiligten zufriedenstellend sind.

Eine Analyse genauerer Auswirkungen interaktiver Vertrauenshandlungen liefert ZAND (1977). In seinem Modell, das auf einer Konzeption von GIBB (1972) beruht, postuliert er: Personen, die einander Vertrauen entgegenbringen, werden "1. mehr relevante Informationen, Ideen und Gefühle austauschen; 2. klarere Zielvorstellungen und Problemformulierungen entwickeln; 3. vielfältigere Handlungsalternativen suchen; 4. mehr Einfluß auf die Lösungen haben; 5. mit ihren Lösungen zufriedener sein; 6. stärker motiviert sein, ihre Beschlüsse in die Tat umzusetzen; 7. sich mehr als ein Team fühlen; 8. weniger das Bedürfnis hervorrufen, die Gruppe zu verlassen und sich einer anderen anzuschließen" (S.66/68).

Obwohl die ZANDschen Überlegungen primär für Gruppen konzipiert wurden (untersucht wurde das Modell für Entscheidungsprozesse bei Managern), sind sie auch auf Dyaden anwendbar: Beziehungspartner, die einander Vertrauen entgegenbringen, erhöhen ihren wechselseitigen Informationsfluß (s. Abb. 4.7) und damit sowohl die "Effektivität" wie die "Qualität" ihrer Beziehung (siehe auch REMPEL et al 1985).

Dies gilt trotz des Nachteils, daß Vertrauen immer das Moment des Risikos in sich birgt (LUHMANN 1973); es gilt, obwohl Vertrauen zu geben bedeutet, "daß sich eine Person freiwillig in die 'Hände' einer anderen Person begibt, ihr Schicksal von einer anderen Person abhängt und möglicherweise die negativen Konsequenzen die positiven übersteigen" (PETERMANN 1985, S.11, mit Bezug auf DEUTSCH 1962).
Denn aufgrund des Umstandes, daß wechselseitiges Vertrauen auch die Verwundbarkeit der beiden Partner erhöht, bewirkt Vertrauen einen Abbau von Machtunterschieden zwischen den Partnern - zumindest derjenigen, die auf systeminternen Bedingungen beruhen (HELD 1978).
Machtgleiche Beziehungen (die z.T. auch 'symmetrische' Beziehungen genannt werden) aber dürften im allgemeinen die erfolgreicheren sein.

Dieser Gedanke wird auch von APFELBAUM (1974) vertreten, die auf der Grundlage einer zusammenfassenden Bewertung verschiedener Untersuchungen zum kooperativen Verhalten zu dem Schluß gelangt, daß erfolgreiches kooperatives Verhalten "auf symmetrischen Beziehungen begründet zu sein scheint, wo jedes Mitglied ein gleiches Maß sozialer Kontrolle über die weitere Entwicklung der Beziehung hat (und wahrnimmt, daß es das hat) und wo die Partner wechselseitigen Einfluß aufeinander besitzen" (S. 133).

Schlußfolgerung: Es wird deshalb hier angenommen, daß "erfolgreiche" Beziehungen sich durch eine auf hohem Niveau "ausgependelte" (d.h. relativ gleich verteilte) personale Kontrolle der beiden Partner auszeichnen.
Daß ungleich verteilte Kontrollmöglichkeiten einer beidseitigen und dauerhaften Beziehungszufriedenheit entgegenstehen, ergibt sich auch aus der Überlegung, daß derjenige Partner, der mehr Einflußmöglichkeiten besitzt (und nutzt), die Beziehung auf Dauer zu langweilig, und der, der weniger Einflußmöglichkeiten hat, die Beziehung auf Dauer zu bedrohlich finden wird, woraus folgt, daß mindestens ein Partner mit der Beziehung unzufrieden ist bzw. wird.

Wer ein evtl. vorhandenes Mehr an Kontrollmöglichkeiten ausnutzt, kann sich zwar damit u.U. beweisen, daß er (wenigstens) bei seinem Partner etwas "bewirken" kann - nur beinhaltet dieser "Gewinn" auch immer einen "Verlust", da sich Gefühle wie Liebe, Anerkennung, Zuneigung, Geborgenheit etc. nicht erzwingen lassen: "so kommt es zu der paradoxen Situation, daß der Mensch sich seiner Beziehungen am sichersten sein kann, wenn er nicht versucht, sie abzusichern" (SIMON 1984, S. 33).

4.4 ZUSAMMENFASSUNG

Aufgrund eingeschränkter Kontrollmöglichkeiten in vielen gesellschaftlichen Bereichen kommt dem Handlungsfeld 'Paarbeziehungen' vermutlich eine wichtige Bedeutung für die Bestätigung der eigenen Wirksamkeit zu. Dieser Funktion von Kontrolle als "Bestätigungsmöglichkeit" steht die von Kontrolle als "Sicherungsmöglichkeit" gegenüber.

Während Kontrolle im Umgang mit unbelebter Materie durch direkte Manipulation derselben hergestellt werden und dabei sowohl Wirksamkeitsbestätigung wie Befriedigungssicherung bewirken kann, ist Kontrolle im Umgang mit anderen Menschen an den Umstand geknüpft, daß die Befriedigung der nur in Beziehungen zu erfüllenden Bedürfnisse auf Freiwilligkeit beruht.

Weitere "Eckwerte" interpersonaler Kontrolle ergeben sich aus dem in Subjekt-Subjekt-Interaktionen notwendigen Zwang zur Verständigung; neben allgemeinen kommunikativen Problemen sind in Beziehungen mindestens das Dilemma zwischen Anpassung und Abgrenzung (auf Individuenebene) und das zwischen Konstanz und Wandel (auf Beziehungsebene) zu bewältigen. Die Dynamik von Beziehungen erlaubt dabei keine Ein-für-allemal-Lösungen.

Als Bedingungen für zufriedenstellende und stabile und in diesem Sinne "erfolgreiche" Beziehungen können kommunikative Fertigkeiten (auf Partnerebene) und ein Interaktionsstil, der sich durch Vertrauen auszeichnet (auf Paarebene), gelten.
Während kommunikative Fertigkeiten einen direkten Zusammenhang zur Kontrollkompetenz und einen indirekten zur spezifischen Kontrollierbarkeit der Beziehung aufweisen, läuft Vertrauen und die damit verbundene Machtnivellierung auf eine gleichmäßig verteilte (wahrgenommene) Kontrolle zwischen den Partnern hinaus.

Auf Individuenebene wird ein positiver Zusammenhang zwischen der Zufriedenheit der Partner mit ihrer Beziehung und der von ihnen eingeschätzten Kontrolle, Kontrollkompetenz und Kontrollierbarkeit der Beziehung angenommen; zur Kontrollvalenz wird ein negativer Bezug vermutet, hinsichtlich der allgemeinen Kontingenz von Beziehungen wird angenommen, daß diese für die Zufriedenheit mit der Partnerbeziehung irrelevant ist.
Für die Dyadenebene wird angenommen, daß Beziehungserfolg mit auf hohem Niveau ausgependelter personaler Kontrolle einhergeht.

Die im letzten Kapitel zur Struktur von Kontrollkognitionen und die in diesem Kapitel zum Zusammenhang zwischen Kontrolle und Zufriedenheit in Beziehungen entwickelten Annahmen werden in der im folgenden beschriebenen Untersuchung einer ersten Prüfung unterzogen.

5. ZIELE DER UNTERSUCHUNG

Die vorliegende Untersuchung dient einer ersten empirischen Klärung bestimmter Aspekte der Struktur und der Bedeutsamkeit von Kontrollkognitionen im spezifischen Lebensbereich 'Zweierbeziehungen'.

5.1 FRAGESTELLUNGEN

Die Hypothesen zur Struktur von Kontrollkognitionen ergeben sich aus dem im Kapitel 3 vorgestellten Komponentenmodell, die zur Bedeutung subjektiver Kontrolle im Rahmen von Beziehungen aus den im Kapitel 4 dargelegten Überlegungen zum Verhältnis zwischen wahrgenommener Kontrolle und erlebter Beziehungsqualität.

Zur Struktur subjektiver Kontrolle (Hypothesen 1-4): Es wird angenommen, daß Beziehungspartner im Hinblick auf die von ihnen eingeschätzten und erwünschten Kontrollmöglichkeiten im Rahmen "ihrer" Beziehung Meinungen zu folgenden Sachverhalten besitzen:

- zur allgemeinen Kontingenz von Beziehungen (d.h. zur Frage, inwieweit in Beziehungen Ereignisse und Zustände generell handlungsabhängig sind)
- zur personalen Kontrolle im Rahmen ihrer Zweierbeziehung (d.h. zur Frage, inwieweit sie selbst in dieser Beziehung Einfluß besitzen)
- zur spezifischen Kontrollierbarkeit dieser Zweierbeziehung (d.h. zur Frage, wie leicht oder schwer ihnen der Partner und die Beziehungsbedingungen eine Einflußnahme machen)
- zur eigenen Kontrollkompetenz (d.h. zur Frage, wie leicht oder schwer es ihnen allgemein -in Beziehungen überhaupt- fällt, eigene Ziele durchzusetzen)
- zur Kontrollvalenz im Hinblick auf ihre Zweierbeziehung (d.h. zur Frage, wie wichtig ihnen eine Einflußnahme in ihrer Beziehung ist)

Diese Komponenten, so wird weiterhin angenommen, weisen bestimmte Interdependenzen auf.

Bezüglich der Funktion der eingeschätzten allgemeinen Kontingenz von Beziehungen für die von Beziehungspartnern wahrgenommene personale Kontrolle wird behauptet, daß nach "logischen" Gesichtspunkten gilt:

(1) Personen beurteilen das Ausmaß ihrer personalen Kontrolle (PK) im Rahmen ihrer Zweierbeziehung auf der Basis ihres Wissens über die allgemeine Kontingenz (AK) von Beziehungen.
AK stellt hierbei eine logische Obergrenze für PK dar; es wird zwar u.U. mehr Kontingenz als Kontrolle, jedoch nicht (deutlich) mehr Kontrolle als Kontingenz angenommen.

Als weitere Funktion der allgemeinen Kontingenz wird aufgrund von "pragmatischen" Gesichtspunkten angenommen:

(2) Personen richten sich im Ausmaß ihrer auf ihre Zweierbeziehung bezogenen Kontrollvalenz (KV) nach ihrem Wissen über die allgemeine Kontingenz (AK) von Beziehungen.

AK stellt hierbei eine realistische Obergrenze für KV dar: es wird zwar z.T. mehr Kontingenz angenommen als Kontrolle gewünscht wird, jedoch nicht umgekehrt.

Im Hinblick auf die Hauptbestimmungsstücke personaler Kontrolle in Beziehungen wird folgende Annahme getroffen:

(3) Personen schätzen das Ausmaß ihrer personalen Kontrolle (PK) in ihrer Paarbeziehung in erster Linie als Ergebnis eines Kontrollkompetenz(KK)-Kontrollierbarkeits(SK)-"Durchschnitts" ein - wobei beide Komponenten einander kompensieren können.

Aufgrund von Regelkreisannahmen bezüglich der Interdependenz zwischen personaler Kontrolle und Kontrollvalenz wird - weitergehend - behauptet:

(4) Personen schätzen insgesamt das Ausmaß ihrer Kontrolle (PK) in ihrer Paarbeziehung aufgrund von Kompetenz (KK), Kontrollierbarkeit (SK) und Kontrollvalenz (KV) ein ("vollständiges Modell").

<u>Zum Verhältnis von subjektiver Kontrolle und Beziehungsqualität (Hypothesen 5-6)</u>: Die ersten vier Hypothesen zielen auf eine Klärung und Gliederung des Kontrollkonzepts. Daß diese Klärung im Bereich 'Zweierbeziehungen' erfolgt, findet seine Begründung auch in der Annahme, daß gerade hier die Überzeugung, dem Partner nicht hilflos "ausgeliefert" zu sein, sondern "mitreden" zu können und "beteiligt" zu sein, eine wesentliche Bedingung dafür ist, wie glücklich oder zufrieden man im Rahmen eben dieser Beziehung ist.

Aus diesem Grund besteht ein zweites Anliegen der Untersuchung in der Aufhellung des Zusammenhangs zwischen der wahrgenommenen Kontrolle einerseits und der erlebten Beziehungsqualität andererseits; hierbei wird -eben dies ergibt sich ja aus den Überlegungen zur konzeptionellen Klärung des Kontrollbegriffs- angenommen, daß verschiedenen Kontrollkomponenten eine unterschiedliche Bedeutung im Hinblick auf die Zufriedenheitsdimension zukommt.

Bezüglich der Beziehungszufriedenheit (auf Partnerebene) wird behauptet:

(5) Individuen sind mit ihrer Paarbeziehung umso zufriedener, je mehr personale Kontrolle (PK), spezifische Kontrollierbarkeit (SK) sowie Kontrollkompetenz (KK) sie als gegeben betrachten und durch je weniger Kontrollvalenz (KV) sie sich auszeichnen; die eingeschätzte allgemeine Kontingenz (AK) weist demgegenüber keinen (bedeutsamen) Zusammenhang zur Beziehungszufriedenheit (BZ) auf.

Für den erlebten Beziehungserfolg (auf Paarebene - d.h. die Beziehungszufriedenheit b e i d e r Partner) wird angenommen:

(6) "Erfolgreiche" Beziehungen zeichnen sich durch sowohl höhere als auch gleichmäßiger zwischen den Partnern "ausgependelte" personale Kontrolle (PK) aus als "nicht erfolgreiche" Beziehungen.

Zusätzliche -eher explorative- Annahmen zur Erhärtung der behaupteten Unterscheidbarkeit und zur Verdeutlichung der behaupteten Struktur der Kontrollkomponenten betreffen neben der Einschätzung der Beziehungszufriedenheit die der Zufriedenheit mit dem eigenen und mit dem Partnerverhalten.
Zusätzliche Annahmen zur Bedeutung der Kontrollkomponenten im Hinblick auf die Beziehungsqualität betreffen die Attribuierung der eingeschätzten Beziehungszufriedenheit sowie die Variablen

'Beziehungswichtigkeit', 'Beziehungsstabilität' und beziehungsbezogene 'Handlungsmotivation'. Der Übersichtlichkeit halber werden diese Zusatzannahmen im Zusammenhang mit deren Prüfung (Kapitel 8) genannt und erläutert.

5.2 ERHEBUNGSVERFAHREN

Da sowohl Kontrollkognitionen wie Zufriedenheitseinschätzungen auf einer subjektiven Ebene liegen, wurden sämtliche Variablen der Untersuchung per Fragebogen erhoben; der Studie kommt insgesamt der Charakter einer "Interdependenzanalyse" im Sinne von KLAPPROTH (1975) zu.

Abgesehen davon, daß fast alle der bisher über 1000 zu Kontrollüberzeugungen vorliegenden Studien auf Erfragungsebene liegen und als Korrelationsstudien im weitesten Sinne konzipiert sind, könnte die Entscheidung zur Durchführung einer Fragebogenstudie zunächst als Rückzug auf eine vergleichsweise "weiche" Methode erscheinen.
Dabei ist jedoch zu bedenken, daß "härtere" -insbesondere also experimentelle- Methoden zur Prüfung der o.g. Hypothesen unangemessen sind:
Zum einen müßten -da jedes Experiment per definitionem die Manipulation der unabhängigen Variablen voraussetzt- die einzelnen Kontrollkognitionen und/oder Zufriedenheitsurteile willkürlich herstellbar bzw. veränderbar sein; eben dies aber gilt wohl kaum für die hier interessierenden Einschätzungen im Hinblick auf festgefügte Partnerbeziehungen.
Die Annahme der willkürlichen Produzierbarkeit aller möglichen Kognitionen wurde zwar jahrelang im Rahmen sowohl der Hilflosigkeits- wie der Attributionsforschung gemacht, wird aber inzwischen zunehmend als "Sackgasse" betrachtet (s.z.B. LALLJEE 1981; KRUGLANSKI 1982; KRAHÉ 1984; FORD & NEAL 1985).
Zum zweiten haben experimentelle Verfahren den immensen Nachteil, daß deren externe Validität an der notwendigerweise geringeren Stichprobengröße und eindeutig weniger repräsentativen Stichprobenzusammensetzung leidet: die Hemmschwelle zur Teilnahme ist i.a. größer, die Erreichbarkeit auch z.B. älterer Personen oder solcher mit niedrigeren Schulabschlüssen i.a. geringer.
Auf die mit einer Interdependenzanalyse verbundene Haupt-Schwäche -das Problem, daß sich keine Aussagen über Kausalbeziehungen gewinnen lassen- wird im Kapitel 9 Bezug genommen.

Zur Operationalisierung der Kontrollkomponenten: Für eine Erhebung von Kontrollüberzeugungen im Beziehungsbereich lagen bis zum Zeitpunkt der Untersuchung m.W. lediglich zwei Forschungsfragebögen (DUDLEY 1977; LEWIS, CHENEY & DAVES 1977) vor. Da deren Konstruktion jedoch direkt auf dem ROTTERschen I-E-Konzept basiert, schieden sie als mögliche Erhebungsinstrumente aus; da das Komponentenmodell auf kritischen Überlegungen zur Locus of Control-Theorie und -Forschung beruht, liegt es auf der Hand, daß sich der Rückgriff auf vorliegende Locus of Control-Fragebögen zur Prüfung des Strukturmodells verbietet.

Aus diesem Grunde war es - trotz des damit verbundenen Aufwandes- unumgänglich, ein eigenes Instrument zur Erhebung von Kontrollkognitionen in Beziehungen zu konstruieren.
Dabei wurde -anders als bei den meisten zur Erfassung von Kognitionen über Beziehungen in der Vergangenheit erstellten Fragebögen- auf die Einschränkung verzichtet, nur ehespezifische Fragen zu verwenden; die Items wurden vielmehr so konzipiert, daß deren Beantwortung lediglich voraussetzt, daß der/die Befragte sich selbst als Mitglied einer "intimen" Beziehung (Partnerschaft) definiert.

Die einzelnen Schritte der Konstruktion des KKB-Inventars sind im Kapitel 6 beschrieben.

Zur Operationalisierung der Beziehungseinschätzungen: Zur Erhebung der globalen Beziehungszufriedenheit (BZ) und des Beziehungserfolges (BE) wurde das von HAHLWEG (1977) modifizierte Terman-Rating (TERMAN 1938) eingesetzt:
"Wie glücklich (oder unglücklich) würden Sie Ihre Partnerbeziehung im Augenblick einschätzen? Sehr glücklich ... sehr unglücklich?"
Eine solche Ein-Item-Skala wirft zwar i.a. gewisse Reliabilitätsprobleme auf, die alternativ zur Verfügung stehenden Mehr-Item-Fragebögen (z.B. von LOCKE & WALLACE 1959 - vgl. die Übersicht von SCHOLZ 1978) leiden jedoch (neben dem bereits genannten Nachteil einer Beschränkung auf Ehe-Beziehungen) an dem -im Kapitel 4.3 erläuterten- Problem, daß sie Aspekte der 'Ehezufriedenheit' (marital happiness/satisfaction) mit denen der 'ehelichen Anpassung' (marital adjustment) mixen (s. REITER & STEINER 1981).

Das TERMAN-Rating wurde duch HAHLWEG (1977) einer Validierung (n = 150 deutsche Beziehungspartner) unterzogen; in der Untersuchung zeigte sich eine 87.3%ige Übereinstimmung zwischen den Zufriedenheitseinschätzungen der Partner (Selbsturteile) und denen guter Bekannter des jeweiligen Paares (Fremdurteile).
Daß in der Studie von FOX & TAUSCH (1983) das TERMAN-Rating zu .82 (Rangkorrelation) mit dem Summenwert der Einschätzungen der Zufriedenheit in fünf verschiedenen Teilbereichen korrelierte (n = 120 deutsche Beziehungspartner), deutet auf die Brauchbarkeit des Ratings zur Erhebung einer umfassenden Beziehungszufriedenheit hin.

Für die Erhebung der weiteren -im Zusammenhang mit den Zusatzannahmen relevanten- Beziehungseinschätzungen bestand die Möglichkeit, auf bereits vorliegende Instrumentarien zurückzugreifen, nicht.
Zur Erhebung der 'Beziehungswichtigkeit' (BW), 'Beziehungsstabilität' (BS) und 'Handlungsmotivation' (HM) sowie der 'Zufriedenheit mit dem eigenen und dem Partnerverhalten' (EZ, PZ) wurden deshalb ähnliche, jedoch selbst konstruierte, Ratingfragen verwendet; die Erhebung der Attributionsmuster erfolgte über eine Forced-Choice-Statement-Frage, die in Anlehnung an Überlegungen von HOFF & HOHNER (1982) erstellt wurde.
Eine Beschreibung dieser Fragen und ihrer Erstellung im Zusammenhang mit der Konstruktion des KKB-Inventars findet sich im Abschnitt 2.4 des nächsten Kapitels.

5.3 ZUSAMMENFASSUNG

Ein erstes Ziel der vorliegenden Untersuchung besteht in der Prüfung der in Kapitel 3 vorgestellten Annahmen zur Struktur von Kontrollkognitionen im spezifischen Bereich 'Zweierbeziehungen' (Hypothesen 1-4).
Ein zweites Ziel liegt in der Prüfung der in Kapitel 4 dargestellten Überlegungen zum Zusammenhang zwischen einzelnen Komponenten der Kontrolle und Beziehungszufriedenheit bzw. Beziehungserfolg (Hypothesen 5-6).

Zur Erhebung der Beziehungszufriedenheit (auf Partnerebene) bzw. des Beziehungserfolges (auf Paarebene) wurde auf das TERMAN-Rating zurückgegriffen, das sich in vorliegenden Untersuchungen als recht brauchbar erwiesen hat.
Zur Erhebung der fünf Komponenten beziehungsbezogener Kontrollkognitionen wurde ein eigenes Meßinstrument entwickelt.

6. KONSTRUKTION DES KKB-INVENTARS

Für die Konstruktion mehrdimensionaler Fragebögen lassen sich nach BURISCH (1976) grob folgende drei Strategien unterscheiden: die deduktiv-konstruktorientierte, die induktiv-schlußfolgernde und die external-empirische.

Die externale Strategie, bei der alleine der empirische Zusammenhang zu Außenkriterien zählt (u.zw. unabhängig davon, ob dieser theoretisch begründbar ist), ist vor allem da angezeigt, "wo die Zugehörigkeit zu einer in sich heterogenen Gruppe... vorhergesagt werden soll" (S. 63).

Die induktive Strategie, die sich -in reiner Form- dadurch auszeichnet, "daß die Erstellung des Rohmaterials, der Fragebogen-Items, keine genauen Vorstellungen über Art und Anzahl der zu messenden Merkmale voraussetzt, daß vielmehr die Natur der Variablen erst nachträglich... aus dem Ergebnis quantitativer Analysen erschlossen wird" (S. 17) -etwa über Faktorenanalysen-, wird zumeist dann benutzt, wenn es darum geht, gewisse 'Grunddimensionen' der Persönlichkeit zu 'entdecken', ist dabei jedoch aufgrund der vielen damit verbundenen methodischen Probleme (s. insbes. LENK 1983) als von vielen Zufallsbedingungen abhängig einzuschätzen.

Die deduktive Strategie verlangt, "daß (a) die Wahl der zu messenden Merkmale den Ausgangspunkt der ganzen Konstruktion bildet und daß (b) die Formulierung von Items aus Definitionen der Merkmale abgeleitet wird" (S. 11). Sie ist im vorliegenden Fall angezeigt, da ein Ziel des KKB-Inventars in der Überprüfung eines vorab definierten Modells liegt.

6.1 KONSTRUKTIONSGESICHTSPUNKTE

Die Frage, welche Kriterien sinnvollerweise zur Itemselektion und -modifikation sowie zur Bestimmung deren "Güte" heranzuziehen sind, wird je nach zugrundegelegtem Konstruktionsmodell unterschiedlich zu beantworten sein.

Die "klassische Testtheorie" (z.B. KRISTOF 1983) ist insbesondere hinsichtlich ihrer Axiome der Unabhängigkeit von wahrem Wert und Meßfehler einerseits und der Unkorreliertheit der Meßfehler untereinander andererseits kritisiert worden (FISCHER 1974; HILKE 1980); sie stellt dennoch die Grundlage der meisten Test- und Fragebögenkonstruktionen dar, da die alternativen probabilistischen und logistischen Modelle "einen relativ hohen Zeit- und Kostenaufwand, der in vielen Fällen nicht geleistet werden kann" (WOTTAWA 1980, S.63), erfordern.

Bei der Entscheidung, trotz verschiedener Bedenken den Axiomen der klassischen Testtheorie zu folgen, wird allerdings oft übersehen, daß Persönlichkeitsfragebögen i.w.S. anderen Kriterien als Leistungstests zu genügen haben; JANKE (1973) z.B. weist darauf hin...

- daß bei Fragebögen im Unterschied zu Leistungstests kein halbwegs allgemein akzeptiertes "Item-Universum" existiert (vgl. auch SCHADE 1983)
- daß hier -anders als bei Tests, wo es durchweg auf Eindimensionalität

ankommt- Homogenität oder Heterogenität angezeigt sein können (vgl. auch BURISCH 1976)
- daß deshalb die Reliabilität im Sinne interner Konsistenz wegen der möglichen "Breite" der angezielten Merkmale, die Reliabilität im Sinne des Stabilitätskoeffizienten aber wegen der möglichen Variabilität der Eigenschaften problematische Kennwerte (vgl. auch LIENERT 1969) darstellen können etc.

Dazu kommt: "Itemselektionen können nicht alleine von üblicherweise benutzten Itemcharakteristiken -etwa Trennschärfen, Schwierigkeiten- ausgehen, sondern haben Indizes für 'Verstehbarkeit' bzw. 'Ambiguität', 'soziale Erwünschtheit', 'Stabilität' und anderes mehr einzubeziehen" (JANKE 1973, S.47); derartige Aspekte aber werden "mit den Konstruktionsprinzipien der testtheoretischen Modelle (und ihren zufälligen Meßfehlerannahmen) nicht erfaßt" (KEIL 1973, S.53/54), so daß "als praktikable Lösung" nur "eine kombinierte... Vorgehensweise rationaler und kennwerteorientierter Art" (SPRUNG & SPRUNG 1978b, S.16) bleibt.

6.1.1 Mikroplanung: Item- und Antwortformat

Die Berücksichtigung der bei den Befragten tatsächlich ablaufenden gedanklichen Prozesse -die verschiedentlich als "Ansätze zu einer Theorie des Beantwortungsverhaltens" diskutiert werden (z.B. TRÄNKLE 1983)- erfordert eine detaillierte Planung der Fragen- und Antwortkonzeption.

Itemkonzeption: Bezüglich der Fragebogenitems ist festzulegen, "was" und "wie" gefragt werden soll.

Im ursprünglichen I-E-Fragebogen von ROTTER wird als I t e m f o r m a t das 'forced choice'-Format verwendet, bei dem zwischen zwei Antwortvorgaben zu wählen ist; ein Vorteil dieser Vorgehensweise ist die damit u.U. verbundene geringere Verfälschbarkeit der Antworten (s.u.), ein Nachteil aber, daß dabei die Formulierung zweier inhaltlich unterschiedlicher, ansonsten aber völlig identischer Alternativen erforderlich ist. Dieses Problem läßt sich umgehen, wenn man -wie inzwischen allgemein üblich- auf "Behauptungsfragen" zurückgreift, "auf die, in graduierter Form, zustimmend oder ablehnend reagiert werden muß" (SPRUNG & SPRUNG 1978b, S.14).

Im Hinblick auf die I t e m i n h a l t e stellt sich die Frage, "ob eine g l o b a l e oder d i f f e r e n z i e r t e Vorgehensweise oder eine Kombination beider erfolgen soll" (TRÄNKLE 1983, S. 252).

Während bei einer globalen Strategie eine mehr oder weniger große Repräsentativität für den zu erfassenden Bereich bei jedem Einzelitem intendiert ist, wird dies im Rahmen einer differenzierten Vorgehensweise nur von der 'Summe' der Items, d.h. den Gesamtskalen, verlangt.
Die 'Summen'-Strategie bietet i.a. den Vorteil sehr konkreter und damit verständlicher Items; vermutlich deshalb wird sie auch bei den meisten LoC-Skalen eingesetzt (vgl. MIELKE 1982 b). Beim vorliegenden Fragebogen wäre in entsprechender Weise eine situationsbezogene Differenzierung denkbar, indem man nach Kontrollmöglichkeiten im sexuellen Bereich, beim geselligen Zusammensein mit Dritten, in Haushalts- und Geldfragen, in Eifersuchtssituationen etc. etc. fragt.
Der gravierendste Nachteil einer solchen Vorgehensweise liegt jedoch in der Gefahr, daß damit vom Konstrukteur ausgewählte Bereichsausschnitte vorgege-

ben werden, die für den einzelnen Befragten nicht oder nicht in dieser Gewichtung repräsentativ sind.

Globalere -das heißt allerdings auch: abstraktere- Items sind zur Erfassung genereller Meinungen, Überzeugungen, Erwartungen etc. insofern angemessener, als bei deren Beantwortung individuelle Gewichtungen möglich sind (vgl. OESTERREICH 1981): Der Beantworter hat die Möglichkeit, an die für ihn individuell wichtigen Beziehungssituationen zu denken und diese zu einer für ihn repräsentativen Gesamtmeinung zu mitteln.
Dieser Zielsetzung entsprechend wurden deshalb die Items bewußt allgemein formuliert, und zwar so, daß nach den Kognitionen bzgl. des Einflusses auf die Beziehung, ihren Verlauf, den Partner, sein Verhalten, Konflikte, angenehme und unangenehme Zustände etc. gefragt wird.

Ein ernstzunehmendes Problem betrifft die Frage, inwieweit sichergestellt werden kann, daß evtl. gefundene Zusammenhänge zwischen den verschiedenen Kontrollkomponenten nicht allein auf sprachlichen Zusammenhängen beruhen (ausführlicher hierzu: NICHOLLS et al 1982).
Als Lösung bietet sich hier ein Expertenrating zur Bestimmung der dimensionalen Eindeutigkeit und Relevanz der Items (s. Abschn. 6.2.2) an.

<u>Antwortkategorien</u>: Die bei geschlossenen Fragen vorzulegenden Antwortkategorien sollten optimalerweise erstens sowohl auf den Differenzierungsbedarf des Befragers wie auf das Differenzierungsvermögen des Befragten abgestimmt sein (dies betrifft die Anzahl der Abstufungen), zweitens eine hinreichende Unterscheidung zwischen 'neutralen' und 'unentschiedenen' Urteilen zulassen (dies berührt das Problem der Mittelkategorie) und drittens möglichst 'kardinale' Meßergebnisse erbringen (dies ist v.a. eine Frage der numerischen und verbalen Kodierung).

Erste Diskussionen um das Problem der optimalen A b s t u f u n g s z a h l finden sich bereits bei BOYCE (1915) und CONKLIN (1923).
Die einzelnen Empfehlungen reichen von zwei oder drei (z.B. LUNNEY 1970) über zwanzig (z.B. GARNER 1960) bis hin zu dreißig (z.B. GULLIKSEN 1958) Antwortabstufungen.

Um eine "ökonomische, gut vergleichbare, gut auswertbare, problemangemessene und das Beurteilungsvermögen der Befragten weder -durch zu feine Kategorisierungen- überfordernde noch -durch zu grobe Kategorisierungen- unterfordernde Anzahl von Beantwortungsalternativen" (SPRUNG & SPRUNG 1978b, S.11) zu finden, sind letztlich Reliabilitäts- und Validitätsaspekte entscheidend.
Die verschiedenen Forschungsergebnisse zu diesem Problem scheinen darauf hinzuweisen, daß anscheinend auch heute noch die "magische Zahl sieben plus oder minus zwei" (MILLER 1956) als allgemeine Faustregel gelten kann.
Dabei dürfte für personenzentrierte Skalen, bei denen es im Unterschied zu stimuluszentrierten nicht um eine Beurteilung von Objekten, sondern um die Zuweisung von Beantwortermerkmalen geht, eher die untere Grenze angemessen sein, da hier im allgemeinen mehrere Items pro Merkmal vorliegen.

Die Brauchbarkeit von Antwortskalen dieser Größenordnung hat sich auch in einer Untersuchung von McKELVIE (1978) gezeigt, wo sechs Kategorien für Stimulusurteile und fünf für Einstellungsitems sowohl von den Befragten bevorzugt wurden als auch die höchsten Reliabilitätswerte erbrachten.
Ob nun fünf, sechs oder sieben Kategorien angemessen sind, ist auch abhängig davon, ob ein -nur bei ungeraden Abstufungen auftretender- Mittelpunkt erwünscht ist oder nicht.

Das Problem der M i t t e l p u n k t k a t e g o r i e ist, daß sie häufig als "Müllschlucker" (FORTHMAN 1973) fungiert.
Einerseits gibt es Autoren wie MATELL & JACOBY (1972), die zu einer geraden Anzahl von Antwortkategorien raten, um die Zahl der 'unsicheren' Antworten zu minimieren, oder auch HOLM (1982), der davor warnt, einen Mittelpunkt als "Fluchtkategorie" anzubieten; andererseits aber zeigen verschiedene Untersuchungen (z.B. von EHRLICH 1964 oder FINK 1971), daß Skalen ohne Mittelpunkt Artefakte erbringen können; außerdem verleiten sie manche Befragten zu einer (vorschnellen) Antwortverweigerung (ESSER 1974).

Es liegt auf der Hand, daß auch neutrale Antworten -im Sinne einer mittelmäßigen Positionsausprägung- letztlich eigenständige und beständige Einstellungen, Meinungen etc. reflektieren können (CAFFREY & CAPEL 1968).
Das Problem liegt darin, daß aus dem Datum einer "mittleren" Antwort die evtl. zugrundeliegenden Konfundierungen nicht ohne weiteres ersichtlich sind (vgl. GOLDBERG 1981; SCHÄFER 1983):
Sie kann zunächst einmal ein Indikator für sprachliche Überforderung (fehlendes Verständnis der Frage) sein; aber auch bei klarer Frageformulierung kann deren Ankreuzung -neben dem Ausdruck einer wirklich "neutralen" Haltung- bedeuten, daß dem Befragten erstens der Sachverhalt nicht bekannt ist (fehlendes Wissen), daß ihn zweitens die Frage nicht interessiert (mangelnde Motivation) oder daß er drittens -selbst wenn alle anderen Voraussetzungen erfüllt sein sollten- zu diesem Sachverhalt gar keine Meinung besitzt (fehlende Position).

Um die jeweils gemeinte Bedeutungsdimension detaillierter zu erfassen, sind in letzter Zeit manche Fragebogenautoren dazu übergegangen, mehrere "Neutralkategorien" parallel zu benutzen (z.B. GOLDBERG 1981); dieses Verfahren ist jedoch recht aufwendig.

Ein alternativer, ebenso gangbarer und hier eingeschlagener Weg liegt darin, im Laufe der Konstruktion alle die Items auszusondern, die unverständlich, mehrdimensional oder irrelevant sind, sowie die, die einen unbekannten oder nicht interessierenden Sachverhalt beschreiben; dabei ist zumindest für eine hohe Itemrelevanz belegt, daß diese zur Verminderung von -vorher gehäuft auftretenden- mittleren Antworten führt (KREITLER & KREITLER 1981).
Ziel dieser Selektion ist die (relative) Gewißheit, daß die Mittelkategorie bei den verbleibenden Items eine wirklich "mittlere" Stellungnahme abbildet; um davon -u.U. dennoch mögliche- Antwortverweigerungen unterscheiden zu können, wurde in der Endfassung eine zusätzliche "Weiß nicht"-Kategorie angeboten.

Ein weiterer wichtiger Gesichtspunkt bei der Auswahl von Antwortkategorien ist deren n u m e r i s c h e und v e r b a l e K o d i e r u n g.
Das Ziel, möglichst Daten auf Intervallskalenniveau zu erhalten, setzt bekanntermaßen Äquidistanz voraus. Dieses Problem ist nicht mit der alleinigen Vorgabe numerischer Kodierungen wie z.B. "-2≡-1≡0≡+1≡+2" zu lösen, wenn man auch nichtakademische Bevölkerungsteile in die Befragung einbeziehen will (ROHRMANN 1978), denn dann ist die Vorgabe zusätzlicher verbaler Skalenbezeichnungen unumgänglich.
Diese aber müssen geeicht sein, "damit hinreichend gesichert ist, daß sie auch den numerischen Wert repräsentieren, dem sie zugeordnet sind. Sonst wird der Intervallskalencharakter der Urteile in Frage gestellt" (ESSER 1971, S.213).

Einen reichhaltigen Fundus zu diesem Themenkomplex bietet die verdienstvolle

Arbeit von ROHRMANN (1978), in der über 100 Graduierungsbegriffe untersucht wurden.
Unter Berücksichtigung verschiedener Kriterien (u.a. sollten die 'Endstufen' weder zu weit in der Mitte noch zu weit außen liegen) ergibt sich eine deutliche Überlegenheit für die "stimmt nicht-wenig-mittelmäßig-ziemlich-sehr"-Dimension unter den Bewertungsskalen, die deshalb bei dem KKB-Inventar auch eingesetzt wurde.

Bei der numerischen Symbolisierung dieser fünf Stufen durch "--/-/·/+/++"-Kästchen wurden diese, um Fehlantworten zu vermeiden, möglichst groß gehalten (s. RICHTER 1969) und völlig gleichbleibend neben den Items angeordnet (KIRSCHHOFER-BOZENHARDT & KAPLITZA 1982), wobei auf geringe Item-Antwort-Abstände (WRIGHT & BARNARD 1975) geachtet wurde.

Fazit: Für die einzelnen "Fragen" des KKB-Inventars bieten sich Behauptungsitems mit graduellen Antwortabstufungen an. Um den Befragten die Möglichkeit zu geben, Gesamteindrücke selbst zu mitteln, wurden die Items vergleichsweise allgemein formuliert; deren -vorab angenommene- dimensionale Eindeutigkeit und Relevanz wurde über ein Expertenrating geprüft.
Als Antwortskala wurde die "stimmt nicht-wenig-mittelmäßig-ziemlich-sehr"-Dimension ausgewählt. Der Vorteil dieser Skala liegt erstens in deren gesicherter (annähernder) Äquidistanz, zweitens darin, daß mit einer solchen fünfstufigen Vorgabe auch echte Mittelpositionen erfaßt werden können; um damit jedoch evtl. verbundene Konfundierungen zu minimieren, wurde ein spezieller Beantwortbarkeitspretest durchgeführt.

6.1.2 Makroplanung: Aufbau des Fragebogens

Die Beantwortung von Fragebogenitems unterliegt -wie alle Urteile, Einschätzungen und Bewertungen- unterschiedlichen Verzerrungen. Diese können letztlich nicht verhindert, durch die Berücksichtigung einzelner Gesichtspunkte beim Aufbau eines Fragebogens jedoch minimiert werden.

Minderung von Reihenfolgeeffekten: Um eine möglichst hohe Motivation der Befragten zu erreichen, wird immer wieder empfohlen, den Fragebogenaufbau "so zu gestalten, daß für den Befragten der Charakter eines Gespräches, einer Konversation simuliert wird" (KARMASIN & KARMASIN 1977, S.197), indem thematisch zusammengehörige Fragen auch zusammenhängend vorgegeben werden.
Gegen eine derartige inhaltliche Ordnung spricht jedoch die Forderung nach stochastischer Unabhängigkeit der Itembeantwortungen (WOTTAWA 1980), d.h. der Grundsatz, daß die Beantwortung eines Items nicht vom Inhalt oder Ort eines anderen Items abhängig sein darf.
Die erhöhte Möglichkeit solcher 'Ausstrahlungseffekte' gerade bei thematisch gegliederten Fragebögen führt dazu, daß beide Ziele -die Motivierung der Befragten und die Ausschaltung von Reihenfolgeeffekten- eigentlich kaum miteinander zu vereinbaren sind (TRÄNKLE 1983).

Reihenfolgeeffekte können entweder auf dem Inhalt benachbarter Items beruhen (sogen. 'Kontexteffekte') oder sich aus dem Platz eines Items in der Abfolge aller Items ergeben (sogen. 'Positionseffekte').
Kontexteffekte lassen sich nach einem Vorschlag von BRADBURN & MASON (1964) aufteilen in:
- Aktualisierungseffekte: der Inhalt vorausgegangener Items führt zur erhöhten Gewichtung bestimmter Aspekte bei der Beantwortung nachfolgender Items

- Konsistenzeffekte: eine durchschaubare Anordnung der Items kommt der Neigung entgegen, 'widerspruchsfrei' statt 'zutreffend' zu antworten
- Redundanzeffekte: vorausgegangene Items führen zur Verweigerung nachfolgender, ähnlicher Fragen, wenn und weil manche Personen sich nicht wiederholen wollen

Reine Positionseffekte werden hauptsächlich im Rahmen von Interviewuntersuchungen berichtet. Nach einer Untersuchung von KRAUT et al (1975) gilt aber auch für schriftliche Befragungen, daß am Ende mehr Auslassungen und mehr 'mittlere' Antworten zu erwarten sind.

Wichtig für die Kontrolle aller genannten Verzerrungsmöglichkeiten ist, daß sie in unterschiedlichem Maße der direkten Befragung zugänglich sind:
Die Gleichmäßigkeit der Antwortsorgfalt (Positionseffekte), die Tendenz zur Vermeidung von Wiederholungen (Redundanzeffekte) und ein Streben nach widerspruchsfreien Antworten (Konsistenzeffekte) können ohne weiteres über eine entsprechende Nachbefragung erhoben werden; die Bewußtmachung von bestimmten Aspekten durch vorausgegangene Items (Aktualisierungseffekte) dagegen kann wohl kaum erfragt werden - hier ist stattdessen eine Vorgabe unterschiedlicher Fragenreihenfolgen im Laufe der Konstruktionsphase angezeigt.

Beide Strategien -Nachbefragung und Reihenfolgevertauschungen- beziehen sich auf die Entwicklung der Fragebogenendfassung; für die Benützung derselben bleibt kein anderer Weg, als gewisse Reihenfolgeeffekte u.U. in Kauf zu nehmen.

<u>Minderung von Reaktionstendenzen</u>: Unter dem 1946 von CRONBACH in die Diskussion eingebrachten Stichwort "response set" bzw. "response style" (JACKSON & MESSICK 1958) wurden und werden z.B. eine Ankreuztendenz (zufälliger Wechsel im Antwortverhalten), eine Mittel- oder Extremtendenz (Bevorzugung bestimmter Kategorienausprägungen), eine Jasage- bzw. Neinsagetendenz (durchgängige Wahl gleicher Antwortrichtungen) und eine Erwünschtheitstendenz (Antwortverhalten in als erwünscht vermuteter Richtung) untersucht.

Unter diesen Verzerrungen -die bedeuten, daß die von den Befragten abgegebenen Antworten "nicht primär am wesentlichen Inhalt der Items, sondern vor allem an den im Individuum prädominierenden Einstellungen, Haltungen, Bewertungen usw. orientiert sind" (SPRUNG & SPRUNG 1978b, S.8)- haben sich die 'Jasagetendenz' (acquiescence) und die 'Tendenz zur sozialen Erwünschtheit' (social desirability) als die "durchschlagendsten" Antwortstile erwiesen.

A k q u i e s z e n z t e n d e n z e n können sowohl auf Eigenschaften der Befragten wie auf Merkmale des Fragebogens zurückgeführt werden.
Die eher persönlichkeitsorientierte Sichtweise hat zu Versuchen geführt, Personen mit Jasagetendenzen über spezielle Kontrollskalen "auszusondern" (s.z.B. AMELANG & BORKENAU 1981).
Das Problem dieser Vorgehensweise liegt jedoch in der mangelnden Vergleichbarkeit von 'Hauptfragebogen' und 'Kontrollskala': wer bei einem Stimulus lieber 'Ja' als 'Nein' sagt (weil er z.B. der Meinung ist, daß die Items völlig irrelevant sind), muß sich deswegen noch lange nicht bei einem anderen Reizmuster (wenn dieses z.B. seine zentralen Meinungsinhalte sehr viel stärker repräsentiert) genauso verhalten.

Es läßt sich deshalb fragen, ob nicht ein Großteil der Zustimmungstendenz als "interpretative Akquieszenz" (MESSICK 1966) dergestalt aufzufassen ist, daß manche Befragte allein deshalb mit Zustimmung reagieren, weil sie den

Iteminhalt nicht verstehen (KEIL 1973) oder ihm ambivalent gegenüberstehen (ESSER 1974).

Auf die Forderung, die Verständlichkeit der Items zu überprüfen, wurde bereits weiter oben eingegangen.
Eine zweite Forderung betrifft die Verschlüsselungsrichtung der Items: Da sich die stärksten Akquieszenztendenzen bei einseitig gepolten Frageformulierungen gezeigt haben (THOLEY 1976), sollten Fragebögen so aufgebaut sein, daß deren Items zu möglichst gleichen Teilen 'Ja'- und 'Nein-Antworten' evozieren, um rein formalen Antwortmustern der extremen 'Yea'- wie 'Nay-Sayers' (COUCH & KENISTON 1960) zumindest entgegenzuwirken. Diese Notwendigkeit besteht trotz des damit u.U. in Kauf zu nehmenden Problems, daß manche Merkmale sich akkurater durch positive, andere durch negative Formulierungen beschreiben lassen (EHLERS 1973; SCHRIESHEIM & HILL 1981).

Im Unterschied zur Akquieszenz setzt die E r w ü n s c h t h e i t s t e n d e n z das Verstehen der Items durch die Befragten geradezu voraus.
Von der Tendenz zur Antwort in sozial erwünschter Weise (d.h. aufgrund vermuteter allgemeiner Werte) muß -genau genommen- die Tendenz zur persönlich erwünschten Antwort (d.h. im Hinblick auf individuelle Wertsysteme) unterschieden werden (COWEN et al 1961); für beide Tendenzen gilt, daß die Antworten in Richtung auf bestimmte Normen und/oder Ideale verzerrt werden - diese aber sind natürlich sowohl von der jeweiligen Situation wie von der Befragungsstichprobe abhängig (THOLEY 1976; HOETH 1980; MUMMENDEY 1981; MEIER 1985; REINECKE 1986).

Allein aus diesem Grund sind Kontrollskalen zur Prüfung von Erwünschtheitstendenzen sehr problematisch (PAULHUS 1984). Dazu kommt, daß derartige Kontrollskalen eigentlich völlig inhaltsfrei sein müßten. "Wenn es" jedoch "gelänge, 'inhaltsfreie' Kontrollskalen zu konstruieren, dann müßte es genauso möglich sein, 'reaktionsfreie' Inhaltsskalen zu entwickeln - dann aber sind die Kontrollskalen überflüssig" (KEIL 1973, S.56).

Ähnliche Bedenken lassen sich auch gegen die Konstruktion und Verwendung "subtiler", sogenannter "SD-neutraler", Items anmelden, zumal deren Verwendung gegen die Erkenntnis verstößt, daß durchschaubare Items i.a. valider sind (GOLDBERG & SLOVICH 1967).

Was sich demgegenüber als recht erfolgreich herausgestellt hat, ist die Aufnahme eines Ehrlichkeitsappells in die Fragebogeninstruktion. Ein solcher Appell kommt, wie HOETH & KÖBLER (1967) gezeigt haben, sowohl moralischen Hemmungen, Ergebnisse zu verfälschen, wie einer gewissen Neigung zur Selbsterforschung entgegen. Beide Aspekte dürften durch die Zusicherung der Anonymität verstärkt werden.

<u>Fazit</u>: Auf dem Hintergrund der Diskussion verschiedener Verzerrungstendenzen ergibt sich für die Fragebogeninstruktion die Forderung, gezielt an die Ehrlichkeit zu appellieren und gesondert auf die Anonymität der Befragung hinzuweisen.
Für den Fragebogen selbst dagegen sind erstens eine möglichst gleichmäßige Verteilung von positiv und negativ formulierten Items und zweitens eine Vorlage möglichst unterschiedlicher Itemreihenfolgen während der Konstruktionsphase zu verlangen.
Diese Forderungen wurden soweit wie möglich beachtet; darüber hinaus wurde die Auswirkung eventueller weiterer Reihenfolgeeffekte durch eine spezielle Nachbefragung im Rahmen eines Pretests abgeprüft.

6.1.3 Überblick über die Entwicklungsschritte

Aufgrund der vorgenannten Überlegungen wurde folgender Konstruktionsweg eingeschlagen:

(1) Formulierung der Ausgangsitems
- Erstellung eines größeren Itempools

▪ Vorgabe an einen Expertenkreis

(2) Pretest I: Dimensionsanalyse
- Bestimmung der Dimensionalität; Selektion

▪ Vorgabe an eine kleinere Stichprobe (n=75/53)

(3) Pretest II: Beantwortbarkeitsanalyse
- Bestimmung der Eindeutigkeit und Meinungsrelevanz; Selektion
- Prüfung verschiedener evtl. wirkender Gesamteffekte

(4) Pretest III: Itemanalyse
- Bestimmung erster Kennwerte; Selektion
- Zusammenstellung der Endfassung

▪ Vorgabe an eine größere Stichprobe (n=600/365)

(5) Analyse des Fragebogens
- Bestimmung fundierterer Kennwerte
- Erstellung von Gesamt- und Gruppennormen

6.2 ERSTELLUNG DES FRAGEBOGENS

6.2.1 Formulierung der Ausgangsitems

Gemäß der weiter oben begründeten Wahl einer deduktiven Konstruktionsstrategie hat sich die Formulierung der Items an den jeweils zugrundeliegenden Komponentendefinitionen zu orientieren.

Allgemeine Themenbereiche: Unabhängig davon stellen die folgenden drei Gesichtspunkte, die als sukzessive Ausprägung von Kontrolle aufgefaßt werden können, einen "gemeinsamen Nenner" aller fünf Skalen dar:
- Möglichkeiten zur Einflußnahme (d.h. unabhängig davon, wie sehr damit zugleich auch wichtige eigene Ziele erreicht werden)
- Möglichkeiten zur Erreichung eigener Ziele (u.zw. unabhängig davon, ob dies auch unter "schwierigen Umständen" möglich ist)
- Möglichkeiten zur Zielerreichung in schwierigen Situationen, insbesondere also in Konfliktsituationen (wobei dies als stärkste Ausprägung von Kontrolle betrachtet werden kann)

Diese drei Themenbereiche und ihre entsprechenden Äquivalente sind in allen fünf Skalen vertreten.

Darüber hinaus wurden auch einzelne Items formuliert, die -neben dem allgemein dominierenden Einflußaspekt- den Aspekt der Erklärung und Vorhersage (siehe hierzu Kapitel 3.2) beinhalten; Beispiele hierfür sind:
- Möglichkeiten, sich das Verhalten anderer Leute bzw. des Partners trotz der Komplexität der Beziehung(en) erklären zu können (Kontrolle als Erklärung)
- Möglichkeiten, alleine bzw. im Rahmen der Beziehung etwas planen zu können (Kontrolle als Vorhersage)

Aufgrund der geringeren Bedeutung dieser Aspekte sind entsprechende Items jedoch weit weniger stark im Ausgangsitempool enthalten als die zur Einflußnahme.

Skalenspezifische Inhalte: Von den genannten Schwerpunktsetzungen einmal abgesehen sollen die fünf Itemgruppen folgende "Programmfragen" erfassen:
- Annahmen der Pbdn über die prinzipielle Beeinflußbarkeit von Beziehungen (Allgemeine Kontingenz)
- Annahmen der Pbdn über ihren (aktuellen) Einfluß auf ihre Zweierbeziehung (Personale Kontrolle)
- Annahmen der Pbdn über ihre (potentiellen) Einflußfähigkeiten (Kontrollkompetenz)
- Annahmen der Befragten über die spezifischen Bedingungen ihrer Zweierbeziehung (Spezifische Kontrollierbarkeit)
- Annahmen über die Wichtigkeit einer Einflußnahme (Kontrollvalenz)

In den Items zur Allgemeinen Kontingenz wird also danach gefragt, ob und wie sehr Beziehungszustände generell eher von Handlungsaktivitäten oder eher vom Zufall abhängen und damit prinzipiell eher beeinflußbar oder unbeeinflußbar sind; Beispiele hierfür sind:

AK 01: Beziehungen sind das Opfer von Kräften, die sich weder begreifen noch beeinflussen lassen. (-)

AK 03: Zufriedenstellende Zweierbeziehungen sind das Ergebnis entsprechender Bemühungen und haben nichts oder nur wenig mit Zufall zu tun. (+)

AK 17: Ob eine Beziehung in die Brüche geht oder nicht, wird mehr von Pech oder Glück als von den beiden Partnern bestimmt. (-)

Die Items zur Personalen Kontrolle zielen auf die Frage, ob der Beantwortende in seiner Partnerbeziehung Einfluß besitzt und hier etwas in seinem Sinne erreichen kann:

PK 01: Was in unserer Beziehung abläuft, wird weitgehend von mir mitbestimmt. (+)

PK 06: Ich habe schon häufig die Erfahrung gemacht, daß ich in unserer Beziehung mit meinen Wünschen nicht zum Zuge komme. (-)

PK 07: In wichtigen Dingen setze ich mich meinem Partner gegenüber ausreichend durch. (+)

In der Kontrollkompetenz-Skala wird danach gefragt, ob der Befragte die entsprechenden Einfluß- und Durchsetzungsfähigkeiten, meßbar an seinen Erfahrungen im Umgang mit anderen Menschen (allgemein), besitzt; im Zusammenhang mit Überlegungen zur sozialen Kompetenz (Selbstsicherheit) wurden auch spezifischere Items in diese Skala aufgenommen:

KK 01: Es fällt mir im allgemeinen leicht, Einfluß auf andere zu nehmen. (+)

KK 06: Manchmal meine ich, daß ich anderen gegenüber zu schnell nachgebe. (-)

KK 14: Bei gemeinsamen Unternehmungen mit anderen wage ich es vergleichsweise selten, meine persönlichen Wünsche zu äußern. (-)

Die Items zur Spezifischen Kontrollierbarkeit dienen der Erfassung der Bedingungen der eigenen Beziehung -bezogen auf deren Struktur und das Verhalten des Partners - um abzuklären, wie schwer oder wie leicht den Befragten hier eine Einflußnahme gemacht wird:

SK 04: Mein Partner bemüht sich meistens, mich in seine Überlegungen einzubeziehen. (+)

SK 05: Ich habe manchmal den Eindruck, daß mein Partner alles abblocken will, was nicht völlig seinen Interessen entspricht. (-)

SK 09: Mein Partner versucht manchmal, mir seinen Willen aufzuzwingen. (-)

Um schließlich die Dimension der Kontrollvalenz angemessen zu operationalisieren, wurden entsprechende Items sowohl zur Wichtigkeit einer Einflußnahme als auch zur Unwichtigkeit -im Sinne eines Verzichts auf die damit oft verbundene Verantwortung- erstellt:

KV 01: Es ist mir sehr wichtig, auf das, was in unserer Beziehung passiert, Einfluß zu haben. (+)

KV 09: Ich möchte mir unter gar keinen Umständen von meinem Partner vorschreiben lassen, was ich zu tun und zu lassen habe. (+)

KV 17: Ich bevorzuge Situationen, in denen mir mein Partner möglichst viele Entscheidungen abnimmt. (-)

<u>Formale Gesichtspunkte</u>: Alle Items wurden neu verfaßt; zum Teil wurde dabei auf im gegebenen Zusammenhang brauchbare Formulierungsvorschläge verschiedener Meßinstrumente zur Kontrollüberzeugung [insbesondere die I-E-Skala von ROTTER (1966) in der Übersetzung von ROST-SCHAUDE et al (1975) und die IPC-Skala von LEVENSON (1972) in der deutschen Bearbeitung von KRAMPEN (1981)], zur Kompetenz [v.a. den U-Fragebogen von ULLRICH DE MUYNCK & ULLRICH (1977)] sowie zur Kontrollmotivation [die DoC-Skala (BURGER & COOPER 1979; BRAUKMANN 1981a)] zurückgegriffen.
Bei der sprachlichen Abfassung wurde, soweit möglich, auf die Einhaltung folgender Kriterien geachtet:

- Erstellung möglichst einfacher, kurzer und -soweit es die globale Itemstrategie zuließ- konkreter Aussagen (vgl. ANGER 1969)
- Verwendung einer einfachen syntaktischen Struktur (JAEGER 1980), z.B. durch Vermeidung passivischer Formulierungen, doppelter Verneinungen, komplizierter Schachtelsätze etc. (vgl. TRÄNKLE 1983)
- Orientierung an der Alltagssprache unter Verwendung möglichst sowohl gebräuchlicher wie eindeutiger Begriffe (KREUTZ & TITSCHER 1974)
- Sicherung der Aussageneindeutigkeit und -verständlichkeit u.a. durch Vermeidung von Vergleichen mit mehr als zwei Ebenen sowie von affektiv gefärbten Begriffen (LIENERT 1969; WOTTAWA 1980).

Zur Minimierung möglicher Verzerrungen durch Jasagetendenzen wurden die Items unterschiedlich verschlüsselt. Mit Ausnahme der Items zur Kontrollvalenz, deren Thematik (vgl. die Struktur der DoC-Skala von BURGER & COOPER 1979) eine verstärkt positive Formulierungsrichtung nahelegt (das Verhältnis

beträgt hier 2:1), wurden die Verschlüsselungsrichtungen der übrigen vier Skalen halbiert (1:1).
Zur Gewährleistung eines ausreichenden Selektionsspielraumes wurde jede der fünf Skalen mit 18 Items versehen; insgesamt umfaßt der Ausgangsitempool damit 90 Items; diese sind im Anhang aufgeführt.

6.2.2 Pretest I: Dimensionsratings

Ziele: Eine Hauptanforderung an die einzelnen Items stellt deren adäquate Dimensionierung dar: von einem 'brauchbaren' Item ist zu verlangen, daß es so ausschließlich wie möglich als Indikator allein für die zugrundeliegende Skala fungiert.
Eine zweite, wenn auch weniger grundlegende, Anforderung betrifft die Stärke dieser Indikatorfunktion: in der Endfassung des Fragebogens sollten Items vertreten sein, die die jeweilige Skalendimension möglichst stark repräsentieren.
Beide Aspekte (Dimensionseindeutigkeit und -relevanz) wurden in einem Expertenrating geprüft.

Vorgehen: Als Rater stellten sich fünf (z.T. promovierte) Diplompsychologinnen und -psychologen zur Verfügung, die sowohl Forschungserfahrungen im Hinblick auf die Konstruktion von Befragungsinstrumenten besitzen als auch mit dem Kontrollkonstrukt i.w.S. vertraut sind. Das Rating fand in schriftlicher Form statt.

In der Instruktion (siehe Anhang) wurden die Rater gebeten, auf der Grundlage der dort vorangestellten Dimensionsbeschreibungen eine Zuordnung der Items zu den fünf Kategorien zu treffen; hierzu waren neben jedem Item fünf entsprechend überschriebene Kästchen angeordnet; ein zusätzliches Sonderkästchen stand für die Fälle zur Verfügung, in denen die Rater keine eindeutige Zuordnung treffen konnten.
Die Dimensionsrelevanz wurde über die Abstufung dieser Urteile erhoben: Die Rater sollten zugleich angeben, ob das jeweilige Item die Kategorie etwas (=1), ziemlich (=2) oder völlig (=3) repräsentiert. (Die vollständige, nach ROHRMANN 1978 annähernd äquidistante, Antwortskala lautet "gar nicht - etwas - ziemlich - völlig", wobei die "gar nicht"-Vorgabe hier jedoch aus verständlichen Gründen entfallen konnte.)

Jeder Rater ordnete die vollständige Itemliste zu; die Items waren zufällig gemischt und wurden in Zehnergruppen auf neun Seiten, deren Reihenfolge variierte, vorgelegt.

Ergebnisse: Da keine Auslassungen vorkamen, lagen pro Item fünf vollständig auswertbare Einschätzungen vor.

Zur Berechnung der Eindeutigkeitswerte wurde für eine maximal "richtige" (d.h. mit der zugrundeliegenden Dimension übereinstimmende) Zuordnung der Wert 1.0 (= 5 mal 0.2) festgesetzt; von diesem Maximalwert wurden für jede "falsche" Zuordnung (d.h. zu einer der vier anderen Dimensionen) 0.2 und für jede "unsichere" Einschätzung (Ankreuzung des Fragezeichensonderfeldes) 0.1 Punkte abgezogen. Als Minimum für die Beibehaltung eines Items wurde ein Wert von 0.8 festgelegt.
Von den insgesamt 90 Items wurden 68 (= 75.6%) völlig eindeutig (1.0) zugeordnet; weitere 17 Items erreichten den Grenzwert (6 mal 0.9 und 11 mal 0.8). 5 Items erwiesen sich als uneindeutig (≤ 0.7) und damit nicht weiter

verwendbar: PK 10 (0.7), PK 18 (0.3), KK 17 (0.6), SK 13 (0.4) und KV 10 (0.7).

Die R e l e v a n z w e r t e der verbleibenden 85 Items wurden über das arithmetische Mittel der Urteilsabstufungen der "richtigen" Zuordnung berechnet. Als Beibehaltungsminimalwert wurde der Mittelpunkt der vollständigen Urteilsskala (0-1-2-3), also 1.5, festgesetzt.
23 Items erhielten den Maximalwert (= 3.0), 60 weitere lagen über dem Grenzwert. Zwei Items (SK 14 und SK 18) waren wegen mangelnder Relevanz (< 1.5) zu selektieren.

Insgesamt also wurden durch diesen ersten Pretest sieben Items des Ausgangsitempools von einer Weiterverwendung ausgeschlossen.
Die auf den Werten der verbleibenden 83 Items basierenden Skalendurchschnittswerte betragen:

Tabelle 6.1 (Pretest I)	-AK-	-PK-	-KK-	-SK-	-KV-
Dimensionale Eindeutigkeit:	0.99	0.92	0.98	0.95	0.99
Dimensionale Relevanz:	2.83	2.58	2.20	2.20	2.63

Trotz gewisser "Schwächen" der KK- und SK-Skala in bezug auf deren Relevanzwerte kann dieses Ergebnis als zufriedenstellend bewertet werden.

6.2.3 Pretest II: Beantwortbarkeitsanalyse

Ziele: Der Rückschluß von einem Antwortmuster auf die zugrundeliegende Meinungsposition setzt eindeutig formulierte Items voraus, in denen die relevanten Meinungen der Befragten abgebildet werden und die den Befragten die Möglichkeit bieten, ihre Meinung im Rahmen des vorgegebenen Antwortschemas zum Ausdruck zu bringen (s. Abschnitt 6.1). Die Überprüfung dieser Voraussetzungen -insbesondere die Bestimmung der Formulierungseindeutigkeit und Meinungsrelevanz, aber auch die Erhebung etwaiger sonstiger Einwände gegen einzelne Items- war Hauptziel des zweiten Pretests.

Zu diesem Zweck wurde die Itemliste einer mittelgroßen Stichprobe mit der Instruktion vorgegeben, entweder eine der 'stimmt nicht - stimmt sehr'-Antwortmöglichkeiten oder aber die Kategorie 'Ich kann mich nicht entscheiden' anzukreuzen; im letzten Fall wurde darüber hinaus um die Angabe von Begründungen gebeten ('weil ich zu dieser Aussage keine Meinung habe', 'weil ich diese Aussage uneindeutig finde', 'sonstiges: ...').
Durch dieses Angebot an Ausweichkategorien sollte die Nennung von Beantwortbarkeitsbedenken erleichtert werden; in bezug auf die abgegebenen Antworten sollte so zugleich sichergestellt werden, daß diese tatsächliche Einstellungen reflektieren - insbesondere, daß die Mittelkategorie ('stimmt mittelmäßig') als wirkliche Mittel- und nicht als 'Flucht'-kategorie benutzt wird.

Neben der Prüfung der Beantwortbarkeit der Einzelitems diente dieser Pretest auch der Erfassung der Eindrücke vom Gesamtfragebogen.
In neun entsprechenden Zusatzfragen wurde nach der Instruktionsverständlichkeit (incl. dem Bemühen um ehrliche Antworten), ausgelösten Emotionen (Är-

ger, Langeweile, Interesse, Peinlichkeiten), Redundanz- und Positionseffekten (Wiederholungen, Überlänge) sowie sonstigen Auffälligkeiten gefragt.

Vorgehen: Mit Hilfe des "Schneeballsystems" wurden im engeren und weiteren Bekanntenkreis 75 Fragebögen verteilt; allen Befragungsteilnehmern wurde absolute Anonymität zugesichert und -zur Unterstützung derselben- ein adressierter Freiumschlag zur Rücksendung ausgehändigt. Im Anschreiben (siehe Anhang) wurde um ehrliche Beantwortung und Rückgabe im Zeitraum von zwei bis drei Wochen (bei Zeitmangel oder fehlender Partnerbeziehung auch in unbeantworteter Form) gebeten.

Jeder Fragebogen enthielt die vollständige Liste der 83 Items, die -um bei der Vielzahl der Fragen die Motivation der Teilnehmer nicht zu gefährden (siehe Abschnitt 6.1.2)- in fünf Skalenblöcken zusammengefaßt waren.
Zur Minimierung von Positionseffekten wurde für jeden der 75 Fragebögen eine andere Variante der (120 möglichen) Skalenreihenfolgen erstellt; zusätzlich wurde die Reihenfolge der Items innerhalb der Skalenblöcke zweifach, u. zw. nach Zufall, variiert.

Die 83 Items mit Antwort- und Ausweichkategorien waren auf zehn Seiten verteilt; die elfte Seite enthielt neun Fragen zum Gesamteindruck sowie acht Fragen zur Stichprobencharakterisierung (siehe Anhang). In die Stichprobenfragen wurde neben solchen Aspekten wie Alter, Geschlecht, Beziehungsdauer etc. auch die Einschätzung der momentanen Beziehungszufriedenheit ("Wie glücklich würden Sie Ihre Partnerbeziehung im Augenblick einschätzen? Sehr glücklich... ...sehr unglücklich?") aufgenommen (s. Kapitel 5.2).

Von den 75 ausgegebenen Fragebögen kamen 55 zurück; 53 Bögen waren durchweg vollständig beantwortet, zwei wurden unausgefüllt zugeschickt. Dies entspricht einer Rücklaufquote von 73.3% bei 96.4%iger Verwertbarkeit.

Stichprobe: An der Befragung nahmen 19 Männer und 34 Frauen (n = 53) im Alter zwischen 20 und 66 Jahren ($\bar{x}$ = 32.06) teil.
49% der Befragten waren berufstätig (davon 72% in Vollzeit-, 28% in Teilzeitbeschäftigung); 20.8% genossen eine Volks- oder Mittelschulbildung, 79.2% besuchten eine Oberschule bzw. das Gymnasium.

Um die Anonymität der Auswertung nicht zu gefährden, wurden gezieltere Fragen nach der Art der Berufstätigkeit sowie nach der Höhe des Einkommens (die neben der Schulbildung als Indikatoren für die soziale Schicht angesehen werden können) nicht gestellt. Es muß dennoch angenommen werden, daß Angehörige der gebildeten Mittelschicht in dieser Stichprobe überrepräsentiert sind.

Die durchschnittliche Beziehungsdauer der Befragungsteilnehmer betrug 10.45 Jahre bei einer Streubreite von einem Monat bis hin zu 37 Jahren. 43.4% der Befragten wohnten zum Zeitpunkt der Erhebung mit ihrem Partner zusammen (im Durchschnitt seit 18.45 Jahren), 35.8% waren mit ihm verheiratet (im Mittel seit 22.14 Jahren).
Ihre Beziehung schätzten 84.6% der Befragungsteilnehmer als eher bis sehr glücklich und 15.4% als eher unglücklich ein - ein Datum, das sich in etwa mit den Befunden von TERMAN (1938) und HAHLWEG (1977) deckt und in diesem Punkt für die Angemessenheit der Stichprobenzusammensetzung spricht.

Itembeantwortbarkeiten: Von den insgesamt abgegebenen 4397 Itembeurteilungen (83 Fragebogenitems mal 53 Pbdn, abzüglich 2 missing data) entfielen 4273 (= 97.18%) auf eine der 'stimmt nicht ... sehr'-Antworten und nur 124 (= 2.82%) auf eine der Subkategorien von 'Ich kann mich nicht entscheiden'. Dabei wurden im einzelnen 'Uneindeutigkeit' in 84 Fällen (= 1.91%) und 'keine

Meinung' in 22 Fällen (= 0.50%) als Grund angegeben; aus 'sonstigen Gründen' wurde eine Antwort insgesamt 18mal (= 0.41%) abgelehnt.
Da sich darüber hinaus -von fünf "Ausreißerprobanden" einmal abgesehen, die zwischen 7 und 15 der 83 Items als unbeantwortbar einschätzen (wobei bestimmte Alters-, Geschlechts- oder Bildungsunterschiede nicht zu beobachten waren)- 90.57% der Befragten im Schnitt bei nur 1.52 der 83 Items (= 1.83%) für keine Antwort entscheiden konnten, könnte geschlußfolgert werden, daß der Fragebogen in seiner Gesamtheit von den meisten Befragten als sowohl verständlich wie meinungsrelevant betrachtet wurde.

Derartige Kriterien haben aber nicht nur für den gesamten Fragebogen, sondern auch -und darum sollte es ja bei diesem Pretest vor allem gehen- für die einzelnen Items zu gelten.
Vor der Berechnung der jeweiligen Indizes wurde festgelegt, diejenigen Items auszusondern,

- bei denen sich mindestens 20% der Pbdn - egal, aus welchen Gründen- für keine Antwort entscheiden konnten, oder
- die von mindestens 10% der Pbdn als 'uneindeutig' bezeichnet wurden, oder
- bei denen mindestens 10% der Pbdn 'keine Meinung' angekreuzt hatten, oder
- wo die Frage von mindestens 10% der Pbdn aus 'sonstigen Gründen' nicht beantwortet wurde.

Diese Kriterienwerte wurden von zwei Items überschritten - und zwar von KV 12 mit 20.8% Antwortverweigerungen sowie von AK 11 mit 15.1% Uneindeutigkeitsbeurteilungen; gehäufte Meinungslosigkeit kam bei keinem Item vor. (Dennoch wurde, um ganz sicher zu gehen, in der Endfassung ebenfalls eine "Weiß nicht"-Sonderkategorie angeboten.)

Aufgrund der Annahme, daß Eindeutigkeitseinschätzungen u. U. in Abhängigkeit vom Schulbildungsniveau erfolgen, wurden in einem zusätzlichen Auswertungsschritt die Daten der -in der Stichprobe stark unterrepräsentierten- Volks- und Mittelschüler vervierfacht (um zwei gleich große Bildungsgruppen zu erzeugen), was die darüber hinaus gehende Selektion des Items AK 15 (dessen Uneindeutigkeitswert so auf 10.47% anstieg) zur Folge hatte.

Für die beibehaltenen 80 Items kann nun eine befriedigend hohe Eindeutigkeit und Meinungsrelevanz behauptet werden, wie die folgenden Skalendurchschnittswerte belegen (die itemspezifischen Prozentwerte sind im Anhang aufgeführt):

Tabelle 6.2 (Pretest II)	-AK-	-PK-	-KK-	-SK-	-KV-
Beantwortungen:	97.51%	96.58%	97.78%	99.12%	97.15%
Verweigerungen:	2.49%	3.42%	2.22%	0.88%	2.85%
- wegen Uneindeutigkeit	1.90%	2.24%	1.55%	0.50%	1.54%
- wegen Meinungslosigkeit	0.35%	0.94%	0.45%	0.25%	0.24%
- aus sonstigen Gründen	0.24%	0.24%	0.22%	0.13%	1.07%

Gesamteindrücke: Neben der Beantwortbarkeit der einzelnen Items sollte mit diesem Pretest auch der Eindruck des Gesamtfragebogens auf die Befragten erhoben werden.
Aus diesem Grunde wurden die folgenden "Fragen zum Fragebogen" gestellt:

Abb. 6.1: Z u s a t z f r a g e n

stimmt nicht..stimmt sehr (1 2 3 4 5)

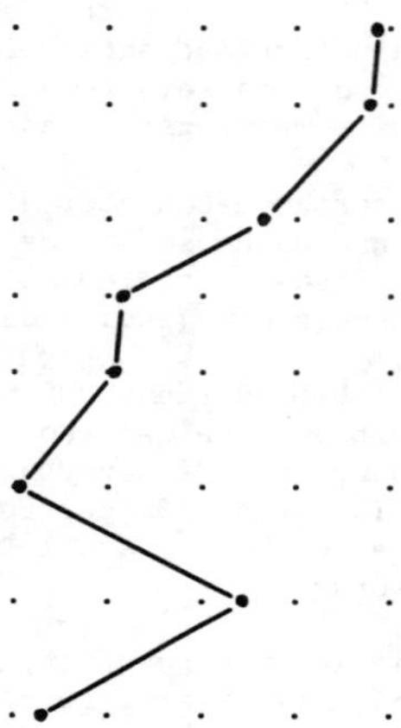

	x̄	s
1. Ich habe die Anleitung auf der ersten Seite dieses Fragebogens verstanden.	4.923	0.269
2. Ich habe mich um ehrliche Antworten bemüht.	4.865	0.345
3. Im großen und ganzen fand ich die Fragen recht interessant.	3.692	1.076
4. Über manche Fragen habe ich mich geärgert.	2.135	1.428
5. Die meisten Fragen haben mich eher gelangweilt.	2.020	1.241
6. Manche Fragen hätte ich am liebsten ausgelassen, weil ich sie als peinlich empfand.	1.077	0.269
7. Manche Fragen hätte ich am liebsten ausgelassen, weil sie mir wie reine Wiederholungen vorkamen.	3.423	1.433
8. Aufgrund der Länge des Fragebogens habe ich am Ende nur noch wenig auf meine Antworten geachtet.	1.346	0.764

9. Ansonsten ist mir an diesem Fragebogen aufgefallen, daß ....

Für die Beantwortung der ersten acht Fragen konnte keine Wechselwirkung mit Alter, Geschlecht, Berufstätigkeit und Schulbildung der Befragten festgestellt werden; lediglich bei der -frei beantwortbaren- Frage 9 zeigte sich, daß hier von den Frauen weitaus häufiger entsprechende Kommentare abgegeben wurden als von den Männern (Chi-Quadrat nach der Yates-Korrektur: $6.01 > 3.84$ bei $\alpha = 0.05$, df=1; Phi nach der Cole-Korrektur: 0.48).

Die Antworten auf die Zusatzfragen zeigen, daß die Instruktionsverständlichkeit gesichert ist und die Items keine "problematischen" Emotionen hervorrufen. Kritischer ist die Tatsache einzuschätzen, daß von vielen Befragten die Wiederholung ähnlicher Items bemängelt wurde.
Sowohl in den frei geäußerten Kommentaren (Frage 9) wie in qualitativen Nachbefragungen eines Teils der Stichprobe wurde von mehreren Pbdn Unmut darüber geäußert, daß sich innerhalb der einzelnen Skalen ähnliche Items wiederholen. Diese Bemängelungen führten zwar -wie die Antworten auf Frage 8 sowie der darüber hinaus nur geringe Zusammenhang zwischen den Antworten auf Frage 7 und 8 (r = +.08) zeigen- zu keiner einschneidenden Sorgfaltsabnahme, wurden jedoch dahingehend berücksichtigt, daß im nächsten Schritt eine weitere Itemreduzierung durchgeführt wurde.

6.2.4 Pretest III: Itemanalyse

Zur Reduzierung der Itemliste auf das für die Fragebogenendfassung angemessene Format wurde auf der Basis der im Pretest II erhobenen Antwortdaten eine Itemanalyse gerechnet.

Vorüberlegungen: Als Kennwerte für die Auswahl geeigneter -d.h. der Zielsetzung des Fragebogens entsprechender- Items lassen sich heranziehen:

* Schwierigkeitsindizes: Während bei Items mit Bestantworten die Schwierigkeit als das Verhältnis der 'richtigen' Antworten zur Gesamtbeantwortung definiert ist (LIENERT 1969, S. 87), wird bei Einstellungs- und Persönlichkeitsfragebögen i.a. der Itemmittelwert zur Bestimmung der zentralen Reaktionstendenz der Stichprobe herangezogen (DIEHL & KOHR 1977a, S. 414).

* Trennschärfeindizes: Ein Item kann nur dann als Indikator für das einer Skala zugrundeliegende Konstrukt dienen, wenn es eine deutliche Beziehung zu diesem Konstrukt -d.h. eine hinreichende Korrelation mit dem Skalenwert- aufweist (DIEHL & KOHR 1977a, S. 392); hierbei bleibt sinnvollerweise die Korrelation des Itemwertes mit sich selbst unberücksichtigt (sogen. 'korrigierte' Trennschärfe).

* Homogenitätsindizes: Items, die einen "gemeinsamen Kern" erfassen (inhaltliche Homogenität), müssen hohe Interkorrelationen aufweisen; in entsprechender Weise kann als Maß für die Homogenität eines Items das -um die Eigenkorrelation reduzierte- arithmetische Mittel der Korrelationen des Items mit den übrigen (Skalen-)Items gelten (LIENERT 1969, S. 118). Zu berücksichtigen ist, daß diese statistische Homogenität natürlich von der Itemschwierigkeit nicht unabhängig ist, so daß bei unerwartet niedrigen Homogenitätsindizes nicht eindeutig geschlußfolgert werden kann, ob diese auf einen Mangel an Itemähnlichkeit oder auf die Verteilung der Itemmittelwerte zurückzuführen sind.

* Konsistenzkoeffizienten: Der Begriff der Homogenität wird häufig mit dem der inneren Konsistenz gleichgesetzt (BURISCH 1976, S. 34), obwohl beide Kriterien keineswegs identisch sein müssen (LIENERT 1969, S. 251 ff). Der Konsistenzkoeffizient α (CRONBACH 1951) setzt zwar, um sinnvoll interpretiert werden zu können, die Existenz hinreichend homogener Items voraus, dient ansonsten aber eher der Bestimmung der Präzision des Meßinstruments.

Der Höhe der inneren Konsistenz kommt beim vorliegenden Fragebogen deshalb besonderes Gewicht zu; darüber hinaus ist eine Streuung der Mittelwerte um den Mittelpunkt der Antwortmöglichkeiten (beste Differenzierungsvoraussetzungen), eine möglichst hohe Trennschärfe (optimale Gleichläufigkeit der Items) und eine mäßige Homogenität (ähnliche, jedoch nicht identische Iteminhalte) als besonders günstig und damit erstrebenswert anzusehen.

Vorgehensweise: Für die Berechnung der einzelnen Kennwerte wurden vorab die Antworten auf die negativ formulierten Items umkodiert (+ = -, - = +). Missing data wurden i.a. -um den Informationsverlust möglichst gering zu halten- fallweise eliminiert; lediglich bei der Homogenitäts- und Konsi-

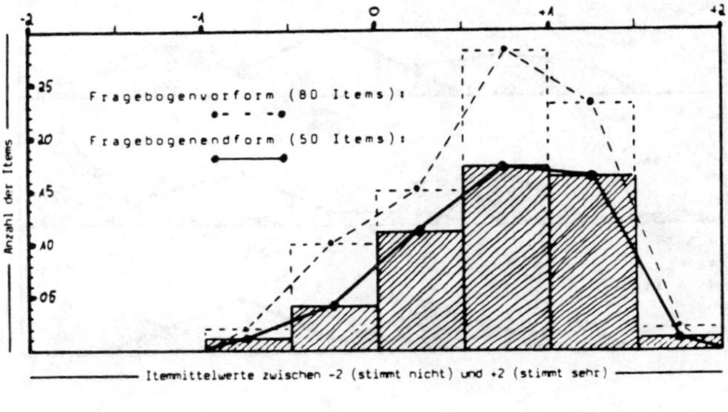

Abb. 6.2: Verteilung der Itemmittelwerte der KKB-Vor- und Endfassung

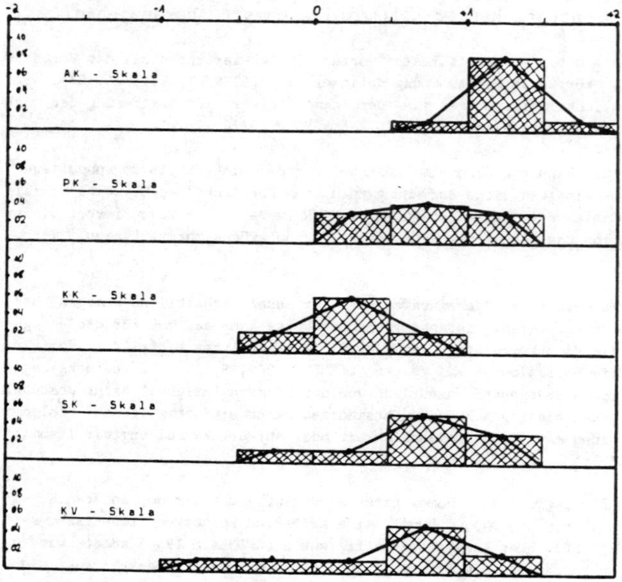

Abb. 6.3: Verteilung der Itemmittelwerte pro Skala für die Pretest-Stichprobe

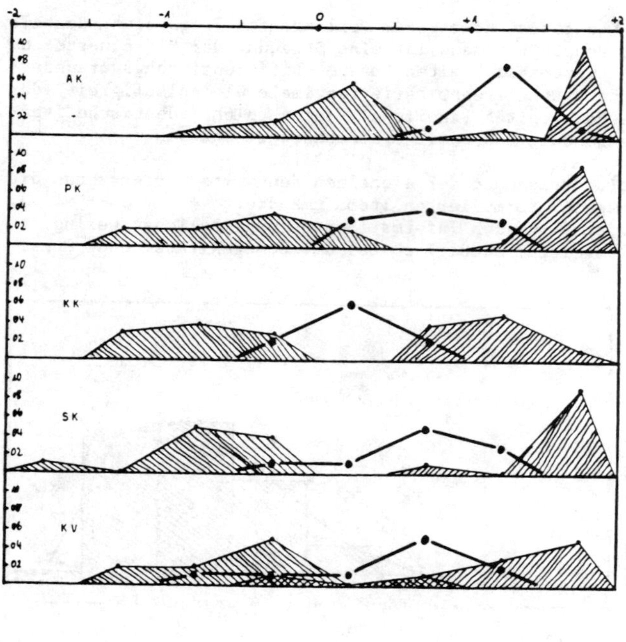

Abb. 6.4: Verteilung der Itemmittelwerte für die Pbdn mit den höchsten (////) bzw. niedrigsten (\\\\) Skalenrohwerten

stenzbestimmung wurden die Fehlwerte aufgrund des benutzten SPSS-X-Programms 'Reliability' skalenweise ausgeschlossen.

Der Hauptzielsetzung gemäß wurden zunächst jene Items entfernt, deren Selektion eine bedeutsame Erhöhung der Skalenkonsistenz zur Folge hatte; diese sukzessive Approximation -bei der nach jeder Itemselektion also eine neue Analyse gerechnet wurde- wurde nach Erreichen des Maximalpunktes durch eine kriterienkombinierte Verfahrensweise ersetzt, bei der versucht wurde, gleichzeitig besonders trennschwache, inhomogene sowie extreme ('leichte' bzw. 'schwierige') Items zu entfernen; bei ähnlichen Kriterienwerten wurden darüber hinaus unterschiedliche inhaltliche Schwerpunkte einzelner Items in die Selektionsentscheidungen einbezogen.

Ergebnisse: Aus der -nach dem Pretest II verbleibenden- 80-Item-Liste wurden insgesamt weitere 30 Items ausgesondert. Im einzelnen waren dies:

Skala	-selektierte Items-	- verbliebene Items -
-AK-	01, 02, 05, 12, 13, 14	03, 04, 06, 07, 08, 09, 10, 16, 17, 18
-PK-	01, 09, 11, 12, 14, 17	02, 03, 04, 05, 06, 07, 08, 13, 15, 16
-KK-	07, 12, 13, 14, 15, 16, 18	01, 02, 03, 04, 05, 06, 08, 09, 10, 11
-SK-	04, 08, 15, 16, 17	01, 02, 03, 05, 06, 07, 09, 10, 11, 12
-KV-	02, 13, 15, 16, 17, 18	01, 03, 04, 05, 06, 07, 08, 09, 11, 14

Zur Beurteilung der Frage, ob die nach dieser Selektion verbleibenden 50 Items entsprechenden Güteanforderungen genügen und damit in ihrer Ausgangsformulierung für eine Fragebogenendfassung verwandt werden können, werden im folgenden die einzelnen Kennwerte dargestellt und diskutiert (ausführlichere Tabellen befinden sich im Anhang).

Die Darstellung der Itemmittelwerte des Gesamtfragebogens (Abb. 6.2) zeigt, daß diese nicht exakt um den Mittelpunkt (d.h. die Antwortkategorie 'stimmt

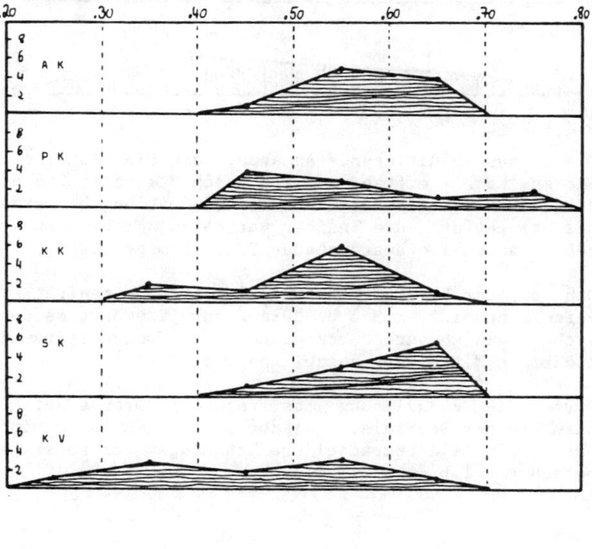

Abb. 6.5: Verteilung der Trennschärfekoeffizienten pro Skala

mittelmäßig') streuen, sondern eine positive Tendenz zeigen. Am deutlichsten ist diese Verschiebung bei der AK-, am wenigsten bei der KK-Skala ausgeprägt (s. Abb. 6.3).

Obwohl eine derartige Tendenz zur Bejahung allgemeiner Kontingenzannahmen auf mögliche Probleme bezüglich des Differenzierungsvermögens der AK-Skala hinweisen könnte, zeigt der Vergleich der für die oberen und unteren 'extremen' ca. 10% Pbdn gebildeten Itemmittelwerte (Abb. 6.4) eine befriedigende Variabilität der Mittelwerte für beide Extremgruppen in allen fünf Skalen.

Diese Differenzierungsfähigkeit drückt sich auch in der Höhe der korrigierten Trennschärfekoeffizienten (s. Abb. 6.5) aus, die -mit einer Ausnahme- alle über .30 und zu 70% sogar über .50 liegen, was als erfreulich hoch anzusehen ist.

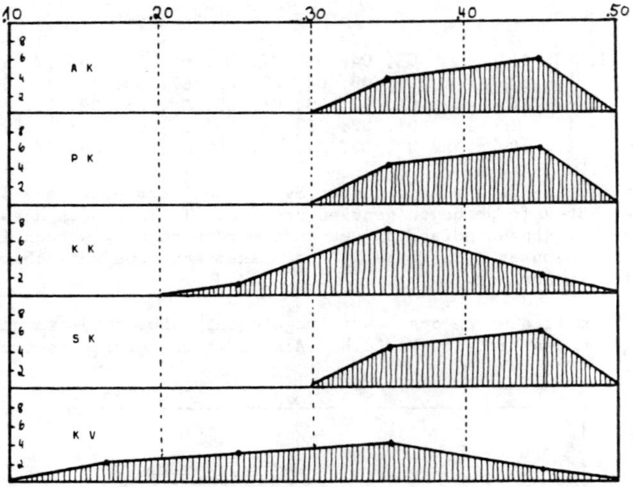

Abb. 6.6: Verteilung der Homogenitätsindizes pro Skala

Die daraus resultierende Annahme, daß die einzelnen Items einen gemeinsamen Skalen-'Kern' erfragen, wird durch die in Abb. 6.6 dargestellte Verteilung der -über die FISCHERsche z-Transformation berechneten- Homogenitätsindizes bestätigt: die Indices variieren durchweg zwischen .30 und .50 und ergeben damit eine ausreichende Skalenhomogenität.

Daß bei der KV-Skala fünfmal eine Itemhomogenität zwischen .10 und .30 zu verzeichnen ist, muß u.U. darauf zurückgeführt werden, daß vier dieser Items sich zugleich auch durch einen -das Homogenitätsmaß mitbestimmenden- sehr niedrigen Mittelwert auszeichnen.

Durch die Reduzierung des Fragebogenumfangs auf 50 Items konnten -mit Ausnahme der SK-Skala, bei der eine minimale Verminderung in Kauf zu nehmen war - zum Teil beträchtliche Erhöhungen der Konsistenzkoeffizienten erzielt werden (s. Tab. 6.3).

A K	P K	K K	S K	K V
.867	.869	.839	.867	.779

Tab. 6.3: Höhe der Konsistenzkoeffizienten für die Itemanalysestichprobe (n = 53)

Die fünf Skalenkoeffizienten liegen, wie Tab. 6.3 zeigt, alle über dem für die Analyse individueller Differenzen zu fordernden Grenzwert von .70 (vgl. LIENERT 1969, S. 309).

Bewertung: Aufgrund von Größe und Zusammensetzung der Itemanalysestichprobe können die dargestellten Werte selbstverständlich nur als grobe Schätzungen der Kennwerte der Hauptuntersuchung (siehe Abschnitt 6.3) betrachtet werden.

Da sie jedoch -insgesamt gesehen - eine befriedigende Brauchbarkeit der Items und Skalen vermuten lassen, wurde auf eine -in diesem Konstruktionsstadium u. U. notwendige- Revision und Modifikation einzelner Items verzichtet.

6.2.5 Erstellung der Endfassung

Umstellung der Skalenitems: Die nach den einzelnen Selektionsschritten verbliebenen 5 x 10 Items wurden für die Endfassung des KKB-Inventars in eine Zufallsreihe von 1 bis 50 gebracht:

A K neu/alt	Rf.	P K neu/alt	Rf.	K K neu/alt	Rf.	S K neu/alt	Rf.	K V neu/alt	Rf.
01 (18)	01.	01 (05)	04.	01 (03)	03.	01 (10)	02.	01 (01)	05.
02 (04)	12.	02 (13)	10.	02 (10)	06.	02 (11)	15.	02 (11)	07.
03 (06)	18.	03 (02)	11.	03 (04)	08.	03 (02)	22.	03 (08)	09.
04 (10)	20.	04 (07)	13.	04 (05)	14.	04 (06)	24.	04 (09)	17.
05 (08)	25.	05 (06)	16.	05 (01)	26.	05 (07)	27.	05 (03)	21.
06 (07)	29.	06 (08)	19.	06 (06)	31.	06 (03)	30.	06 (04)	23.
07 (09)	33.	07 (03)	28.	07 (08)	35.	07 (09)	34.	07 (07)	32.
08 (17)	36.	08 (16)	39.	08 (09)	37.	08 (01)	42.	08 (06)	40.
09 (03)	38.	09 (15)	47.	09 (11)	43.	09 (12)	46.	09 (05)	45.
10 (16)	41.	10 (04)	50.	10 (02)	44.	10 (05)	48.	10 (14)	49.

Tab. 6.4: Die aufgrund der Selektionen lückenhafte Ausgangsitemnummerierung (1-18, in Klammern) wurde bei der Erstellung der Endfassung durch fortlaufende neue Itemnummern (1-10, jeweils links) ersetzt, die auf der Fragebogen-Reihenfolge (01.-50., jeweils rechts) basieren.

Ergänzung der Beziehungsratings: Neben diesen 50 Items sowie den -leicht modifizierten- Fragen zur Stichprobencharakterisierung (Zusatzfragen 01 bis 08) wurden auch mehrere Ratingskalen zur Einschätzung unterschiedlicher Beziehungsaspekte (Zusatzfragen 09 bis 15) in das KKB-Inventar aufgenommen (siehe hierzu Kapitel 5.2).

Die Verständlichkeit und Eindeutigkeit dieser Zusatzfragen wurde in einem zusätzlichen kurzen Vortest geprüft; aufgrund ihres eindeutig explorativen Charakters wurde jedoch auf eine umfassende Analyse verzichtet. Da deshalb -ganz im Gegensatz zur Konstruktion der AK/PK/KK/SK/KV-Items- mögliche Konfundierungen einer eventuellen Neutralkategorie nicht bestimmt werden konnten, wurden die Antwortvorgaben sechsstufig erstellt.

Zur Einschätzung der Beziehungszufriedenheit wurde die bereits in der Vorform enthaltene TERMAN-Skala -in der von HAHLWEG (1977) eingesetzten Form- in die Fragebogenendfassung übernommen:

Frage 09: Wie glücklich oder unglücklich würden Sie Ihre Partnerbeziehung im Augenblick einschätzen? (sehr glücklich ... sehr unglücklich)

Aufgrund der Annahme, daß eine derartige Beziehungseinschätzung Zusammenhänge zur Selbst- und Partnereinschätzung aufweist, wurde diese "Glücksfrage" ergänzt um:

Frage 11: Wie zufrieden bzw. unzufrieden sind Sie zur Zeit mit dem Verhalten Ihres Partners Ihnen gegenüber? (sehr zufrieden ... sehr unzufrieden)

Frage 12: Wie zufrieden bzw. unzufrieden sind Sie zur Zeit mit Ihrem Verhalten Ihrem Partner gegenüber? (sehr zufrieden ... sehr unzufrieden).

Zur Erhebung der beiden Aspekte Beziehungswichtigkeit und Beziehungsstabilität wurden folgende Fragevorgaben gewählt:

Frage 13: Wie wichtig oder unwichtig ist Ihnen im Augenblick Ihre Partnerbeziehung? (sehr wichtig ... sehr egal)

Frage 14: Wie sicher sind Sie derzeit, daß die Beziehung zu Ihrem Partner noch in einem Jahr bestehen wird? (sehr sicher ... sehr unsicher).

Des weiteren wurde eine Frage aufgenommen, die auf eine Handlungsmotivation im Sinne einer Bereitschaft, in die Beziehung 'investieren' zu wollen, zielt:

Frage 15: Wie hoch ist zur Zeit Ihre Bereitschaft, für den Erhalt bzw. eine Verbesserung Ihrer Beziehung alles Erdenkliche zu tun? (sehr hoch ... sehr niedrig).

Um schließlich auch beziehungsrelevante Attributionsmuster explorieren zu können -d.h., ob eindeutige und, falls ja, welche Gründe für die eingeschätzte Beziehungs(un)zufriedenheit angegeben werden- wurde folgende Statement-Frage an die "Glücksfrage" angehängt:

Frage 10: Worauf führen Sie dies (d.h. die glückliche/unglückliche Beziehung) zurück?

a) Die Gründe dafür sind recht unklar, da unsere Beziehung ziemlich uneindeutigen und unvorhersehbaren Einflüssen unterliegt.

b) Die Gründe dafür sind recht klar - daß unsere Beziehung derzeit so ist, liegt vor allem
() an mir und meinem Verhalten
() an meinem Partner und seinem Verhalten
() an bestimmten äußeren Umständen.

c) Die Gründe dafür sind zwar recht klar - sie haben aber in einzelnen Situationen unterschiedliches Gewicht und spielen zudem häufig eine gemeinsame Rolle.

Hintergrund und Formulierung dieser Statements ergeben sich aus Überlegungen von HOFF (1982) bzw. HOFF & HOHNER (1982), daß Einflüsse bzw. Ursachen als eher unklar-schwankend oder als eher eindeutig bestimmbar gesehen werden können, wobei im zweiten Fall noch zwischen Alleinverursachungen (deterministische Sichtweise) und dem Zusammenspiel mehrerer Ursachen (interaktionistische Sichtweise) zu unterscheiden ist.

Ein Exemplar der Endfassung des KKB-Fragebogens (Instruktion, Items und Zusatzfragen) ist im Anhang beigefügt.

6.3 ANALYSE DES FRAGEBOGENS

Aufgrund der recht guten Ergebnisse der Pretest-Itemanalyse wurde eine weitere Kennwertanalyse nicht im Rahmen einer gesonderten, sondern im Zusammenhang mit der Hauptuntersuchung durchgeführt.

Hierbei wurden, wie ausführlicher im nächsten Kapitel dargestellt wird, im Schneeballverfahren und unter Gewährleistung der Anonymität der Befragten 600 Exemplare des KKB-Inventars so an Personen verteilt, daß eine weitgehende Streuung von Stichprobenmerkmalen erzielt wurde.
Von den 600 ausgegebenen Fragebögen wurden 395 (d.h. 65.83%) zurückgeschickt, von denen 365 (d.h. 92.41%) zu verwerten waren.

6.3.1 Analysestichprobe

Insgesamt beläuft sich der Analysestichprobenumfang damit auf 365 Personen.

Personenparameter: Das Mann-Frau-Verhältnis beträgt 47.7 : 52.3; 51.8 % der Befragten bezeichneten sich als ledig, 45.5% als verheiratet, 2.5% als geschieden und 0.3% als verwitwet.
Das Alter variiert zwischen 17 und 78 Jahren und liegt im Schnitt bei 33.7 Lebensjahren.
59.6% üben eine Berufstätigkeit (Voll- oder Teilzeit) aus; 29.6% besitzen eine Volks- oder Mittelschulbildung und 70.4% die (Fach-)Hochschulreife.

Beziehungsparameter: Die Befragten gaben für die Dauer ihrer (jetzigen) Beziehung Zeiten zwischen einem Monat und 50 Jahren an; der Durchschnitt liegt bei 11.3 Jahren.
62.4% wohnen mit ihrem derzeitigen Partner zusammen (im Mittel seit 13.6 Jahren), 45.5% sind mit ihm verheiratet (im Durchschnitt seit 17.3 Jahren).

Alles in allem konnte, wie diese Daten zeigen, das Ziel einer möglichst breiten Stichprobenkennwertestreuung erreicht werden; insbesondere die Alters- und die Bildungsstruktur können jedoch nicht als repräsentativ gelten, was bei der Interpretation aller auf der Gesamtstichprobe basierenden Ergebnisse zu berücksichtigen ist.

6.3.2 Schwierigkeit, Trennschärfe und Homogenität

Die auch in der Fragebogenendfassung gesondert angebotene 'Weiß nicht'-

Antwortmöglichkeit wurde kaum angekreuzt; die Verwendung dieser Kategorie erreichte bei keinem Item 10% und betrug im Gesamtdurchschnitt 0.94%, was als nachträgliche Bestätigung des Beantwortbarkeits-Pretests (s. Abschn. 6.2.3) anzusehen ist.
Die Antwortdaten aller negativ formulierten Items wurden vorab umkodiert; das Problem der Verrechnung der Nichtantworten wurde für alle Auswertungsschritte -soweit es die benutzten SPSS-X-Programme zuließen- durch fall- bzw. paarweisen Ausschluß der missing data gelöst.

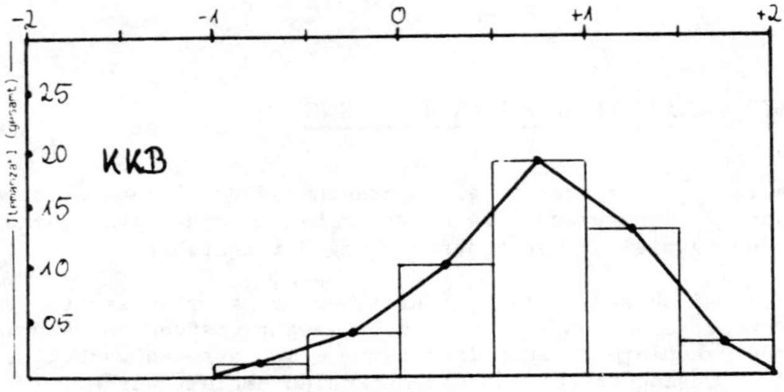

Abb. 6.7: Verteilung der Itemmittelwerte des Gesamtfragebogens für die Analysestichprobe (n=365)

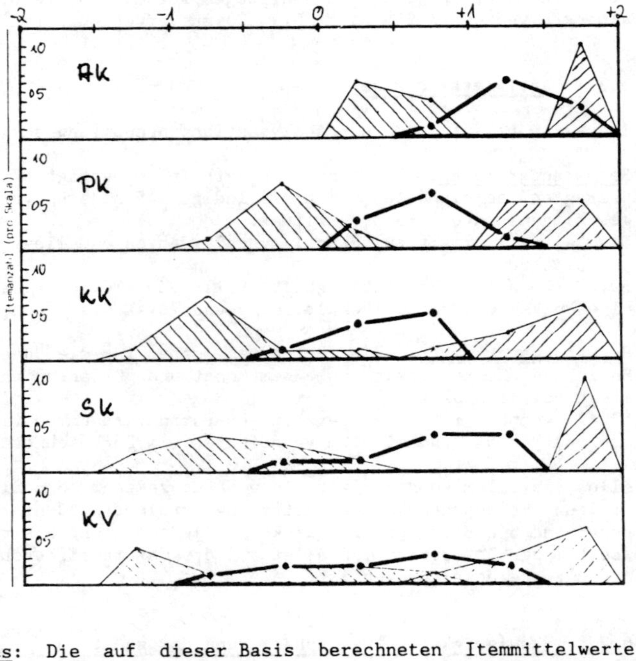

Abb. 6.8: Verteilung der Itemmittelwerte für alle Pbdn (•–•) sowie für die Pbdn mit den höchsten (////) bzw. niedrigsten (\\\\) Skalenrohwerten

<u>Schwierigkeitsindizes</u>: Die auf dieser Basis berechneten Itemmittelwerte aller 50 Items des Fragebogens erbringen, wie Abb. 6.7 zeigt, eine relativ symmetrische Verteilung.

Die ebenfalls sichtbare Verlagerung der Mittelwerte in den 'positiven' Antwortbereich zeigt sich auch in den skalenbezogenen Mittelwerteverteilungen (Abb. 6.8); daß daraus jedoch keine einschneidende Abnahme des Differenzierungsvermögens resultiert, belegt der Vergleich der Itemmittelwerte für die Pbdn mit den jeweils 10% höchsten und den jeweils 10% niedrigsten Rohwerten.

<u>Trennschärfekoeffizienten</u>: Gängigere Indikatoren für eine solche Differenzierungsfähigkeit sind die korrigierten Trennschärfeindizes; ihre Verteilung (s. Abb. 6.9) zeigt leider eine Verschlechterung im Vergleich zur ersten Itemanalyse: zwar belaufen sich bei insgesamt 82% der Items die Trennschärfekoeffizienten auf Werte zwischen .30 und .65, vier Items der PK-Skala

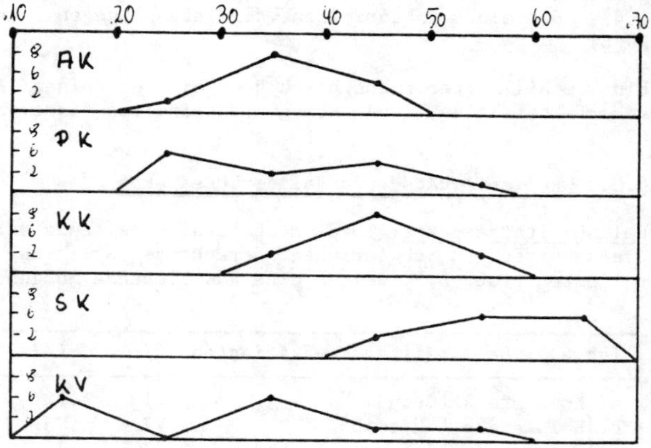

Abb. 6.9: Verteilung der Trennschärfeindizes

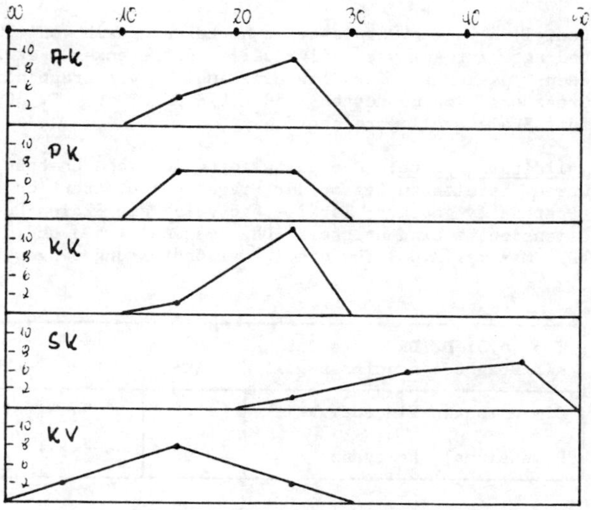

Abb. 6.10: Verteilung der Homogenitätsindizes

liegen jedoch bei .20 bis .30 und vier Items der KV-Skala sogar zwischen .15 und .20, was als unbefriedigend eingeschätzt werden muß.

Homogenitätsindizes: Eine ähnliche Verteilungsstruktur weisen auch die korrigierten Homogenitätsmaße (in Abb. 6.10) auf; dabei zeichnen sich die weniger trennscharfen Items zugleich durch eine vergleichsweise niedrige durchschnittliche Interitemkorrelation aus, und die trennschärferen Items sind auch die mit den höheren Homogenitätsindizes.
Unabhängig davon, daß die Höhe der statistischen Homogenität immer auch von der Verteilung der Schwierigkeitsindizes mitbestimmt wird, muß die hier deutlich werdende eher heterogene Skalenstruktur nicht nur als ungünstig angesehen werden, da letztlich "hohe Interkorrelationen von Items nur durch gemeinsame unerwünschte Varianzanteile zu leisten sind" (HOLLING 1981, S. 104), die einer faktoriellen Validität entgegenwirken (vgl. jedoch BURISCH 1976).

Ein detaillierterer Überblick über die einzelnen Itemmittelwerte, Trennschärfekoeffizienten und Homogenitätsindizes findet sich im Anhang.

6.3.3 Reliabilitäts- und Validitätsaspekte

Reliabilitätsaspekte: Die nach Parallelisierung der Items im Hinblick auf Trennschärfe und Schwierigkeit berechneten Split-half- sowie Konsistenzkoeffizienten (Tab. 6.5) zeigen eine ausreichende Meßgenauigkeit der Skalen an.

Tab.6.5: Reliabilitätskoeffizienten	-AK-	-PK-	-KK-	-SK-	-KV-
a. Konsistenz (Cronbach)	.71	.70	.79	.85	.65
b. Halbierung (Guttman)	.77	.75	.80	.86	.66
c. Halbierung (Spearman-Brown)	.77	.75	.80	.86	.66

Lediglich die KV-Skala weist Werte unterhalb von .70 auf und ist damit nur bedingt zur Analyse individueller Differenzen -etwa bei Prä/Post-Vergleichen- geeignet. Der für eine Analyse von Gruppendifferenzen zu fordernde Grenzwert von mindestens .50 (LIENERT 1969, S. 309) wird dagegen in allen fünf Skalen voll erreicht.

Validitätsaspekte: Die postulierte logische Unabhängigkeit der fünf Skalen wurde bereits zu Beginn der Fragebogenkonstruktion in einem Expertenrating (Pretest I) geprüft; Tabelle 6.6 zeigt die Skalen-Durchschnittswerte für die dimensionale Eindeutigkeit (DE, maximal 1.00) und die dimensionale Relevanz (DR, maximal 3.00) für die in der Endfassung eingesetzten Items.

Tab. 6.6: DE/DR-Werte der KKB-Fragebogenendfassung	-AK-	-PK-	-KK-	-SK-	-KV-
Dimensionale Eindeutigkeit:	1.00	0.94	1.00	1.00	0.99
Dimensionale Relevanz:	2.90	2.72	2.48	2.32	2.69

Diese logische Unabhängigkeit ist von einer empirischen Interdependenzstruktur streng zu unterscheiden.

Ein Beispiel mag dies verdeutlichen: So liegen zwar die Angaben zu zwei Fragen bzgl. Körpergröße und Körpergewicht auf zwei klar voneinander unterscheidbaren Dimensionen; sie zeigen aber in den meisten Fällen empirische Zusammenhänge in Form hoher Korrelationskoeffizienten, die den Schluß auf zwei verschiedene Dimensionen nicht zulassen. In diesem Fall "gründet sich die Definition der Unabhängigkeit der physikalischen Dimensionen auf die Denkmöglichkeit der unabhängigen Variation auf ihnen und nicht auf den Tatbestand ihrer Unabhängigkeit (Kovariation)" (REVENSTORF 1976, S. 320).

In bezug auf die empirischen (Un-)Abhängigkeitsverhältnisse des KKB-Inventars kann angenommen werden, daß sich Interdependenzen zwischen der PK- als 'Haupt'-Skala und allen übrigen Skalen finden lassen, während die AK-, KK-, SK- und KV-Skalen untereinander relativ unabhängig sein müßten.

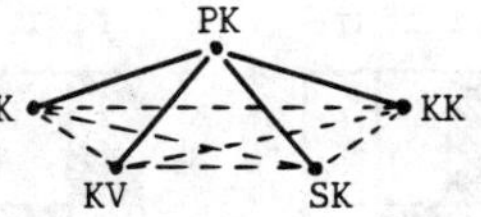

Diese Erwartung wird durch die Interkorrelationsmatrix der Skalen (Tab. 6.7) bestätigt: substantielle Korrelationen (≥ .30) finden sich lediglich für PK-SK und PK-KK, alle anderen Koeffizienten weisen dagegen auf Nichtzusammenhänge hin.

	AK	PK	KK	SK	KV
AK	**				
PK	.26	**			
KK	.22	.40	**		
SK	.14	.58	.22	**	
KV	.24	.15	.05	-.17	**

Tab. 6.7: Skaleninterkorrelationen

Zur Beschreibung der empirischen Itemstruktur wurden zusätzlich mehrere Faktoranalysen gerechnet; dabei wurde das Hauptkomponentenverfahren mit anschließender Varimax-Rotation gewählt.

In einem ersten Verfahren wurden die AK/SK/KK/KV-Items in die Analyse einbezogen. Das Eigenwertkriterium ($\lambda \geq 1$) erbrachte 11 Faktoren, der Scree-Test blieb uneindeutig; aufgrund der Bedingung, daß jeder Faktor mindestens 5% der Gesamtvarianz aufklären sollte, erschien eine 4-Faktoren-Lösung (mit 34.8%iger Varianzaufklärung) angemessen. Letztere wurde gewählt.
Das Ergebnis der orthogonalen Rotation (die genauen Ladungen finden sich im Anhang, ein Überblick gibt Abb. 6.11) zeigt einerseits eine erfreulich hohe Faktorenreinheit, andererseits leichte Überschneidungen zwischen der AK- und der KV-Skala.

Zur Erhellung dieser Interdependenz wurden zwei weitere Analysen gerechnet, bei denen jeweils eine der beiden Skalen ausgeschlossen wurde. Sowohl die für die AK/SK/KK-Items wie die für die KV/SK/KK-Items berechneten Faktorenmatrizen (es werden hierbei 36.0% bzw. 35.2 % der Varianz erklärt) zeigen eindeutige Strukturen, was auf zumindest partielle Skalenunabhängigkeiten hinweist.

In einem weiteren Schritt wurden alle 50 Fragebogenitems faktoranalysiert. Das Eigenwertkriterium legte 13 Faktoren nahe, der Scree-Test entweder 2 oder 5, der 5%-Varianzaufklärungs-Grenzwert 4 Faktoren.

Die 4-Faktoren-Lösung (Varianzaufklärung: 33.1%) zeigt, wie erwartet, eine stark streuende Verteilung der PK-Items auf mehrere Faktoren. Für die Items der restlichen vier Skalen ergibt sich praktisch dasselbe Muster wie bei der Analyse nur dieser 40 Items - dieses bleibt also auch bei Einbeziehung der PK-Items stabil.

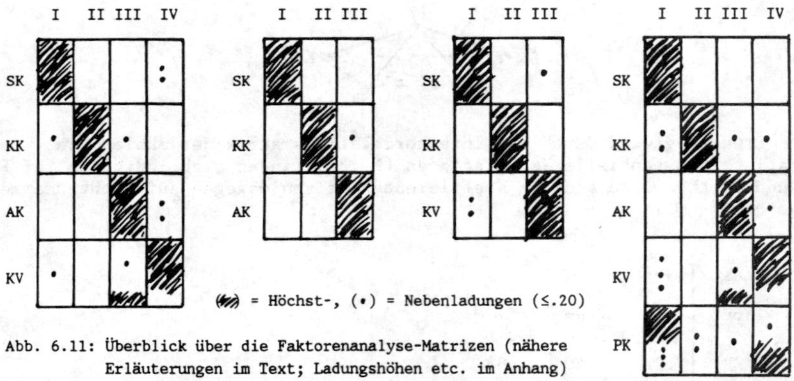

Abb. 6.11: Überblick über die Faktorenanalyse-Matrizen (nähere Erläuterungen im Text; Ladungshöhen etc. im Anhang)

Kritisch anzumerken ist, daß in allen Analysen nur ein relativ geringer Prozentsatz der Gesamtvarianz erklärt wird, auch wenn die genannten Werte an die "ca. 40%" heranreichen, "die für die meisten exploratorischen Faktorenanalysen sozialwissenschaftlicher Daten berichtet werden" (MEULEMANN 1985, S. 53).

6.3.4 Gesamt- und Gruppennormen

Die Berechnung von Gesamt- und/oder Gruppennormen hängt -neben der Skalenreliabilität- von eventuellen Verteilungsunterschieden sowie Mittelwert- und Varianzdifferenzen ab (LIENERT 1969).

Verteilungsformen: Die Rohwerteverteilungen der fünf Skalen sind im Kapitel 8.1 abgebildet. Ob diese signifikant von einer Normalverteilung abweichen, wurde über Schiefe und Exzeß geprüft (s. Tab. 6.8)

Diese Vorgehensweise wurde gewählt, weil das -ebenfalls denkbare- Chi-Quadrat-Verfahren den Nachteil starker Intervallklassenabhängigkeit aufweist (DIEHL & KOHR 1977b, S.250) und der KOL-

MOGOROV-SMIRNOV-Test nur bis zu einer Stichprobengröße von n=100 indiziert ist (LIENERT 1973, S.459ff).
Da es bei der Prüfung der Normalverteilungsannahme weniger auf den α- als auf den β-Fehler ankommt, wurde ein höheres Signifikanzniveau, u.zw. $\alpha = .10$, festgesetzt; als kritischer Wert für Schiefe und Exzeß, die bei $n \geq 100$ z-verteilt sind, ergibt sich ein absoluter z-Wert von 1.65 (DIEHL & KOHR 1977b, S.257).

Tab. 6.8: Prüfung auf Normalverteilung für die Gesamtstichprobe (n = 365) über Schiefe und Exzeß

	AK	PK	KK	SK	KV
arithm. Mittel	43.21	37.21	34.20	38.33	34.42
Standardabweichung	4.46	5.19	5.87	7.08	5.59
Schiefe	-.68	-.49	-.21	-.77	+.09
Exzeß	+.71	+.49	+.11	+.57	-.51

Obwohl alle Verteilungen mit Ausnahme der KV-Skala tendenziell rechtsgipflig ausfallen und der Kurvenverlauf bei den AK-, PK- und SK-Werten eher zu spitz, bei den KV-Werten dagegen eher zu flach ist, ist die Normalverteilungsannahme für alle fünf Skalen beizubehalten.

Um zu prüfen, inwieweit dies auch für relevante Teilstichproben gilt, wurden folgende Untergruppen gebildet:

GESCHLECHT:	m(ännlich)	n = 174
	w(eiblich)	n = 191
ALTER:	j(ünger, d.h. bis 30 Jahre)	n = 211
	ä(lter, d.h. über 30 Jahre)	n = 145
BILDUNG:	n(iedriger, d.h. max. mittl. Reife)	n = 108
	h(öher, d.h. (Fach-)Hochschulreife)	n = 257
BERUF:	b(erufstätig)	n = 214
	n(icht berufstätig)	n = 145
BEZIEHUNGSDAUER:	k(ürzer, d.h. bis 6 Jahre)	n = 184
	l(änger, d.h. über 6 Jahre)	n = 178

Auch für jede dieser Untergruppen wurden arithmetisches Mittel und Standardabweichung als erstes und zweites sowie Schiefe und Exzeß als drittes und viertes Stichprobenmoment (DIEHL & KOHR 1977b, S.255) berechnet (siehe Anhang).
Die Normalverteilungsannahme kann für alle geprüften Untergruppen in allen fünf Skalen beibehalten werden.

Mittelwert- und Varianzunterschiede: Ob sich signifikant unterschiedliche zentrale Tendenzen in den einzelnen Untergruppen zeigen, wurde über t-Tests für unabhängige Stichproben geprüft; ob Varianzhomogenität oder -heterogenität vorliegt, wurde per F-Test geprüft und bei der Berechnung der t-Werte (t-hom vs. t-het) berücksichtigt.

Das Signifikanzniveau der Entscheidungen wurde auf $\alpha = .10$ festgesetzt, um den β-Fehler zu minimieren; aus diesem Grunde wurde auch auf eine α-Adjustierung (s.z.B. STELZL 1982) verzichtet.

Tab. 6.9: Prüfung auf signifikante Mittelwertunterschiede (α = .10, zweiseitig) in den Stichprobenuntergruppen über t-Tests

Skala	Geschlecht		Alter		Bildung		Beruf		Bez.-dauer	
	m	w	j	ä	n	h	b	n	k	l
- AK -	het p = .094		hom p = .572		hom p = .997		hom p = .863		het p = .017	
- PK -	het p = .622		hom p = .414		hom p = .286		het p = .446		hom p = .090	
- KK -	hom p = .001		het p = .458		hom p = .206		hom p = .214		hom p = .336	
- SK -	het p = .062		het p = .786		hom p = .371		hom p = .069		het p = .811	
- KV -	hom p = .000		hom p = .000		hom p = .000		hom p = .249		hom p = .000	

Erläuterung: Angegeben ist, ob der t-Wert für homogene (hom) oder heterogene (het) Varianzen herangezogen wurde, und welche Irrtumswahrscheinlichkeit diesem t-Wert zukommt.

Die Ergebnisse in Tab 6.9 zeigen, daß für alle geprüften Teilstichproben in zumindest einer der fünf Skalen die Nullhypothese, die Populationsmittelwerte seien gleich, zu verwerfen ist; die meisten Verwerfungen betreffen dabei die KV-Skala.
Hochsignifikante Skalenmittelwertdifferenzen ($p \leq .001$) zeigen sich hinsichtlich des Geschlechts, des Bildungsniveaus, des Alters und der Beziehungsdauer, wobei allerdings zu berücksichtigen ist, daß die Beziehungsdauer vom Alter nicht unabhängig ist.

Zur Prüfung von Interaktionseffekten wurden für die drei wesentlichen und als unabhängig anzunehmenden Faktoren 'Geschlecht', 'Alter' und 'Bildung' mehrdimensionale Varianzanalysen gerechnet.

Dabei wurde auf drei 2x2-Analysen zurückgegriffen, bei denen die Forderung nach zumindest proportionaler Besetzung der einzelnen Zellen -einer wichtigen Voraussetzung interpretierbarer mehrfaktorieller Varianzanalysen- leicht durch minimale Zufallsreduzierung der Fälle in überfrequentierten Zellen erfüllt werden konnte.
Auf eine 2x2x2-Analyse wurde dagegen verzichtet, da hier eine Proportionalisierung unmöglich war und zur Gleichfrequentierung eine extrem starke Reduktion hätte vorgenommen werden müssen.

Die Prüfung von Mittelwertunterschieden auf Signifikanz per F-Test setzt die Unabhängigkeit der Fehlerkomponenten, die Normalverteilung der abhängigen Variablen und die Homogenität der einzelnen Varianzen voraus (RITSERT et al 1976; EIMER 1978), wobei die Varianzanalyse jedoch im Falle umfangreicher und nicht allzu unterschiedlich großer Stichproben gegenüber den letzten beiden Voraussetzungen recht robust ist (s. BORTZ 1985, S. 344ff).
Sowohl für den Bartlett- wie für den F-Test wurde aus den weiter oben aufgeführten Gründen α auf .10 gesetzt.

Tab. 6.10: Prüfung auf Interaktionseffekte (α = .10) für Geschlecht, Alter und Bildung über drei zweifaktorielle Varianzanalysen mit proportionalisierten Zellfrequenzen

Skala	(Bartlett)	Geschlecht x Alter	(Bartlett)	Alter x Bildung	(Bartlett)	Bildung x Geschlecht
- AK -	(.053)	.087	(.171)	.529	(.090)	.482
- PK -	(.038)	.870	(.363)	.229	(.114)	.694
- KK -	(.005)	.869	(.404)	.135	(.546)	.561
- SK -	(.001)	.550	(.005)	.795	(.088)	.495
- KV -	(.277)	.682	(.722)	.800	(.887)	.545

Erläuterung: Angegeben sind die Irrtumswahrscheinlichkeiten für den Bartlett-Test (in Klammern) und für den F-Test zur Prüfung der Interaktionen.

Auszüge aus den Ergebnissen der drei 2x2-Analysen sind in Tab 6.10 dargestellt; sie zeigen, daß lediglich bei der AK-Skala ein signifikanter Interaktionseffekt, und zwar für 'Geschlecht x Alter', vorliegt (p = .087).

Normentabellen: Bei der Entscheidung für oder gegen Gruppennormen sind die Skalenreliabilitäten einzubeziehen. Da diese zwischen .65 und .85 (interne Konsistenz) liegen, erscheint es angebracht, nur jene Skalen normenmäßig aufzugliedern, bei denen signifikante Mittelwertunterschiede den Absolutbetrag von einem Rohwertpunkt übersteigen (siehe hierzu LIENERT 1969, S.323). Unter Anlegung dieses Kriteriums ergibt sich die Verpflichtung bzw. Berechtigung zu folgenden Gruppennormen:

Tab. 6.11: Übersicht über die normenmäßige Aufgliederung für Stichproben-Untergruppen (die Normentabellen selbst sind im Anhang)

Skala	Geschlecht m w	Alter j ä	Bildung n h	Beruf b n	Bez.-dauer k l
- AK -					▓▓▓
- PK -					
- KK -	▓▓▓				
- SK -	▓▓▓			▓▓▓	
- KV -	▓▓▓	▓▓▓	▓▓▓		▓▓▓

Wegen der insgesamt recht geringen Rohwertpunktdifferenzen der einzelnen Gruppenmittelwerte wurden daneben auch Gesamtnormen berechnet. Die Normen des KKB-Fragebogens sind im Anhang aufgeführt.
Aufgrund der guten, jedoch nicht außerordentlich hohen Reliabilitätsmaße wurden Staninewerte als Normen mittleren Differenzierungsgrades gewählt; wegen der zwar noch als normal anzunehmenden, teilweise jedoch kritisch "schiefen" Verteilungsformen wurden die Rohwerte zuvor nach dem McCALLschen Verfahren T-transformiert (s.z.B. DIEHL & KOHR 1977a, S.141ff).

6.4 ZUSAMMENFASSUNG

Beschreibung: Das KKB-Inventar besteht aus 50 Aussageitems zur Erfassung von 5 Komponenten der Kontrolle in Beziehungen; die einzelnen Skalen repräsentieren folgende Dimensionen:

(1) Allgemeine Kontingenz (AK) = Annahmen darüber, inwieweit nach Meinung der Befragten Beziehungsergebnisse generell handlungs- (statt zufalls-)gesteuert sind (was man auch als "Beziehungsideologie" bezeichnen könnte).

(2) Kontrollkompetenz (KK) = Annahmen darüber, in welchem Maße sich die Befragten Fertigkeiten zur Erreichung von Zielen in Beziehungen allgemein zuschreiben (dies stellt einen Aspekt der individuellen "Fähigkeit" dar).

(3) Spezifische Kontrollierbarkeit (SK) = Annahmen darüber, inwieweit die Befragten ihre spezifische Zweierbeziehung als zur Durchsetzung eigener Ziele hinderlich oder förderlich erleben (dies bildet die Dimension der der Beziehung und dem Partner zugeschriebenen "Leichtigkeit" ab).

(4) Personale Kontrolle (PK) = Annahmen darüber, in welchem Maße die Befragten glauben, im Rahmen ihrer Zweierbeziehung eigene Bedürfnisse - auch unter schwierigen Umständen - befriedigen zu können (dies ist die Dimension der "Kontrolle im engeren Sinne").

(5) Kontrollvalenz (KV) = Bewertungen der Befragten bezüglich der Wichtigkeit einer Einflußnahme in ihrer Beziehung (dies wird verschiedentlich auch als "Kontrollmotivation" bezeichnet).

Kennwerte: Bei der Konstruktion des Fragebogens wurde Wert darauf gelegt, nicht nur die üblichen Gütekriterien zu berücksichtigen.
In speziellen Pretests wurde sowohl die Verständlichkeit und Meinungsrelevanz der Items abgeprüft als auch die Auswirkung eventueller Kontext- und Positionseffekte erfragt; möglichen Reaktionstendenzen wurde durch verschiedene Verfahrensweisen entgegenzuwirken versucht.

Im Hinblick auf die "klassischen" Kriterien bleibt zusammenfassend festzuhalten:

Aufgrund der schriftlich fixierten Instruktion, der eindeutig festgelegten Auswertungsregeln und der klaren Zuordnung der einzelnen Antworten zu den fünf Komponenten/Skalen zeichnet sich der Fragebogen durch Durchführungs-, Auswertungs- und Interpretations- O b j e k t i v i t ä t aus.

Da er einfach auszuwerten und in etwa 15-30 Minuten zu beantworten ist, kann seine Ökonomie als hoch bezeichnet werden.

Daß es zu dem KKB-Inventar derzeit keine alternativen Erhebungsinstrumente gibt, spricht für dessen Utilität.

Die Reliabilität des Fragebogens wurde über die interne Konsistenz bestimmt; die Alpha-Koeffizienten belaufen sich auf Werte zwischen .78 und .87 in der ersten und zwischen .65 und .85 in der zweiten Untersuchung. Eine Verbesserung wäre am ehesten für die KV-Skala zu wünschen (obwohl andererseits zu vermuten ist, daß diese auch den inhomogensten Merkmalsbereich abbildet); ansonsten aber können die Werte als insgesamt befriedigend gelten.
Eine Untersuchung der zeitlichen Einflüsse (Retest-Reliabilität) erfolgte nicht, da insbesondere die eingeschätzte Kontrollierbarkeit der Beziehung (SK) und die gewünschte Einflußhöhe (KV) als nicht eindeutig konstante Merkmale gelten können; das KKB-Inventar ist deshalb bezüglich eines evtl. denkbaren Einsatzes für die Veränderungsmessung als (noch) ungeprüft zu bezeichnen.

Im Hinblick auf die Validität des Fragebogens mußte auf Vergleiche des KKB-Inventars mit ähnlichen Erhebungsinstrumenten zur Bestimmung der (internen) Kriteriumsvalidität verzichtet werden, da solche Alternativen derzeit nicht vorliegen.
Die "face validity" (auf Beantworterseite) kann als gesichert gelten; die "content validity" (auf Untersucherseite) wurde über ein Expertenrating geprüft. Daß letztlich nur solche Items in dem Fragebogen enthalten sind, die die jeweils zugrundeliegende Kontrollkomponente nach Expertenmeinung sowohl eindeutig wie gewichtig repräsentieren, spricht sowohl für die inhaltliche wie die logische Validität des Fragebogens; diese Einschätzung wird durch die Ergebnisse der Faktorenanalyse gestützt.
Bezüglich der Diskriminationsfähigkeit des Fragebogens zur Unterscheidung zwischen zufriedenen und unzufriedenen Beziehungspartnern bzw. erfolgreichen und erfolglosen Beziehungen (einem Aspekt der Konstruktvalidität) wird auf Kapitel 8 verwiesen.

Bewertung: In der vorliegenden Fassung dürfte der Fragebogen als zumindest für Forschungszwecke brauchbar gelten. Vor einem weitergehenden Einsatz sind weitere Analysen, insbesondere anhand systematischer zusammengestellter Stichproben, zu empfehlen.

7. DURCHFÜHRUNG DER UNTERSUCHUNG

Die Durchführung der Untersuchung zur Prüfung der Hypothesen (die zugleich, wie im letzten Kapitel beschrieben, auch der Ermittlung der Fragebogenkennwerte diente) erfolgte im Dezember 1984/Januar 1985.

7.1 VORGEHENSWEISE

Zielgruppe: Um eine Datenbasis für sowohl einzelne (Hypothesen 1 bis 5) wie zusammengehörige Beziehungspartner (Hypothese 6) zu erhalten, wurde die Befragung so angelegt, daß sowohl eine Ein- als auch eine Zwei-Partner-Beantwortung möglich war; um bei einer Zwei-Personen-Beantwortung zu gewährleisten, daß die beiden Partner ihre Antworten unabhängig voneinander geben konnten, wurde folgendes "Phantasienamenverfahren" eingesetzt:

- Falls sowohl Sie als auch Ihr(e) Partner(in) ein Exemplar dieses Fragebogens erhalten haben, wäre es sehr hilfreich, wenn Sie ein gemeinsames Codewort (einen beliebigen Phantasiebegriff) verabreden und auf beiden Fragebögen (im nebenstehenden Feld) vermerken würden. Füllen Sie aber auch dann bitte beide Ihren Fragebogen alleine aus und schicken Sie ihn getrennt zurück.
- Falls nur Sie alleine diesen Fragebogen erhalten haben, streichen Sie bitte das nebenstehende Feld durch. Danke.

- Codewort -

Mit diesem Verfahren (abgebildet ist der obere Teil der Instruktion des KKB-Inventars in der in der Hauptuntersuchung eingesetzten Form) war es möglich, evtl. zusammengehörige Partner unter Beibehaltung ihrer Anonymität nachträglich einander zuzuordnen.

Verteilungsmodus: 600 Exemplare des KKB-Inventars wurden im sogen. "Schneeballverfahren" mit der Maßgabe verteilt, möglichst unterschiedliche Bevölkerungskreise bei der (Weiter-)Verteilung zu berücksichtigen; damit sollte, wenn schon keine Repräsentativität, so doch zumindest eine breite Streuung verschiedener Stichprobenmerkmale erreicht werden.
Zur Sicherung der Anonymität war jedem Fragebogen ein adressierter Freiumschlag beigefügt, auf den im Anschreiben gesondert verwiesen wurde; als Rücksendetermin wurde ein Zeitraum von etwa zwei Wochen festgelegt (bezüglich der Eingänge jedoch sechs Wochen abgewartet).

Rücklauf: Von den 600 ausgegebenen Fragebögen wurden 395 zurückgeschickt; dies entspricht einer -für derartige Erhebungen recht beachtlichen- Rücklaufquote von 65.83%. Nicht einbezogen werden konnten 30 Bögen, da sie zu spät (03), lückenhaft (03) bzw. völlig unausgefüllt (24) eintrafen; die Verwertbarkeitsquote beträgt damit 92.41%.

7.2 STICHPROBE

Die Gesamtstichprobe (auf die in den meisten Auswertungen Bezug genommen wird) umfaßt 365 (Einzel-)Personen.
Von diesen konnten aufgrund des Codierungsverfahrens 292 als einander zugehörig klassifiziert werden; die entsprechende Teilstichprobe umfaßt damit 146 Paare.

Merkmale der Gesamtstichprobe: Die Kennwerte der 365 Personen umfassenden Gesamtstichprobe sind in den Tabellen 7.1 und 7.2 dargestellt. Es wird er-

Tab. 7.1: Personenkennwerte der Gesamtstichprobe (n = 365 Beziehungspartner)

GESCHLECHT:	Männer: 47.67% (n = 174)		Frauen: 52.33% (n = 191)	
ALTER:	arithm. Mittel: 33.67 Jahre (Range: 17 - 78 Jahre)			
FAMILIENSTAND:	led: 51.8%	verh: 45.5%	gesch: 2.5%	verw: 0.3%
SCHULBILDUNG:	Volks-/Realschule: 29.6%		Abitur/Hochschule: 70.4%	
BERUFSTÄTIGKEIT:	voll bt: 47.9%	teilw. bt: 11.7%	nicht bt: 40.4%	

Tab. 7.2: Beziehungskennwerte der Gesamtstichprobe

BEZIEHUNGSDAUER:	Durchschn.: 11.25 Jahre (mind. 1 Monat, max. 50 Jahre)
WOHNFORM:	zusammenwohnend: 62.4% (Durchschn.: seit 13.62 Jahren)
RECHTSFORM:	gemeinsam verh.: 45.5% (Durchschn.: seit 17.33 Jahren)

Tab. 7.3: Personenkennwerte der Teilstichprobe (n = 146 Paare = 292 Partner)

GESCHLECHT:	Männer: 50.00% (n = 146)		Frauen: 50.00% (n = 146)	
ALTER:	arithm. Mittel: 33.97 Jahre (Range: 17 - 74 Jahre)			
FAMILIENSTAND:	led: 50.7%	verh: 47.3%	gesch: 2.1%	verw: 0.0%
SCHULBILDUNG:	Volks-/Realschule: 32.2%		Abitur/Hochschule: 67.8%	
BERUFSTÄTIGKEIT:	voll bt: 46.9%	teilw. bt: 11.1%	nicht bt: 42.0%	

Tab. 7.4: Beziehungskennwerte der Teilstichprobe

BEZIEHUNGSDAUER:	Durchschn.: 11.60 Jahre (mind. 1 Monat, max. 42 Jahre)
WOHNFORM:	zusammenwohnend: 65.8% (Durchschn.: seit 13.46 Jahren)
RECHTSFORM:	gemeinsam verh.: 47.3% (Durchschn.: seit 17.40 Jahren)

sichtlich, daß einzelne Merkmale -insbesondere die Altersverteilung und die Bildungsstruktur- nicht repräsentativ sind, daß aber das Ziel einer möglichst breiten Streuung verschiedener Stichprobenkennwerte erfreulich gut erreicht werden konnte.

Merkmale der Teilstichprobe: Die demographischen Daten der 146 Paare (292 einander zuzuordnenden Partner) umfassenden Teilstichprobe sind den Tabellen 7.3 und 7.4 zu entnehmen.

Ein Vergleich der Tabellen 7.1 und 7.3 einerseits und der Tabellen 7.2 und 7.4 andererseits macht deutlich, daß die Untergruppe der "vollständigen" Paare sich hinsichtlich der erhobenen Stichprobenkennwerte von der der "unvollständigen" (Gesamt- minus Teilstichprobe) praktisch nicht unterscheidet.

8. AUSWERTUNG UND ERGEBNISSE

8.1 ÜBERBLICK

Kontrollkognitionen: In Abbildung 8.1 ist die Häufigkeitsverteilung der Skalenrohwerte für allgemeine Kontingenz (AK), personale Kontrolle (PK),

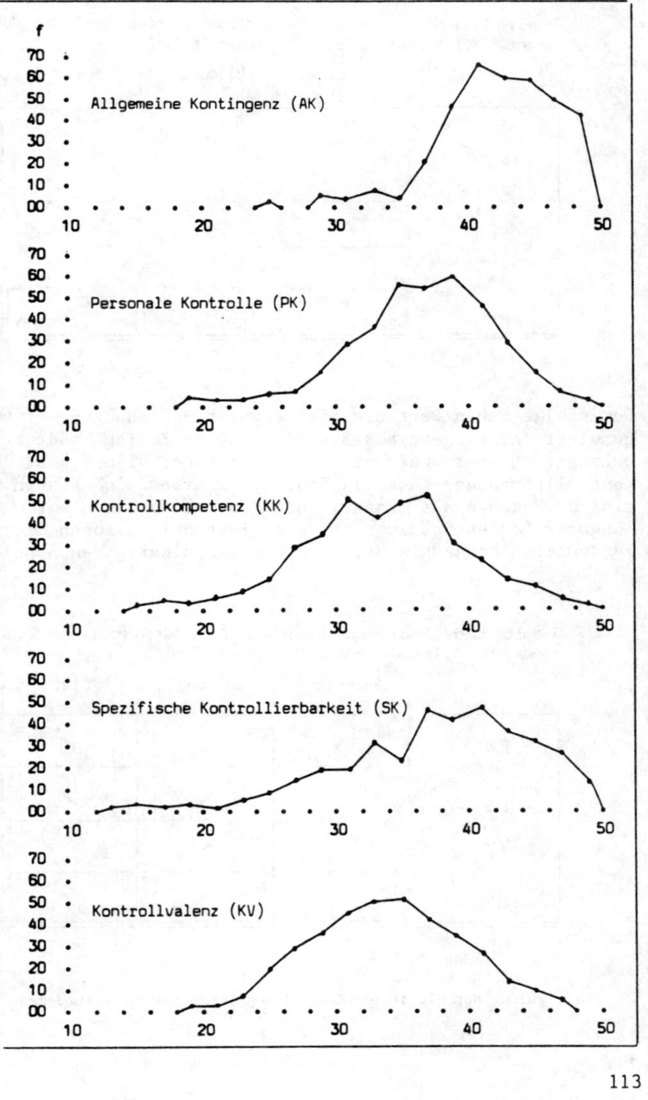

Abb. 8.1: Verteilung der Kontrollkomponenten-Skalenrohwerte (n = 365 Bez.-partner)

Kontrollkompetenz (KK), spezifische Kontrollierbarkeit (SK) und Kontrollvalenz (KV) dargestellt.

Ob sich relevante Teilstichproben (bezogen auf Geschlecht, Alter, Schulbildung, Berufstätigkeit und Beziehungsdauer) hinsichtlich einzelner Skalenmittelwerte unterscheiden, wurde bereits im Zusammenhang mit der Erstellung von Gesamt- und Gruppennormen (Kapitel 6.3.4) geprüft.
In Tabelle 8.1 sind diejenigen Unterschiede aufgeführt, die bei α =.05 (zweiseitig) signifikant sind (die Begründung des t-Tests erfolgt unten).

Tabelle 8.1: Signifikante Mittelwertsunterschiede bzgl. der fünf Kontrollkomponenten für relevante Teilstichproben (t-Tests)

	Geschlecht		Bildung		Alter		Bez.-dauer	
	m	w	n	h	j	ä	k	l
- AK -							43.75	42.64 *
- PK -								
- KK -	35.25	33.24 ***						
- SK -								
- KV -	32.94	35.76 ***	32.30	35.31 ***	35.63	32.40 ***	36.09	32.66 ***

Demzufolge gehen Personen mit längerer Beziehungsdauer von niedrigerer allgemeiner Kontingenz aus als die, deren Beziehungsdauer maximal drei Jahre beträgt. Männer zeichnen sich durch hochsignifikant höhere (angegebene) Kontrollkompetenz aus als Frauen, während sich Frauen umgekehrt mehr Kontrolle wünschen als Männer; die Kontrollvalenz nimmt mit höherem Alter bzw. längerer Beziehungsdauer ab; sie liegt bei Personen mit (Fach-)Hochschulreife deutlich höher als bei Personen mit niedrigeren Schulabschlüssen.

Tabelle 8.2: Signifikante Rangplatzunterschiede bzgl. der Beziehungseinschätzungen für relevante Teilstichproben (U-Tests)

	Geschlecht		Bildung		Alter		Bez.-dauer	
	m	w	n	h	j	ä	k	l
- BZ -	194.03	171.05 *	206.08	171.80 **	168.50	190.62 *		
- BS -			218.81	167.18 ***	156.82	208.68 ***	153.17	209.61 ***
- BW -			200.51	174.90 *				
- HM -			206.23	171.87 **	166.49	193.55 **	168.78	192.61 *

Ob zur Prüfung der mit diesen Kontrollkognitions-Daten verbundenen Hypothesen parametrische

oder nichtparametrische Verfahren einzusetzen sind, hängt -ganz allgemein- u.a. von entsprechenden Skalenniveau- und Verteilungsvoraussetzungen ab.
Die AK-, PK-, KK-, SK- und KV-Werte basieren auf (annähernd) äquidistanten Antwortvorgaben mit echtem Mittelpunkt (Kapitel 6.1.1), dessen mißbräuchliche Verwendung als Fluchtkategorie durch einen entsprechenden Beantwortbarkeitspretest (Kap. 6.2.3) sowie das Angebot einer "Weiß nicht"-Antwortalternative (6.3.2) weitestgehend ausgeschlossen wurde; diese Sorgfalt dürfte es angemessen erscheinen lassen, die Kontrollkomponentenwerte als auf Intervallskalenniveau liegend zu behandeln.
Da darüber hinaus keine signifikante Verletzung der Normalverteilungsvoraussetzung zu beobachten ist (6.3.4), wurden Unterschiede und Zusammenhänge -wie bereits im Zusammenhang mit der Fragebogenkonstruktion geschehen- i.a. parametrisch getestet.

Beziehungseinschätzungen: Die Verteilung der Antworten auf Fragen zur Beziehungszufriedenheit (BZ), Beziehungswichtigkeit (BW), Beziehungsstabilität (BS) und auf die Beziehung bezogenen Handlungsmotivation (HM) ist Abbildung 8.2 zu entnehmen.

Ob auch hier signifikante Unterschiede bzgl. der zentralen Tendenzen für relevante Teilstichproben vorliegen, wurde über MANN-WHITNEY-U-Tests ($\alpha = .05$; zweiseitig) geprüft (Tab. 8.2 - Begründung erfolgt unten).

Die Ergebnisse zeigen: Männer sind mit ihrer Beziehung signifikant zufriedener als Frauen. Höheres Alter und längere Beziehungsdauer gehen mit höherer

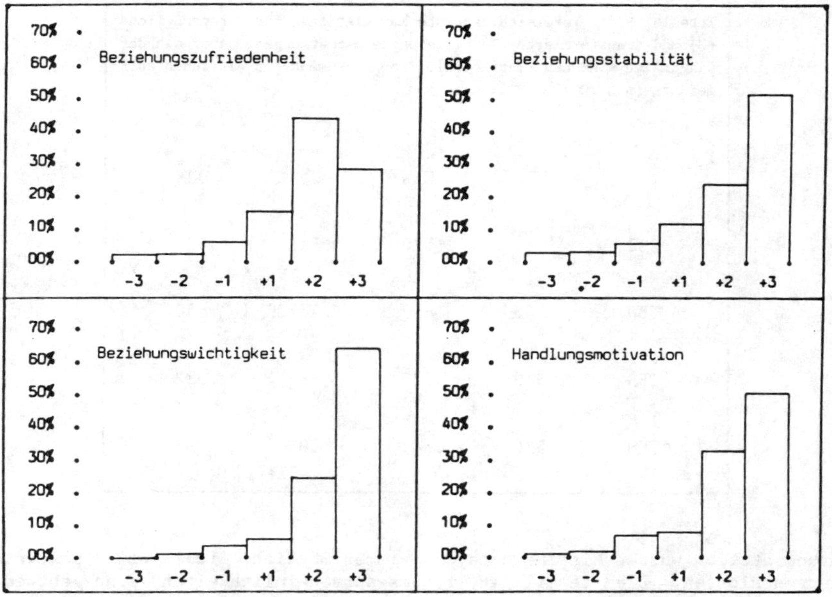

Abb. 8.2: Verteilung der Beziehungseinschätzungen (in Prozent; n = 363-365)

Beziehungsstabilität und stärkerer Bereitschaft, für den Erhalt der Beziehung viel tun zu wollen, einher, wobei Ältere zugleich eine höhere Beziehungszufriedenheit angeben. Interessanterweise zeichnen sich Personen mit höheren Schulabschlüssen in allen vier Beziehungseinschätzungen durch niedrigere Werte als Personen mit Volks- oder Realschulabschluß aus.

Im Gegensatz zu den AK-PK-KK-SK-KV-Daten ist für die BZ-, BW-, BS- und HM-Werte kein Intervall-, sondern Ordinalskalenniveau anzunehmen; deren Verteilung ist im übrigen -wie Abb. 8.2 deutlich macht- stark rechtsschief.
Unterschiede und Zusammenhänge wurden deshalb parameterfrei bzw. "voraussetzungsärmer" (RENN 1975) -also z.B. über den U-Test oder den SPEARMANschen Korrelationskoeffizienten- geprüft.
Diese Regel gilt jedoch nicht für durchgeführte multivariate Analysen: Da hier die Verwendung von Rangkorrelationskoeffizienten eine Reihe ungelöster methodischer Probleme aufwirft (LIENERT 1973, S.689 ff) und da HAVLICEK & PETERSON (1977) zeigen konnten, daß der entsprechende Test zur Signifikanzprüfung von PEARSONschen Koeffizienten gegenüber Verletzungen der Intervallskalenniveauvoraussetzung äußerst robust ist, wurden alle multiplen Analysen auf der Basis von Produkt-Moment-Korrelationen gerechnet.
Dazu wurden, obwohl die genannte Robustheit auch für Verletzungen der Normalverteilungsvoraussetzung gilt, die vier Beziehungseinschätzungen (BZ, BW, BS und HM) wegen deren stark rechtsschiefer Verteilung nach dem McCALLschen Verfahren (s. LIENERT 1969) in eine Quasi-Normalverteilung überführt (die entsprechenden T-Werte sind im Anhang aufgeführt).
Daß weder diese Transformierung noch die Verwendung unterschiedlicher Korrelationsmaße gravierende Interpretationsprobleme nach sich zieht, belegt der in Tabelle 8.3 aufgeführte Vergleich der SPEARMAN- und PEARSON-Interkorrelationen für sowohl ursprüngliche wie transformierte Maße.

Tabelle 8.3: Vergleich der Interkorrelationen für ursprüngliche (U) und transformierte (T) Beziehungseinschätzungen; oberhalb der Diagonalen sind Rang-, unterhalb Produkt-Moment-Korrelationen aufgeführt ($p \leq .001$)

	UBZ	UBW	UBS	UHM
TBZ	---	.520	.513	.527
TBW	.545	---	.487	.650
TBS	.550	.522	---	.582
THM	.536	.681	.604	---

Grundsätzlich wurden Missing data, wo immer möglich, fall- bzw. paarweise ausgeschlossen. Die jeweiligen Irrtumswahrscheinlichkeiten sind entweder direkt (p = ...) oder über Sternchen ($p \leq .05$*; $p \leq .01$**; $p \leq .001$***) angegeben.

8.2 ZUR STRUKTUR SUBJEKTIVER KONTROLLE

8.2.1 Prüfung der Hypothesen 1 & 2

Die Hypothesen 1 und 2 beinhalten Annahmen über die "Begrenzung" von personaler Kontrolle und Kontrollvalenz durch das jeweilige Ausmaß eingeschätzter allgemeiner Kontingenz.

Hypothese 1: Hinsichtlich des Zusammenhangs zwischen allgemeiner Kontingenz (AK) und personaler Kontrolle (PK) wird behauptet, daß allgemeine Kontingenz eine Voraussetzung für personale Kontrolle ist, d.h. daß Individuen in einem Handlungsfeld (hier: in ihrer Beziehung) nicht mehr Kontrolle besitzen können als an Kontingenz existiert - und daß sie dies auch so einschätzen:

> Personen beurteilen das Ausmaß ihrer personalen Kontrolle (PK) im Rahmen ihrer Zweierbeziehung auf der Basis ihres Wissens über die allgemeine Kontingenz (AK) von Beziehungen.
> AK stellt hierbei eine "logische" Obergrenze für PK dar; es wird zwar u.U. mehr Kontingenz als Kontrolle, jedoch nicht mehr Kontrolle als Kontingenz angenommen.

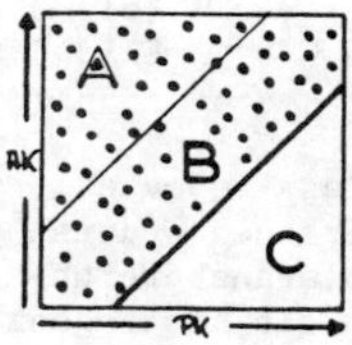

Mit dieser Voraussetzungshypothese sind alle Fälle vereinbar, wo Personen entweder (annähernd) gleich hohe bzw. niedrige AK- und PK-Werte aufweisen (Feld B) oder aber (deutlich) höhere AK- als PK-Werte (Feld A); nicht vereinbar mit der Hypothese 1 wären die Fälle, wo Personen (deutlich) mehr personale Kontrolle als allgemeine Kontingenz annehmen (Feld C).

Alternative -ebenfalls denkbare, aber für unplausibel gehaltene- Zusammenhangsmuster (Feld A+B+C, Feld B+C, nur Feld B), die mit dieser Hypothese ausgeschlossen werden sollen, sind im Kapitel 3.3 erläutert worden.

Die Hypothese 1 kann -wie leicht einzusehen ist- nicht über korrelative Zusammenhänge geprüft werden, sondern ist über die Analyse von Differenzwerten zu testen.
Da hierbei Aussagen über die relative Variablenausprägung pro Individuum getroffen werden, interessieren dabei auch nur individuelle Differenzwerte (und keine Bezugsgrößen, die sich auf Populationsparameter beziehen).
Als maximal tolerierbare Differenz im Sinne der Hypothese wurden 10 Rohwertpunkte festgelegt; d.h. es wird für alle Personen "AKRW - PKRW ≥ -10" gefordert.

Ein möglicher Einwand gegen die Vergleichbarkeit der beiden Rohwertskalen könnte in der eventuell unterschiedlichen "Schwierigkeit" der jeweils zugrundeliegenden Items liegen: im Prinzip könnte die o.g. Forderung ja bereits dadurch erfüllt werden, daß man die AK-Items sehr "weich" und die PK-Items sehr "hart" formuliert, so daß in der Folge über alle Personen hinweg die AK-Rohwerte über den PK-Rohwerten lägen.
Eine Analyse der tatsächlich benutzten Itemformulierungen zeigt jedoch, daß das Gegenteil der Fall ist (die AK-Items sind weitaus "schwieriger" formuliert), so daß die Analyse auf der Basis der Skalenrohwerte als ausgesprochen konservative Prüfung anzusehen ist.
Ein weiterer möglicher Einwand betrifft das Problem, daß die Reliabilität von Differenzwerten i.a. sehr unzureichend ist. Die Reliabilität der AKPK-Differenzwerte beträgt jedoch immerhin r = .60, was nach LIENERT (1969, S.458) als "befriedigend" hoch eingeschätzt werden kann.

Einen Überblick über die Zellenbesetzungen der 4x4fach gestuften AK-PK-Kontingenzen gibt Tabelle 8.4.

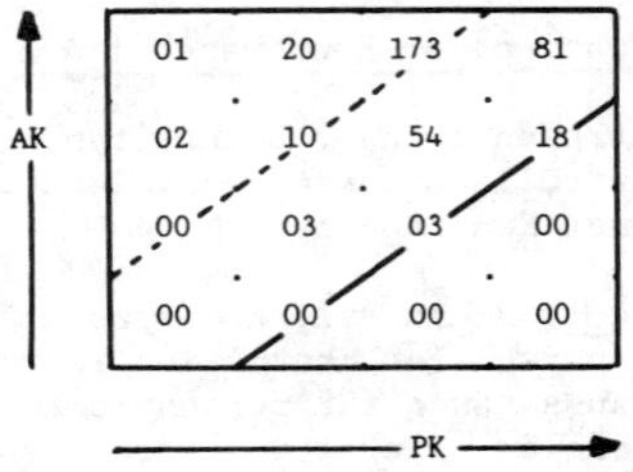

Tab. 8.4: AK x PK - Rohwertekontingenztafel

Die genauen Zahlen bzgl. der hypothesenrelevanten Differenzwerteverteilungen sehen wie folgt aus:

Tab. 8.5: Häufigkeitsverteilung kritischer AK-PK-Differenzwerte

Feld A (AK > PK, d.h. AKPKD > +10)	n = 82	(22.47%)
Feld B (AK ≈ PK, d.h. AKPKD 0-±10)	n = 281	(76.99%)
Feld C (AK < PK, d.h. AKPKD < -10)	n = 2	(0.55%)

Dies bedeutet, daß in der vorliegenden Stichprobe mit Ausnahme von zwei Personen (deren AKPKD-Wert beträgt jeweils -11) keine über den festgelegten Toleranzbereich hinausgehenden Differenzwerte in Richtung auf "mehr Kontrolle als Kontingenz" vorkommen, wohl aber solche, die "weniger Kontrolle als Kontingenz" bedeuten.
Dieses Ergebnis ist mit keiner der alternativen Annahmen vereinbar und geht einzig mit der hier behaupteten Voraussetzungshypothese konform.
Da die zwei der Hypothese widersprechenden Einzelfälle lediglich 0.55% der Stichprobe ausmachen und mit 95%iger Sicherheit maximal 1.52% für die Population zu erwarten sind (s. LIENERT 1975, Tafel XI-2-3), wird die Hypothese als nicht widerlegt betrachtet.

Dieses Ergebnis wird zusätzlich durch einen entsprechenden WILCOXON-Test unterstützt (einer Extension des Vorzeichentests, in den im Unterschied zu diesem auch die Höhe der Differenzen eingehen - s.SIEGEL 1976). Er prüft, ob tatsächlich häufiger AK > PK als PK > AK gilt (oder ob kein Unterschied bzw. ein umgekehrter vorliegt); dabei bleibt die -zwar plausible, aber in ihrer Größe natürlich auch anders festzusetzende- "Toleranzgrenze" von 10 RW-Punkten außer acht, dafür werden andererseits lediglich signifikant weniger (nicht: keine) negative als positive Differenzen gefordert ($\alpha = .05$; einseitig).

Tab. 8.6: WILCOXON-Test für AK-PK-Differenzen

Positive Ränge (AK > PK):	307	Mittlerer Rang: 187.93
Negative Ränge (AK < PK):	44	Mittlerer Rang: 92.74
Verbundränge:	14	

z = -14.092 p = .0000

Aufgrund dieser beiden Prüfungen kann die Hypothese 1 als bestätigt angesehen werden.

<u>Zusatzannahme zur Hypothese 1</u>: Daß für rund drei Viertel (77.0%) der Befragten "AK ≈ PK" und nur für rund ein Viertel (22.5%) "AK > PK" gilt, könnte zu dem Schluß verleiten, die Unterschiede zwischen diesen beiden Komponenten als u.U. zwar theoretisch "interessant", aber empirisch relativ "bedeutungslos" zu betrachten.
Zur Klärung des Gehalts der AK-PK-Struktur und zur Erhärtung der Bedeutsamkeit des gewählten AKPKD-Maßes läßt sich folgende Zusatzannahme zur Hypothese 1 treffen:

- Der AK-PK-Unterschied schlägt sich in Zufriedenheitsurteilen nieder: Personen mit (deutlich) höheren AK- als PK-Werten (Gruppe A) sind mit ihrer Beziehung tendenziell unzufriedener als Personen mit (annähernd) gleich hohen AK- und PK-Werten (Gruppe B).

Hierbei wird angenommen, daß es einer ausgesprochen hohen Beziehungszufriedenheit eher "abträglich" ist, wenn das Ausmaß der als persönlich gegeben angesehenen Kontrolle dem der prinzipiell möglichen "hinterherhinkt".
Da die Personengruppe A etwa 22.7% der -um die beiden "Ausreißer" reduzierten- Stichprobe ausmacht, müßte diese, falls kein Zusammenhang mit der Zufriedenheitseinschätzung bestünde, auch zu etwa 22.7% in jeder der sechs Zufriedenheitskategorien vertreten sein. Die tatsächliche Verteilung sieht jedoch wie folgt aus:

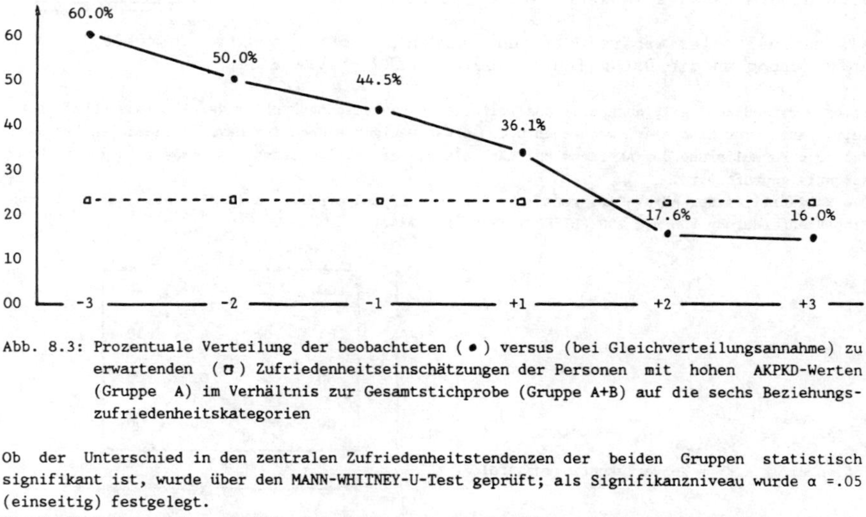

Abb. 8.3: Prozentuale Verteilung der beobachteten (•) versus (bei Gleichverteilungsannahme) zu erwartenden (□) Zufriedenheitseinschätzungen der Personen mit hohen AKPKD-Werten (Gruppe A) im Verhältnis zur Gesamtstichprobe (Gruppe A+B) auf die sechs Beziehungszufriedenheitskategorien

Ob der Unterschied in den zentralen Zufriedenheitstendenzen der beiden Gruppen statistisch signifikant ist, wurde über den MANN-WHITNEY-U-Test geprüft; als Signifikanzniveau wurde $\alpha = .05$ (einseitig) festgelegt.
Die Nullhypothese ist, wie Tab. 8.7 zeigt, zu verwerfen; Personen mit deutlich höheren AK- als PK-Werten sind hochsignifikant unzufriedener mit ihrer Beziehung als Personen mit annähernd gleich hohen AK- und PK-Werten. Dies unterstützt die Behauptung, daß allgemeine Kontingenz und personale Kontrolle zwei bedeutsam unterschiedliche Kontrollkomponenten darstellen.

Tab. 8.7: Vergleich der Zufriedenheitsränge der beiden AKPKD-Gruppen A und B (U-Test)

Gruppe A (AK > PK)	n = 82	mittlerer Rang = 143.66	U = 8377	z = -3.942***
Gruppe B (AK ≈ PK)	n = 279	mittlerer Rang = 191.97		

Hypothese 2: Bezüglich der Interdependenzen zwischen allgemeiner Kontingenz (AK) und Kontrollvalenz (KV) wird vermutet:

> Personen richten sich im Ausmaß ihrer auf ihre Zweierbeziehung bezogenen Kontrollvalenz (KV) nach ihrem Wissen über die allgemeine Kontingenz (AK) von Beziehungen.
> AK stellt hierbei eine "realistische" Obergrenze für KV dar: es wird zwar z.T. mehr Kontingenz angenommen als Kontrolle gewünscht wird, jedoch nicht umgekehrt.

Mit dieser Hypothese wird keine logische Verknüpfung (wie zwischen AK und PK) behauptet (s. Kapitel 3.3): es wird angenommen, daß der allgemeinen Kontingenz deswegen eine Begrenzungsfunktion zukommt, weil jedes über das maximal "Machbare" hinausgehende "Anspruchsniveau" schließlich zu "anstrengend" wäre.

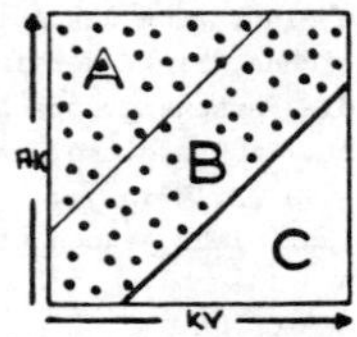

Trotz dieses etwas anderen Hintergrundes gilt auch hier: Hypothesenkonform sind die Beobachtungen, die Feld A oder B repräsentieren (entweder deutlich höhere AK- als KV-Werte oder aber gleich hohe bzw. niedrige), als ihr widersprechend müssen Fälle im Feld C (deutlich höhere KV- als AK-Werte) bewertet werden.

Als maximal tolerierbare Differenz wurden 10 Rohwertpunkte festgelegt; die Anforderung an die Daten lautet somit: "AKRW - KVRW ≥ -10" .

Selbstverständlich gilt auch hier das weiter oben diskutierte Problem der Skalenvergleichbarkeit; auch hier kann aber -wenn auch u.U. etwas weniger eindeutig- davon ausgegangen werden, daß die Formulierung der AK-Items "härter" als die der KV-Items ist, so daß im folgenden konservativ geprüft wird.
Die Reliabilität der AK-KV-Differenzwerte beträgt .57 und erfüllt damit die daran zu stellende Mindestanforderung von r ≥ .50 (LIENERT 1969, S. 373).

AK ↑ / KV →			
00	57	174	44
01	32	41	10
00	04	02	00
00	00	00	00

Tab. 8.8: AK x KV - Rohwertekontingenztafel

Die bivariate AK-KV-(Grob-)Verteilung ist Tabelle 8.8 zu entnehmen, die kritischen Differenzwerthäufigkeiten finden sich in Tabelle 8.9.

Tab. 8.9: Häufigkeitsverteilung kritischer AK-KV-Differenzwerte

Feld A (AK > KV, d.h. AKKVD > +10)	n = 134	(36.17%)
Feld B (AK ≈ KV, d.h. AKKVD 0-±10)	n = 231	(63.29%)
Feld C (AK < KV, d.h. AKKVD < -10)	n = 0	(0.00%)

Aus Tabelle 8.9 ergibt sich, daß die Hypothese in der vorliegenden Stichprobe von keiner einzigen Person verletzt wird.

Da auch der entsprechende WILCOXON-Test (Tab. 8.10) hochsignifikante Ergebnisse erbringt, kann die Hypothese 2 als bestätigt gelten.

Tab. 8.10: WILCOXON-Test für AK-KV-Differenzen

Positive Ränge (AK > KV):	334	Mittlerer Rang:	189.44
Negative Ränge (AK < KV):	25	Mittlerer Rang:	53.84
Verbundränge:	6		

$z = -15.736$ $p = .0000$

Zusatzannahme zur Hypothese 2: Niedrigere Kontrollvalenz als Kontingenz kann -so läßt sich vermuten- entweder Gelassenheit oder aber Resignation bedeuten; ersteres liefe auf höhere, letzteres auf niedrigere Zufriedenheit hinaus. Es kann damit (unspezifisch) angenommen werden:

Personen mit (deutlich) niedrigeren KV- als AK-Werten (Gruppe A) unterscheiden sich bzgl. ihrer Beziehungszufriedenheit von Personen mit (annähernd) gleich hohen KV- und AK-Werten (Gruppe B).

Ob ein solcher Unterschied vorliegt ($\alpha = .05$; zweiseitig), wurde über den U-Test geprüft (s. Tab. 8.11).

Tab. 8.11: Vergleich der Zufriedenheitsränge der beiden AKKVD-Gruppen A und B (U-Test)

Gruppe A (AK > KV)	n = 135	mittlerer Rang = 205.05	U = 12278	z = -3.445***
Gruppe B (AK ≈ KV)	n = 228	mittlerer Rang = 168.35		

Die Nullhypothese ist zu verwerfen; Personen mit deutlich niedrigeren KV- als AK-Werten sind hochsignifikant zufriedener mit ihrer Beziehung als Personen mit annähernd gleich hohen AK- und KV-Werten. Dies legt nahe, auch den AK-KV-Differenzen eine inhaltliche Bedeutung beizubemessen.

8.2.2 Prüfung der Hypothesen 3 & 4

Die Hypothesen 3 und 4 beinhalten Annahmen darüber, welche Kontrollkomponenten in welchem Ausmaß die Einschätzung der personalen Kontrolle "determinieren".

Hypothese 3: In Anlehnung an die HEIDERschen Überlegungen zum Konzept des "Könnens" wird angenommen:

Personen schätzen das Ausmaß ihrer personalen Kontrolle (PK) in ihrer Paarbeziehung in erster Linie als Ergebnis eines Kontrollkompetenz(KK)-Kontrollierbarkeits(SK)-"Durchschnitts" ein - dieser erklärt mehr PK-Varianz als die SK- und KK-Einzelkomponenten.

Inhaltlich liegt dieser Hypothese die Annahme einer Kompensationsmöglichkeit von niedriger Kontrollierbarkeit durch hohe Kompetenz und vice versa zugrunde. Formal bedeutet dies, daß mittlere PK-Werte mit mittleren SK- und KK-Werten o d e r höheren SK- und niedrigeren KK- o d e r niedrigeren SK- und höheren KK-Werten einhergehen.

Diese Hypothese kann zunächst -wie die vorherigen- über Rohwertekontingenzen geprüft werden. Dabei ist für den Zusammenhang zwischen SKKKM (dem "Mittel" aus SK- und KK-Rohwerten) und PK die deutlich stärkere Besetzung des B-Feldes (maximale Differenz: 10 Rohwertpunkte) als bei den PK-SK- und PK-KK-Kontingenztafeln zu fordern.

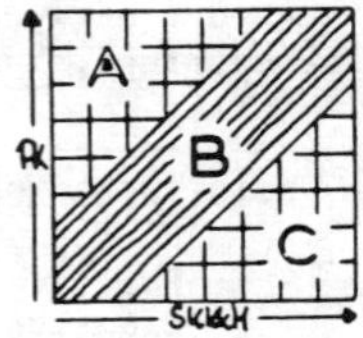

Die Tab. 8.12 (a-c) zeigt, daß genau dies der Fall ist: die SKKKM-Werte weisen den größten Zusammenhang zu den PK-Werten auf, wobei fast nur das Feld B besetzt ist.

(a) PK × SK

00	00	00	00	01	03	04	09
00	00	00	02	04	22	28	26
00	00	02	07	12	47	53	18
02	03	03	16	30	20	13	04
00	01	02	09	09	06	01	01
00	01	02	00	01	00	00	00
01	00	01	00	01	00	00	00
00	00	00	00	00	00	00	00

(b) PK × KK

00	00	00	00	03	05	07	02
00	00	02	11	23	30	15	01
00	01	05	27	42	47	12	05
00	02	05	23	29	25	06	01
00	01	05	06	11	06	00	00
00	01	01	00	01	01	00	00
00	01	02	00	00	00	00	00
00	00	00	00	00	00	00	00

(c) PK × SKKKM

00	00	00	00	01	04	09	03
00	00	00	00	11	38	28	05
00	00	01	07	31	73	24	03
00	00	02	17	41	24	07	00
00	00	02	13	08	05	01	00
00	00	01	03	00	00	00	00
00	01	02	00	00	00	00	00
00	00	00	00	00	00	00	00

Tab. 8.12 (a-c): Rohwertekontingenztafeln für die PK- & SK-, PK- & KK- sowie PK- & SKKKM-Werte

Die genaueren Differenzwerteverteilungen sind Tab. 8.13 zu entnehmen; die Forderung "PK ≈ SKKKM" erfüllen 97.26% der Stichprobe, Abweichungen sind bei lediglich 2.74% zu beobachten.

Tab. 8.13: Verteilung der PK-SKKKM-Differenzwerte

Gruppe A:	SKKKM < PK (Differenz > 10 Rohwertpunkte)	n = 8	(2.19%)
Gruppe B:	SKKKM ≈ PK (Differenz ≤ 10 Rohwertpunkte)	n = 355	(97.26%)
Gruppe C:	SKKKM > PK (Differenz > 10 Rohwertpunkte)	n = 2	(0.55%)
		365	100.00%

Selbstverständlich läßt sich die Hypothese 3 -im Unterschied zu den Hypothesen 1 und 2- auch über den üblichen Weg der Prüfung von Zusammenhangshypothesen -über Korrelation und Regression- testen. Dabei ist zu fordern, daß SKKKM mit PK erstens bedeutsam positiv und zweitens höher als jeweils SK mit PK und KK mit PK korreliert.

Die entsprechenden (Produkt-Moment-)Korrelationskoeffizienten sind Abb. 8.4 zu entnehmen.
Als Einzelkomponenten erklären SK 34.11% und KK 15.76% der PK-Varianz, der (kompensatorische) SKKK-Durchschnitt dagegen 40.45%. Die SKKKM-Werte korre-

lieren, wie gefordert, erstens bedeutsam positiv mit den PK-Werten und zweitens höher als die SK- und KK-Werte (wobei allerdings die Unterschiede aufgrund der SK-SKKKM- und KK-SKKKM-Kollinearität nicht auf Signifikanz geprüft werden können - siehe Formel 6.91 bei BORTZ 1985). Die Hypothese 3 gilt damit als nicht widerlegt.

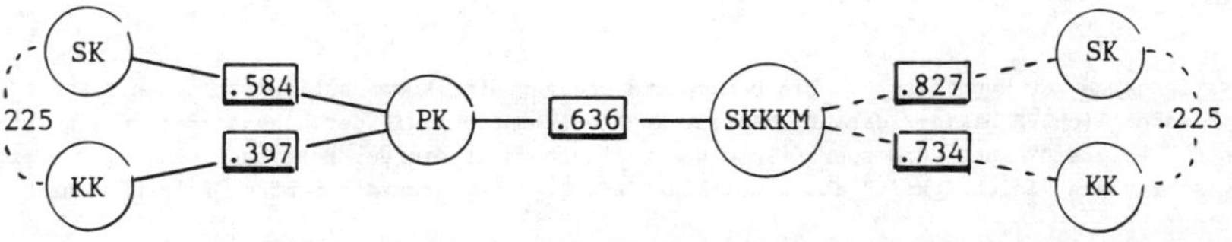

Abb. 8.4: Vergleich der PK-SK, PK-KK und PK-SKKKM-Korrelationen [sämtliche Korrelationskoeffizienten unterscheiden sich hochsignifikant ($p < .001$) von Nullkorrelationen]

Das in der Hypothese angenommene "Durchschnitts"-Modell kann hinsichtlich seiner dabei behaupteten 1:1-Gewichtung als "einfaches" Modell charakterisiert werden.
Eine Möglichkeit, dieses gegen ein "komplizierteres", aber u.U. "besseres" Modell zu prüfen, bietet die multiple Regressionsanalyse, mit der sich die zur PK-Vorhersage "optimalen" SK- und KK-Gewichte schätzen lassen.

Deren inferenzstatistische Absicherung setzt neben der Linearität der Zusammenhänge voraus (GAENSSLEN & SCHUBÖ 1973; KÜCHLER 1979; URBAN 1982; BORTZ 1985): die Residuen müssen erstens in der Population normalverteilt sein, zweitens für jede x-Ausprägung gleiche Varianzen aufweisen (sogen. Homoskedaszität der Arrayverteilungen) und dürfen drittens untereinander nicht kovariieren (Unabhängigkeit der Fehlerwerte).
Die Normalverteilung der Residuen entspricht der - gegebenen (s. Kapitel 6.3.4) - Normalverteilung der y-Werte; die Fehlerunabhängigkeit folgt aus der (zumindest annähernd) zufälligen Stichprobenzusammensetzung; die Linearitäts- und die Homoskedaszitätsvoraussetzung wurden über eine visuelle Analyse der Scatterdiagramme zwischen den $\hat{y}$- und u-Werten geprüft.

In Tab. 8.14 sind die Regressionsgleichungen für das (angenommene) "Durchschnitts"-Modell und das (alternative) "Gewichtungs"-Modell aufgeführt.

Die partiellen Regressionskoeffizienten (b) erlauben Vorhersagen auf Rohwertbasis; die standardisierten Regressionskoeffizienten (beta-Gewichte) lassen direkte Einflußvergleiche bzgl. der einzelnen Prädiktorvariablen zu; die Strukturkoeffizienten (v) bilden die Zusammenhänge zwischen Prädiktor- und vorhergesagten Kriteriumsvariablen ab; die multiple Korrelation (R bzw.

Tab. 8.14: Regression der SKKKM- bzw. SK- und KK- auf PK-Werte (Gleichung I und II)

		b	beta	t	p	v		
I	SKKKM	.650	.636	15.712	.0000	1.000	R = .636	F = 246.867
	Konstante	13.621		8.987	.0000		R^2 = .405	p = .0000
II	SK	.382	.521	12.641	.0000	.906		
	KK	.247	.280	6.781	.0000	.616	R = .645	F = 128.680
	Konstante	14.084		9.298	.0000		R^2 = .416	p = .0000

der Determinationskoeffizient R^2) gilt als Maß für die Güte des Modells, das über den F-Test geprüft wird (URBAN 1982; BORTZ 1985).

Aus den beiden Regressionsanalysen ergibt sich, daß -da der Unterschied zwischen R_I (.636) und R_{II} (.645) unbedeutend ist- das behauptete "einfache" Modell als sehr brauchbare Annäherung an die (exakten) Gewichtungen betrachtet werden kann.

Zusatzannahme zur Hypothese 3: Die behauptete und geprüfte Kompensationsmöglichkeit von KK und SK hinsichtlich PK basiert darauf, daß die Kontrollkompetenz die der eigenen Person zugeschriebene "Fähigkeit" und die spezifische Kontrollierbarkeit die der Beziehung und dem Partner zugeschriebene "Leichtigkeit" abbilden. Eine derartige Repräsentation müßte folgendes nach sich ziehen:

- Personen mit hoher Kompetenz- und niedriger Kontrollierbarkeitsannahme sind mit ihrem Verhalten zufriedener als mit dem ihres Partners (EZ > PZ); Personen mit niedriger Kompetenz- und hoher Kontrollierbarkeitseinschätzung sind dagegen zufriedener mit dem Partner- als dem Eigenverhalten (PZ > EZ): der KK-SK-Unterschied schlägt sich im EZ-PZ-Unterschied nieder.

Dies heißt insgesamt, daß es zwar für das Ausmaß personaler Kontrolle unerheblich ist, ob dieses auf mehr Kompetenz als Kontrollierbarkeit, mehr Kontrollierbarkeit als Kompetenz oder gleich viel Kompetenz wie Kontrollierbarkeit basiert - daß diese drei Möglichkeiten jedoch hinsichtlich der genannten Zufriedenheitsfacette "durchschlagen".

Diese Zusatzannahme wurde über einen Extremgruppenvergleich geprüft; dazu wurde ein SK-KK-Differenzmaß gebildet (dessen Reliabilität beträgt r = .78) und zur Trennung der beiden Gruppen eine "Toleranzgrenze" von 10 Rohwertpunkten festgelegt. Die Gruppe "KK > SK" umfaßt demnach alle die Personen, deren KK-Werte um mindestens 10 Rohwertpunkte über ihren SK-Werten liegen, und die Gruppe "SK > KK" die, wo der umgekehrte Fall vorliegt.
Auf der anderen Seite wurde ein EZ-PZ-Differenzmaß erstellt, das -da EZ und PZ sechsstufig beantwortet werden konnten- von -5 (sehr viel zufriedener mit dem Partner- als dem eigenen Verhalten) bis +5 (sehr viel zufriedener mit dem Eigen- als dem Partnerverhalten) dimensioniert ist.
Die Verteilung der beiden KKSKD-Gruppen im Vergleich zur Gesamtstichprobe auf die EZ-PZ-Differenzwerte zeigt Abb. 8.5.

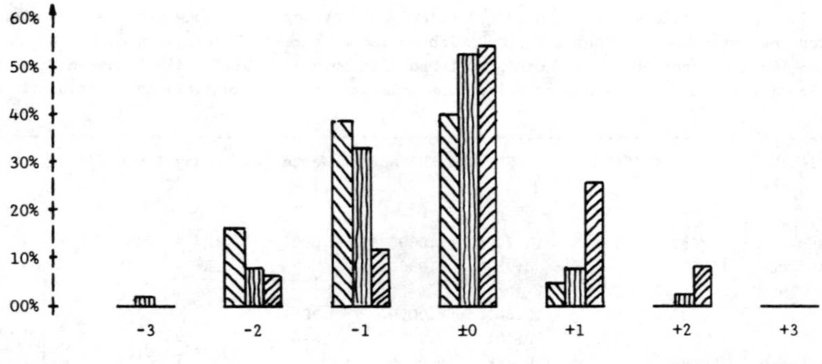

Abb. 8.5: Verteilung der Gesamtstichprobe (||||), der SK<KK-Gruppe (////) und der KK<SK-Gruppe (\\\\) auf die EZ-PZ-Differenzwerte (n_G = 363, n_1 = 17, n_2 = 82 - jeweils zu 100% gesetzt)

Ob der tendenzielle Unterschied zwischen den beiden Gruppen signifikant ist, wurde über den U-Test geprüft (Tab. 8.15).

Tab. 8.15: Vergleich der EZ-PZ-Differenzränge der beiden KKSKD-Gruppen 1 und 2 (U-Test)

Gruppe 1 (KK > SK)	n = 17	mittlerer Rang = 68.79		
Gruppe 2 (KK < SK)	n = 82	mittlerer Rang = 44.90	U = 360.5	z = -3.329***

Die Nullhypothese ist eindeutig zu verwerfen: Mehr Kompetenz als Kontrollierbarkeit bedeutet tendenziell höhere Zufriedenheit mit dem eigenen Verhalten, mehr Kontrollierbarkeit als Kompetenz dagegen tendenziell höhere Zufriedenheit mit dem Partnerverhalten.
Dieses Ergebnis bestätigt die im Expertenrating (Pretest I) geprüfte dimensionale Eindeutigkeit der KK- und SK-Dimensionen; es stützt die Behauptung, daß Kontrollkompetenz und Kontrollierbarkeit zwei wichtige und inhaltlich unterschiedliche Kontrollkomponenten darstellen.

Hypothese 4: Aufgrund von Regelkreis-Annahmen bzgl. der Interdependenzen zwischen Kontrolle und Kontrollvalenz wird postuliert:

> Personen schätzen insgesamt das Ausmaß ihrer Kontrolle (PK) in ihrer Paarbeziehung aufgrund von Kompetenz (KK), Kontrollierbarkeit (SK) und Kontrollvalenz (KV) ein ("vollständiges Modell") - die Gesamtheit von KK, SK und KV erklärt mehr PK-Varianz als SK und/oder KK.

Damit wird behauptet, daß KV im Hinblick auf PK keine "redundante" Prädiktorvariable (BORTZ 1985, S.563) darstellt, was bedeutet, daß sich die multiple Korrelation durch Einbeziehung von KV signifikant (α =.05; einseitig) erhöhen muß.

In Tab. 8.16 sind die Regressionsanalysen der SKKKM- und KV-Werte sowie der SK-, KK- und KV- auf PK-Werte dargestellt.

Tab. 8.16: Multiple Regression von SKKKM und KV (Gleichung I) bzw. SK, KK & KV (Gl. II) auf PK

		b	beta	t	p	v		
I	SKKKM	.669	.665	16.684	.0000	.952		
	KV	.191	.206	5.246	.0000	.220	R = .668	F = 146.211
	Konstante	6.349		3.150	.0018		R^2 = .447	p = .0000
II	SK	.414	.565	14.065	.0000	.855		
	KK	.229	.259	6.544	.0000	.581	R = .683	F = 105.179
	KV	.213	.230	5.867	.0000	.251	R^2 = .466	p = .0000
	Konstante	6.142		3.097	.0021			

Es wird deutlich, daß in beiden Fällen der Vorhersagebeitrag von KV auf PK hochsignifikant ist; dies gilt auch für den jeweiligen Zuwachs der multiplen Korrelation (p_{I} = .0000; p_{II} = .0000) im Vergleich zu den Analysen der Hypothese 3 (Tab. 8.14).
Zusätzlich gerechnete Analysen erbrachten keine Hinweise auf eventuelle Interaktionseffekte (s. URBAN 1982).

Die Hypothese 4 gilt damit als bestätigt. Insgesamt wird PK auf der Basis von SK, KK und KV eingeschätzt, wobei -wie die Regressionsstrukturkoeffizienten in Tab 8.16 zeigen- PK in erster Linie (s. Hypothese 3) auf SK und KK basiert.

8.3 ZUR BEDEUTUNG SUBJEKTIVER KONTROLLE

Die Ergebnisse des letzten Abschnitts (Hypothesen 1 bis 4) zeigen, daß die postulierte Kontrollkomponentenstruktur als erhärtet betrachtet werden kann. Die bis hierhin geprüften Zusammenhänge lassen sich dabei als "interne" Zusammenhänge charakterisieren.
Diese besitzen letztlich nur dann -wie in den einzelnen Zusatzannahmen bereits angerissen wurde- eine inhaltliche Bedeutung, wenn sich zeigen läßt, daß die verschiedenen Komponenten in unterschiedlichem Ausmaße mit "externen" Tendenzen kovariieren.
Die Hypothesen 5 und 6 behaupten solche differenzierten Zusammenhänge im Hinblick auf Zufriedenheitseinschätzungen auf individueller und dyadischer Ebene.

8.3.1 Prüfung der Hypothese 5

Hypothese 5: Hinsichtlich der Bedeutsamkeit der Kontrollkomponentenstruktur auf individueller Ebene wird angenommen:

> Individuen sind mit ihrer Paarbeziehung umso zufriedener, je mehr personale Kontrolle (PK), spezifische Kontrollierbarkeit (SK) sowie Kontrollkompetenz (KK) sie als gegeben betrachten und durch je weniger Kontrollvalenz (KV) sie sich auszeichnen; die eingeschätzte allgemeine Kontingenz (AK) weist demgegenüber keinen (bedeutsamen) Zusammenhang zur Beziehungszufriedenheit (BZ) auf.

Mit dieser Hypothese werden unterschiedliche Zusammenhangskoeffizienten gefordert; es wird erwartet, daß PK, SK und KK positiv, KV negativ und AK niedrig (d.h. von r = .00 nicht sehr verschieden) mit BZ korrelieren.

Zur Prüfung dieser Hypothese wurde auf die (wie in Abschnitt 8.1 dargestellt) T-transformierten (d.h. quasinormalverteilten) Zufriedenheitsurteile

Tab. 8.17: Vergleich der Produkt-Moment-Korrelationskoeffizienten für den Zusammenhang zwischen den fünf Kontrollkomponentenwerten und unmodifizierten (UBZ) vs. transformierten (TBZ) Beziehungszufriedenheitsdaten

		AK	PK	KK	SK	KV
(r)	UBZ	+.137	+.400	+.175	+.550	-.199
(p)		.005	.000	.000	.000	.000
(r)	TBZ	+.149	+.408	+.194	+.531	-.170
(p)		.002	.000	.000	.000	.001

zurückgegriffen; die Angemessenheit dieses Vorgehens belegt der in Tab. 8.17 aufgeführte Vergleich der Korrelationskoeffizienten für beide Zufriedenheitsmaße.

Aus Tab. 8.17 ergibt sich, daß die allgemeine Kontingenz, wie behauptet, in nur geringem Zusammenhang zur Zufriedenheit steht (r = .15).

Zwar könnte man, da die Korrelation -nicht zuletzt aufgrund des großen Stichprobenumfangs- signifikant ist (p = .002), auch hier von einem positiven Zusammenhang sprechen. Erstens aber handelt es sich hierbei um die niedrigste und damit bedeutungsärmste Korrelation (erklärte Varianz: 2.22%), und zweitens vermindert sie sich, wenn man -unter Berücksichtigung der Bestätigung der Hypothese 1, daß AK eine logische Voraussetzung für PK darstellt- den Zusammenhang mit PK auspartialisiert: der um den PK-Zusammenhang reduzierte Partialzusammenhang zwischen AK und (T)BZ beträgt .05 und unterscheidet sich (bei α = .10) nicht mehr von einer Nullkorrelation (p = .167).

Des weiteren zeigen die Koeffizienten in Tab. 8.17: Die beurteilte Beziehungszufriedenheit ist, wie angenommen, umso höher...

- je mehr Kontrolle (PK) angenommen wird (r = +.41),
- je mehr Kontrollierbarkeit (SK) als gegeben betrachtet wird (r = +.53) und -in allerdings erheblich geringerem Umfang-
- je mehr Kontrollkompetenz (KK) als vorhanden erachtet wird (r = +.19) und
- je weniger Kontrollvalenz (KV) angegeben wird (r = -.17).

Dabei ist letzterer Zusammenhang -wie die Analyse des entsprechenden Scatterplots zeigt- wirklich linear und nicht -wie man auch annehmen könnte - parabolisch (was hieße: höchste Zufriedenheit bei mittlerer, niedrige bei hoher oder niedriger Kontrollvalenz). Die Hypothese 5 kann damit als bestätigt betrachtet werden.

Zur Klärung der genaueren Beziehung zwischen den o.g. vier Kontrollkomponenten und der Beziehungszufriedenheit wurde eine entsprechende multiple Regressionsanalyse gerechnet (s. Tab. 8.18).

Tab. 8.18: Multiple Regression der PK-, KK-, SK- und KV- auf TBZ-Werte (Regressionsgleichung I)

	b	beta	t	p	v	R	R^2	F	p
PK	.314	.182	3.030	.003	.730				
KK	.060	.039	.820	.413	.347				
SK	.498	.394	6.915	.000	.950	.559	.313	40.770	.000
KV	-.212	-.132	-2.828	.005	-.304				
Konstante	24.117		6.102	.000					

Es zeigt sich, daß der Vorhersagebeitrag der Kontrollkompetenz gering und nicht überzufällig von Null verschieden ist.
Dies bedeutet, daß sich die Zufriedenheitseinschätzungen -zumindest in der vorliegenden Stichprobe- weitaus stärker an der "Leichtigkeits"- als an der "Fähigkeits"-Dimension zu orientieren scheinen (siehe aber hierzu die weiter unten getroffene Zusatzannahme).

Eine Analyse der PK-, SK- und KV-Werte auf Beziehungszufriedenheitsurteile ist in Tab. 8.19 dargestellt.

Tab. 8.19: Multiple Regression der PK-, SK- und KV- auf TBZ-Werte (Regressionsgleichung II)

	b	beta	t	p	v	R	R^2	F	p
PK	.341	.198	3.488	.001	.731				
SK	.498	.393	6.908	.000	.952	.558	.312	54.186	.000
KV	-.213	-.133	-2.843	.005	-.305				
Konstante	25.200		6.769	.000					

Exkurs: Daß AK niedrig, PK positiv und KV negativ mit BZ zusammenhängt, läßt die Interpretation zu, daß es hierbei auf die jeweiligen Differenzen ankommt. In Abb. 8.6 sind die (Roh-)Mittelwerte für AK, PK und KV im Extremgruppenvergleich für die Zufriedeneren (oberes Quartil - s. Anhang) und Unzufriedeneren (unteres Quartil) dargestellt.

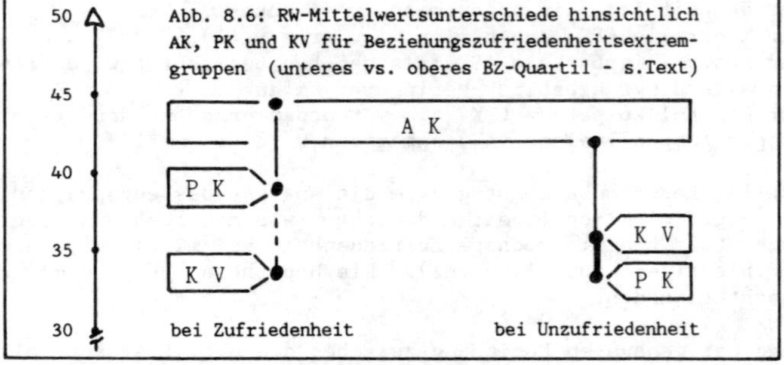

Abb. 8.6: RW-Mittelwertsunterschiede hinsichtlich AK, PK und KV für Beziehungszufriedenheitsextremgruppen (unteres vs. oberes BZ-Quartil - s.Text)

Die Daten aus Abb. 8.6 könnten auf folgende Kausalstruktur hinweisen (siehe hierzu Kapitel 3.3): Hohe Beziehungszufriedenheit entsteht, wenn und weil man vergleichsweise viel Kontrolle (PK = IST) besitzt; deshalb wird der Wunsch nach (mehr) Kontrolle (KV = SOLL) "überflüssig"; wenn überhaupt, besteht eine subjektive Diskrepanz zwischen der persönlich gegebenen (PK = IST) und der prinzipiell möglichen (AK = MAX) Kontrolle.

Diejenigen dagegen, die mit ihrer Beziehung sehr unzufrieden sind, sind dies, weil sie wenig Kontrolle besitzen (IST) und sich -deshalb- mehr davon wünschen (SOLL); für diesen Personenkreis besteht nicht nur eine IST-MAX- sondern auch eine IST-SOLL-Diskrepanz.

Die aufgeführten Lageunterschiede spiegeln sich auch in den entsprechenden Differenzmaßkorrelationen (vgl. auch die Zusatzannahmen zur Hypothese 1 und 2) wider: Die eingeschätzte Zufriedenheit ist umso höher, je weiter PK (IST) an AK (MAX) heranreicht (r_s = +.248), je deutlicher KV (SOLL) AK (MAX) unterschreitet (r_s = -.276) und je stärker PK (IST) über KV (SOLL) liegt (r_s = +.453).
Den deutlichsten Bezug weist der letzte Zusammenhang auf; diese "relative" (d.h. tatsächliche im Vergleich zur gewünschten) Kontrolle (PKKVD) erklärt in Verbindung mit der Kontroll-"Leichtigkeit" (SK) 30.9% der Zufriedenheitsvarianz (R = .556).

Zusatzannahme zur Hypothese 5: Es fällt auf, daß -auf die gesamte Stichprobe bezogen- die Kontrollkompetenz in nur geringem Zusammenhang zur Zufriedenheit steht, die Kontrollierbarkeit dagegen in vergleichsweise hohem Zusammenhang; dies läuft darauf hinaus, daß -im Schnitt- die Zufriedenheit als mehr von Partner- und Beziehungsaspekten denn von Aspekten der eigenen Person abhängig gesehen wird.

Es kann nun angenommen werden, daß hierbei die Attribuierung der Zufriedenheit eine intervenierende Variable darstellt:

▩ Der Kontrollkomponenten-Beziehungszufriedenheits-Zusammenhang unterscheidet sich je nach internaler oder externaler Attribuierung. Für diejenigen, die sich das jeweilige Ausmaß an Beziehungszufriedenheit selbst zuschreiben, geht BZ insbesondere mit KK konform, für diejenigen, die sie dem Partner zuschreiben, insbesondere mit SK.

Bei der Erhebung der Zufriedenheitsattribuierungen wurde (wie in Kapitel 6.2.5 dargestellt) als "Filter" die Frage vorgeschaltet, ob die Gründe für das jeweilige Beziehungszufriedenheitsausmaß eher unklar oder klar gesehen werden, wobei im zweiten Fall zusätzlich zwischen wechselnden und eindeutig bestimmbaren Gründen unterschieden wurde; alleine im letzten Fall wurde um die Angabe konkreter Ursachen (...liegt an mir, ...an meinem Partner, ...an bestimmten äußeren Umständen) gebeten, wobei die Zahl der angebbaren Gründe nicht vorgeschrieben wurde.

In welcher Weise diese verschiedenen (geschachtelten) Antwortalternativen benutzt wurden, ist in Abb. 8.7 dargestellt.

- Abb 8.7: Häufigkeitsverteilung der (hierarchischen) Beziehungszufriedenheitsattribuierungen -

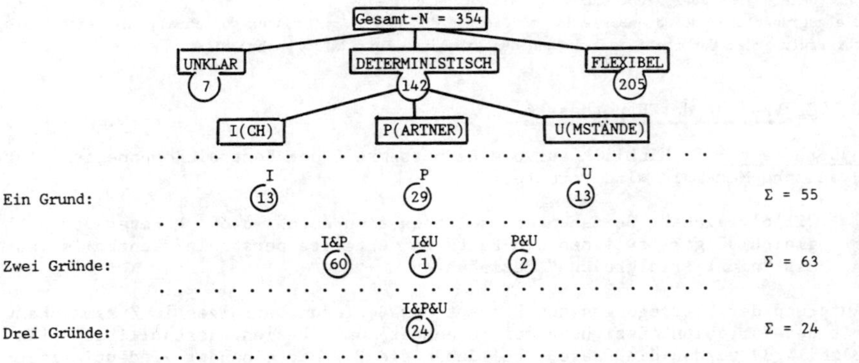

Es fällt auf, daß lediglich 55 (15.54%) der Befragten eine "klassische" Ein-Grund-Erklärung benutzten (dies kann als deutlicher Hinweis auf die Problematik der üblichen Vorgehensweise in der Attributionsforschung gelten).
Die übrigen 299 (84.46%) der Befragten sahen keine klaren (1.98%) bzw. klare, aber wechselnde Ursachen (57.91%) oder aber gaben mindestens zwei verschiedene Gründe (24.57%) für die von ihnen eingeschätzte Beziehungszufriedenheit an.

Dabei spielt die Höhe der diesen Attribuierungen zugrundeliegenden Beziehungszufriedenheit keine Rolle - und zwar weder [so das Ergebnis der entsprechenden H-Tests (s. SIEGEL 1976)] bei der Angabe unklarer vs. klar-flexibler vs. klar-determinierter Begründungen noch (auf der letztgenannten Ebene) bei der Angabe von Mehr- vs. Ein-Grund-Erklärungen noch (auf der letzten Ebene) bei der Angabe der Gründe selbst (...liegt an mir, ...an meinem Partner, ...an äußeren Umständen).

Der Unterschied zwischen I(ch)- und P(artner)-Attribuierung schlägt sich jedoch, wie angenommen, in den jeweiligen Zufriedenheits-Kompetenz- und Zufriedenheits-Kontrollierbarkeits-Korrelationen nieder (s. Tab. 8.20).

Tab. 8.20: Produkt-Moment-Korrelationen zwischen TBZ und KK sowie SK (zum Vergleich: und AK, PK und KV) in Abhängigkeit von der Attribuierung der Zufriedenheit

---TBZ---	-KK-	-SK-	-AK-	-PK-	-KV-
-bei I-Attribuierung	.383	.192	-.016	.312	-.323
(n = 13)	(.098)	(.265)	(.480)	(.150)	(.141)
-bei P-Attribuierung	-.064	.685	.122	.318	-.320
(n = 29)	(.370)	(.000)	(.204)	(.046)	(.045)
-bei sonstiger Attr.	.204	.531	.159	.421	-.154
(n = 321)	(.000)	(.000)	(.002)	(.000)	(.003)

Wenn sich Individuen -so deutet sich hier an- eine hohe Beziehungszufriedenheit selbst zuschreiben, so erleben sie sich als kompetent (die Beziehung aber nicht unbedingt als kontrollierbar); wenn sie sie dem Partner zuschreiben, so schätzen sie die Beziehung als kontrollierbar (sich selbst aber nicht unbedingt als kompetent) ein.
Die zugrundeliegende Datenbasis ist allerdings aus den o. g. Gründen so schmal, daß sich Tests zur Prüfung der Unterschiede zwischen den einzelnen Korrelationen erübrigen.

8.3.2 Prüfung der Hypothese 6

Hypothese 6: Im Hinblick auf die Bedeutsamkeit der Kontrollkomponenten für dyadische Merkmale wird vermutet:

> "Erfolgreiche" Beziehungen zeichnen sich durch sowohl höhere als auch gleichmäßiger zwischen den Partnern verteilte personale Kontrolle aus als "nicht erfolgreiche" Beziehungen.

Aufgrund der Überlegungen zum Konzept des Beziehungserfolges im Zusammenhang mit den Variablen 'Beziehungszufriedenheit' und 'Beziehungsstabilität' (Kapitel 4.3) wurden die Paare, bei denen die Partner einander eindeutig zuzuordnen waren (Kapitel 7.2), wie folgt klassifiziert:

- "erfolgreich": beide Partner sind mit ihrer Beziehung zufrieden und betrachten diese als stabil (57 Paare)
- "kritisch": ein Partner ist zufrieden, einer unzufrieden und mindestens einer der beiden sieht (deshalb) die Beziehung als instabil an (19 Paare)
- "gescheitert": beide Partner sind unzufrieden und bezeichnen ihre Beziehung als instabil (14 Paare)

Mit dieser Klassifizierung - zur Vereinfachung der Systematik wurden alle Beziehungsratings (BZ, BS, BW und HM) medianhalbiert (siehe Anhang) - wurden 90 der 146 'vollständigen' Paare erfaßt; dies entspricht einer Zuordnungsrate von 61.64 Prozent.

Die Bezüge zwischen dem so definierten 'Beziehungserfolg' (als dyadischem Merkmal) einerseits und der Wichtigkeit der Beziehung sowie einer Handlungsmotivation i.S. einer Bereitschaft, für den Erhalt bzw. eine Verbesserung der Beziehung "alles Erdenkliche zu tun" (ebenfalls auf der dyadischen Ebene), andererseits sind Tab. 8.21 zu entnehmen.

Tab. 8.21: Prozentuale Verteilung der dyadischen Merkmale Beziehungswichtigkeit und Handlungsmotivation auf gestufte Beziehungserfolgs-Gruppen		Beziehungserfolg (BE)		
		gescheitert (100.0%)	kritisch (100.0%)	erfolgreich (100.0%)
	-	<u>50.0%</u>	31.6%	0.0%
Beziehungswichtigkeit (BW)	d	42.9%	<u>47.4%</u>	15.8%
	+	7.1%	21.1%	<u>84.2%</u>
	-	<u>71.4%</u>	42.1%	5.3%
Handlungsmotivation (HM)	d	28.6%	<u>47.4%</u>	26.3%
	+	0.0%	10.5%	<u>68.4%</u>

Erläuterung: (-) Bei ihren BW- oder HM-Werten liegen beide Partner unter dem Median, (+) beide Partner liegen darüber; (d) ein Partner hat einen über, einer einen unter dem Median liegenden Wert; die jeweils höchsten Prozentsätze sind durch Unterstreichungen hervorgehoben.

Nach einer Zusammenfassung der 'kritischen' und 'gescheiterten' Beziehungen zur Gruppe der "nicht erfolgreichen" ist die Kennzeichnung "erfolgreiche Beziehung" unter Zugrundelegung der genannten Kriterien für 63.33% der klassifizierten Paare zu bejahen und für 33.67% zu verneinen.

Im ersten Teil der Hypothese wird behauptet, daß sich Beziehungserfolg in h ö h e r e n PK-Werten niederschlägt.

Diese Annahme wurde auf der Basis der pro Paar gemittelten Werte mit dem t-Test (für unabhängige Stichproben) geprüft.
Die Nullhypothese ist, wie Tab. 8.22 zeigt, bei $\alpha = .05$ (einseitig) zu verwerfen: Erfolgreiche Paare zeichnen sich, wie angenommen, durch ein im Schnitt höheres Maß an personaler Kontrolle aus als nicht erfolgreiche Paare; diese Tendenz ist hochsignifikant.

Tab. 8.22: Prüfung der Mittelwertdifferenzen der paargemittelten Kontroll-Maße (AKP, PKP, KKP, SKP, KVP) für erfolglose (EL) versus erfolgreiche (ER) Beziehungen per t-Test ($\alpha = .05$)

	EL (n = 33)	ER (n = 57)	F - Test	t - Test (het/hom)
PKP	34.58 (4.08)	39.16 (3.35)	F = 1.48	t(hom) = -5.76 p = .000 (eins.)
AKP	42.36 (3.85)	43.64 (3.91)	F = 1.03	t(hom) = -1.53 p = .135 (zweis.)
KKP	32.96 (3.81)	35.29 (4.43)	F = 1.35	t(hom) = -2.53 p = .013 (zweis.)
SKP	35.16 (5.27)	41.40 (4.77)	F = 1.22	t(hom) = -5.76 p = .000 (zweis.)
KVP	35.64 (3.76)	33.44 (4.76)	F = 1.61	t(hom) = +.228 p = .025 (zweis.)

Die Tab. 8.22 macht deutlich, daß sich die erste Gruppe - über die Hypothese hinaus - auch durch signifikant höhere KK- und SK- sowie niedrigere KV-Werte ausweist (p = .013/.000/.025), während die AK-Unterschiede demgegenüber bedeutungslos sind (p = .135, jeweils zweiseitig).

Die sich daraus ergebende Frage, wie gut sich "erfolgreiche" und "erfolglose" Beziehungen auf der Basis aller Kontrollkomponenten "trennen" lassen, d.h. "in welchem Ausmaß die einzelnen Teilaspekte ... am Zustandekommen des Gesamtunterschiedes beteiligt sind" (BORTZ 1985, S. 736), kann über eine Diskriminanzanalyse beantwortet werden.
Bei schrittweiser Einbeziehung (s. KRAUTH 1983) erwies sich eine Kombination aus PK-, SK- und KV-Werten als besonders trennfähig; die entsprechende Diskriminanzfunktion ist hochsignifikant (Tab. 8.23).

Tab. 8.23: Kennwerte der Diskriminanzfunktion

Kanonische Korrelation:	0.602
Wilks Lambda:	0.637
Chi-Quadrat:	38.944
df	3.000
p	0.000

Tab. 8.24: Standardisierte und unstandardisierte Diskriminanzkoeffizienten

	stand.:	unstand:
PKP	+.639	+.176
SKP	+.439	+.089
KVP	-.379	-.085
Konstante		-7.115

Die Ergebnisse der Klassifikation (Tab. 8.25) zeigen mit insgesamt exakt 80 % "richtigen" Zuordnungen eine hohe Trennfähigkeit auf (die allerdings durch eine Kreuzvalidierung mittels einer weiteren Stichprobe zu erhärten wäre); den höchsten Beitrag liefern dazu - wie die standardisierten Diskriminanzkoeffizienten (Tab. 8.24) belegen - die paarbezogenen PK-Werte.

Tab. 8.25: Klassifikationsergebnisse der Diskriminanzanalyse

tatsächliche Gruppenzugehörigkeit		vorhergesagte Gruppenzugehörigkeit EL	vorhergesagte Gruppenzugehörigkeit ER
EL	n = 33	26 (78.8%)	7 (21.2%)
ER	n = 57	11 (19.3%)	46 (80.7%)

Im zweiten Teil der Hypothese wird behauptet, daß sich "erfolgreiche" Paare durch g l e i c h m ä ß i g e r zwischen den Partnern verteilte personale Kontrolle auszeichnen als "nicht erfolgreiche" Paare.

Als Maß für diese Gleichmäßigkeit wurden paarbezogene PK-Absolut-Differenzen (PKADP) gewählt (weitere Möglichkeiten für die Erstellung von Ähnlichkeitsindizes finden sich u.a. bei DIEHL & SCHÄFER 1975, DOHMEN 1985, ORTH 1986, SCHLOSSER 1976). Die entsprechenden Gruppenmittelwerte wurden per t-Test auf Signifikanz geprüft.

Die Ergebnisse in Tab. 8.26 machen deutlich, daß die Annahme einer gleichmäßigen Verteilung personaler Kontrolle in erfolgreichen im Gegensatz zu erfolglosen Beziehungen zwar für die vorliegende Stichprobe gilt, daß dieser Unterschied bei maximal 5%iger Irrtumswahrscheinlichkeit jedoch nicht für die Population behauptet werden kann; die Nullhypothese ist demzufolge beizubehalten.

Tab. 8.26: Prüfung der Mittelwertunterschiede der paarbezogenen PK-Absolut-Differenzen (PKADP) für erfolglose (EL) vs. erfolgreiche (ER) Beziehungen per t-Test (α = .05; einseitig)

EL (n = 33)	$\bar{x}$ = ±6.11 s = 6.16	F = 3.55	t(het) = +1.17
ER (n = 57)	$\bar{x}$ = ±4.76 s = 3.27	p = .000	p = .125 (eins.)

Während die a b s o l u t e n Differenzen (PKADP) ein Maß für die Gleichmäßigkeit der Verteilung der in den einzelnen Beziehungen wahrgenommenen Kontrolle darstellen, beziehen sich g e r i c h t e t e Differenzen (PKDP = PK-Wert des Mannes minus PK-Wert der Frau) auf die Frage, ob in den einzelnen Beziehungen eher die Männer oder die Frauen mehr Kontrolle als der/die jeweilige Partner/in als persönlich gegeben ansehen.
Hinsichtlich dieses Aspektes unterscheiden sich beide Gruppen signifikant voneinander (α = .05, zweiseitig; s. Tab. 8.27): Erfolglose Beziehungen zeichnen sich durch eine tendenziell stärkere männliche, erfolgreiche dagegen durch eine tendenziell stärkere weibliche Kontroll-"Dominanz" aus.

Tab. 8.27: Prüfung der Mittelwertunterschiede der paarbezogenen gerichteten PK-Differenzen (PKDP) für erfolglose (EL) vs. erfolgreiche (ER) Beziehungen per t-Test (α = .05; zweiseitig)

EL (n = 33)	$\bar{x}$ = +2.78	s = 8.28	F = 2.15	t(het) = +2.56
ER (n = 57)	$\bar{x}$ = -1.37	s = 5.64	p = .012	p = .014 (zweiseitig)

Die sich daraus ergebenden Vorhersagemöglichkeiten sind jedoch nur sehr gering: Eine entsprechende (nicht dargestellte) Diskriminanzanalyse erbrachte eine nur wenig über dem Zufall liegende Gesamt-"Trefferquote" von 60 Prozent.

Insgesamt bleibt zur Hypothese 6 festzuhalten: In erfolgreichen Beziehungen geben beide Partner, wie behauptet, ein tendenziell höheres Maß an personaler Kontrolle an als in nicht erfolgreichen Beziehungen; die Annahme einer auch gleichmäßiger zwischen den Partnern "ausgependelten" subjektiven Kontrolle konnte jedoch nicht bestätigt werden.

8.4 ZUSAMMENFASSUNG DER WICHTIGSTEN ERGEBNISSE

Deskriptive Zusammenfassung: Die in dieser Arbeit entwickelten Annahmen über die interne Struktur der verschiedenen Kontrollkomponenten (Hypothesen 1 bis 4) können aufgrund der vorliegenden Studie als -zunächst- unwiderlegt gelten:

- Die jeweils von Personen angenommene allgemeine Kontingenz stellt, wie behauptet, eine (logische) Obergrenze für die jeweils angenommene personale Kontrolle dar (Hypothese 1). Darüber hinaus fungiert sie auch als (realistische) Obergrenze für die jeweilige Kontrollvalenz (Hypothese 2).

- Das von Individuen eingeschätzte Ausmaß personaler Kontrolle korrespondiert in erster Linie mit ihrem Kontrollkompetenz-Kontrollierbarkeits-Durchschnitt (Hypothese 3), darüber hinaus auch mit ihrer jeweiligen Kontrollvalenz (Hypothese 4).

Für die behauptete externe Struktur (Hypothesen 5 und 6) ergibt sich ein etwas differenzierteres Bild:

- Beziehungszufriedenheit (als individuelle Einschätzung) ist, wie angenommen, eine positive Funktion von personaler Kontrolle, Kontrollkompetenz sowie spezifischer Kontrollierbarkeit und eine negative von Kontrollvalenz (Hypothese 5); die Bedeutung der Kontrollkompetenz ist jedoch -außer bei interner Attribuierung der Zufriedenheit- als sehr gering einzuschätzen.

- Beziehungserfolg (als dyadisches Merkmal) geht, wie vermutet, mit (vergleichsweise) hoher personaler Kontrolle, entgegen der Annahme jedoch nicht mit auch gleichmäßig zwischen den Partnern ausbalancierter Kontrolle einher (Hypothese 6).

<u>Interpretative Zusammenfassung</u>: Etwas anschaulicher, mit stärkerem Bezug auf Beziehungen und unter Verwendung weiterreichender Interpretationen heißt dies:

° Menschen "sehen" und "wollen" nicht mehr Kontrolle in ihrer Partnerbeziehung als sie glauben, daß prinzipiell in Beziehungen überhaupt "machbar" ist; sie denken insofern sowohl "logisch" als auch "realistisch".

° Wieviel Kontrolle sie in diesem Rahmen (zu) haben (glauben), hängt davon ab, ob sie erstens den Partner als nicht allzu "schwierig" einschätzen, ob sie zweitens sich selbst als (auch in anderen Beziehungen) "kompetent" ansehen und ob ihnen drittens an einer Kontrolle in ihrer Beziehung überhaupt gelegen ist.

° Individuen sind mit ihrer Partnerbeziehung zufrieden, wenn es ihnen ihr Partner leicht macht und sie (deshalb) so viel Kontrolle besitzen, wie sie sich wünschen.

° Partner, die beide zufrieden sind und ihre Beziehung als stabil betrachten (sogen. 'erfolgreiche' Beziehungen), besitzen im Schnitt mehr Kontrolle als Partner in 'erfolglosen' Beziehungen, wobei das Ausmaß der Kontrolle interessanterweise aber auch sehr unterschiedlich zwischen den Partnern "verteilt" sein kann.

9. DISKUSSION DER ERGEBNISSE

Welche Schlußfolgerungen aus den Untersuchungsergebnissen zu ziehen sind, wird entscheidend über den Geltungsbereich der Befunde (Abschnitt 9.1) bestimmt; dieser wird deshalb im folgenden aufgegriffen, bevor auf mögliche Implikationen für Forschung und Praxis (Abschnitt 9.2) sowie offen gebliebene Fragen (Abschnitt 9.3) eingegangen wird.

9.1. GELTUNGSBEREICH DER BEFUNDE

Ob sich die gefundenen Ergebnisse eindeutig interpretieren lassen (interne Validität), hängt von dem gewählten Untersuchungsdesign, den eingesetzten Meßinstrumenten und den verwendeten Auswertungsverfahren ab; wie generalisierbar die Ergebnisse sind (externe Validität), bestimmt sich insbesondere über die Auswahl und Zusammensetzung der Stichprobe.

Untersuchungsdesign: Die Untersuchung ist so angelegt, daß die Ergebnisse korrelative Zusammenhänge im weiteren Sinn abbilden und von daher keine Kausalaussagen zulassen. So wird zwar z.B. die Annahme, daß ein hohes Maß an personaler Kontrolle zur Zufriedenheit von Partnern mit ihrer Beziehung beiträgt, durch die Ergebnisse gestützt; bezüglich der Wirkrichtung dieses Zusammenhangs ist jedoch selbstverständlich auch die umgekehrte Interpretation zulässig, nämlich daß Partner viel Kontrolle wahrnehmen, wenn und weil sie mit ihrer Beziehung zufrieden sind, und natürlich könnte auch -wie immer in solchen Fällen- irgendeine Drittvariable diesen Zusammenhang moderieren. Dennoch, so bleibt festzuhalten, sind mögliche kausale Interpretationen aufgrund der durchgeführten Interdependenzanalyse zumindest nicht widerlegt.

Meßverfahren: Die zur Erhebung der Beziehungszufriedenheit eingesetzte Ratingskala kann aufgrund der in Kapitel 5.2 genannten Untersuchungen als 'bewährt' bezeichnet werden, das zur Erfassung der Kontrollkognitionen entwickelte KKB-Inventar aufgrund der in Kapitel 6.3 dargestellten Kennwerte als 'brauchbar'.
Trotz der aufgewendeten Sorgfalt zur Anonymitätssicherung können jedoch sowohl bei der Erhebung der Kontrollkognitionen wie bei der Messung der Beziehungseinschätzungen Verzerrungen in Richtung auf persönlich angenehme Antwortmuster nicht ausgeschlossen werden: in beiden Fällen existiert kein halbwegs verläßliches Außenkriterium, das eine 'Eichung' der Einschätzungen erlauben würde. Dies ist insofern bedauerlich, als gewisse Hinweise zur Überschätzung für beide Variablen vorliegen: für die Ausprägung der Kontrollkomponenten durch verschiedene Ergebnisse zur 'Kontrollillusion' (LANGER 1975, 1977), für die Einschätzung der Beziehungszufriedenheit durch den Umstand, daß in einer ganzen Reihe von Untersuchungen Zufriedenheitswerte berichtet werden, die "mit relativ großer Sicherheit" den Schluß zulassen, "daß die angegebene Zufriedenheit durchgängig überhöht ist" (JÄCKEL 1980, S. 7).
Die Auswirkungen dieses Umstandes betreffen jedoch in erster Linie die Fehlervarianz: Da anzunehmen ist, daß derartige Überschätzungen - wenn sie denn vorliegen sollten - bei den einzelnen Befragten mal mehr die Zufriedenheit, mal mehr die Kontrolle betreffen (vgl. die in Kap. 8.1 geprüften Stichpro-

benunterschiede), führen die Verzerrungen dazu, daß die behaupteten Zusammenhänge weniger deutlich sichtbar werden. Daß sich dennoch relativ klare und deutliche Züge in den Ergebnissen zeigen, spricht für die Hypothesen.

Auswertungsmethoden: Bei der Auswertung der Daten wurde Wert auf die Berücksichtigung der jeweiligen Voraussetzungen der einzelnen Verfahren (Skalenniveau, Verteilungsform etc.) gelegt.
Während die statistischen Auswertungen zu den Hypothesen 3 bis 6 vergleichsweise unproblematisch sind, setzen die bei den Hypothesen 1 und 2 eingesetzten Verfahren die Annahme einer Vergleichbarkeit der inhaltlichen Schwierigkeit der Kontingenz-, Kontroll- und Kontrollvalenzskalen voraus (s. Kap. 8.2.1); eine solche Vergleichbarkeit ist zwar plausibel, jedoch nicht erwiesen. Es dürfte sinnvoll sein, die Angemessenheit dieser Voranahme in weiteren Untersuchungen zu überprüfen. Eine Möglichkeit könnte darin liegen, bei der Vorlage des KKB-Inventars fünf Ratingskalen zur Einschätzung der Ausprägung der fünf Kontrolldimensionen anzuhängen, um so eine zusätzliche Vergleichsmöglichkeit zu erhalten.

Stichprobenziehung: Die Übertragbarkeit der Ergebnisse auf andere als die untersuchten Personen kann insofern angenommen werden, als die Stichprobe erstens einen für derartige Untersuchungen befriedigenden Umfang (n = 365) aufweist, zweitens einen recht hohen Prozentsatz der angesprochenen Personen ausmacht (365 von 600) und sich drittens durch eine breite Streuung der verschiedenen demographischen Daten auszeichnet.
Dennoch bleibt festzuhalten, daß es sich, wie auch die Alters- und Bildungsstruktur deutlich macht, um keine Zufallsstichprobe im strengen Sinn handelt, was einer völligen Generalisierbarkeit gewisse Einschränkungen auferlegt (s. BORTZ 1984).

Fazit: Alles in allem stellen die Ergebnisse der Untersuchung damit eine zwar fundierte, selbstverständlich aber durch weitere Untersuchungen zu erhärtende, Datenbasis zur Verfügung.

9.2. STELLENWERT DER BEFUNDE

Bei Berücksichtigung der aufgeführten Einschränkungen lassen die Ergebnisse der Untersuchung wichtige Schlußfolgerungen für die weitere theoretische und empirische Analyse von Kontrollkognitionen im allgemeinen und für die im Beziehungsbereich im besonderen zu; weitere Konsequenzen ergeben sich für die praktische therapeutische Arbeit.

9.2.1. Implikationen für Theorie und Forschung

Die vorliegende Arbeit kommt der in den letzten Jahren wiederholt erhobenen Forderung entgegen, bei weiteren Untersuchungen zum Konstrukt der Kontrolle der Versuchung zu widerstehen, per Rückgriff auf vorhandene Locus of Control-Fragebögen den vorhandenen Studien lediglich ähnliche hinzuzufügen, und stattdessen differenziertere Konzeptionen zu entwickeln (s.z.B. KRAMPEN 1982; 1986). Daß alle Hypothesen zur Struktur subjektiver Kontrolle bestätigt wurden, gibt deutliche Hinweise auf die Brauchbarkeit des entwickelten Komponentenmodells.

Grundlagenforschung: Eine wichtige Implikation ergibt sich aus der aufgezeigten Unterschiedlichkeit der Begriffe 'Kontingenz' und 'Kontrolle': Die Untersuchung hat nicht nur Hinweise auf die behauptete interne Struktur ergeben, sondern auch bedeutsame Unterschiede zu externen Maßen gezeigt: Bezüge zur Zufriedenheit wurden für die Kontroll-, nicht jedoch für die Kontingenzdimension gefunden.
Das aber bedeutet für die über 1000 zum Locus of Control-Konstrukt vorliegenden Studien, die ja auf Fragebogenverfahren basieren, bei denen die Kontingenz- und die Kontrolldimensionen konfundiert sind, daß es sich bei deren Ergebnissen um Forschungsmakulatur handeln könnte; die Auswirkungen auf die dahinter stehende Theorie sind evident.
Zumindest also - dies ist das erste Fazit - wird man bei zukünftigen Forschungsarbeiten zum Konstrukt der Kontrolle zu entscheiden und zu begründen haben, ob man in erster Linie Kontingenzannahmen oder aber "echte" Kontrollüberzeugungen zum Gegenstand der Untersuchung machen will.

Neben dieser vergleichsweise kategorischen Schlußfolgerung ergibt sich aus den Ergebnissen als zweites Fazit die Anregung, in Zukunft evtl. den Aspekt der "relativen Kontrolle" stärker einzubeziehen, d.h. der Kontrolle, die Personen im Vergleich zur gewünschten Kontrolle zu haben annehmen.
Daß ein entsprechendes (aus den PK- und KV-Werten gebildetes) Differenzmaß eine höhere Korrelation zur Zufriedenheit als die "absolute Kontrolle" (die PK-Werte alleine; siehe den Exkurs im Kap. 8.3.1) aufwies, deutet an, daß die Erhebung individueller Kontrolldefizite fruchtbar sein könnte.

Angewandte Forschung: Neben diesen Schlußfolgerungen für die Analyse von Kontrolle im allgemeinen ergeben sich auch solche für die Analyse von Struktur und Bedeutung der Kontrolle in Beziehungen im besonderen.

Daß nicht nur differenzierte Bezüge zwischen der Ausprägung verschiedener Kontrollkomponenten und dem Ausmaß der Beziehungszufriedenheit (auf Partnerebene) gefunden werden konnten, sondern auch eine recht gute diskriminanzanalytische Trennung von "erfolglosen" versus "erfolgreichen" Beziehungen (auf Paarebene) über die paargemittelten Werte personaler Kontrolle möglich war, belegt die Bedeutsamkeit subjektiver Kontrolle für intime Beziehungen.

Die inhaltliche und methodische Überlegung, gewisse Aspekte des Erfolgs oder Mißerfolgs von Paartherapien am Kriterium der Veränderung von Werten in Kontrollüberzeugungsfragebögen festzumachen (z.B. BENTS, in Vorber.), wird damit voll gestützt. Dieser Weg, so das dritte Fazit, sollte weiter beschritten werden.
Allerdings gilt auch hier natürlich das weiter oben Gesagte: es sollten bei der Erhebung wahrgenommener Kontrolle in Beziehungen nur solche Fragebögen eingesetzt werden, die eine Konfundierung der verschiedenen Kontrollkomponenten vermeiden.
Das entwickelte KKB-Inventar bietet eine solche Möglichkeit; bzgl. seiner Verwendbarkeit für Evaluationsstudien ist jedoch zu berücksichtigen, daß es für mögliche Prä-post-Vergleiche (Veränderungsmessungen) noch ungeprüft ist und zudem keine Normen für klinische Populationen vorliegen.

Ein viertes Fazit betrifft die Widerlegung der Hypothese, daß sich erfolgreiche Beziehungen durch gleichmäßiger zwischen den Partnern verteilte personale Kontrolle als nicht erfolgreiche Beziehungen auszeichnen.
Mit der Erhebung der Beziehungseinschätzungen beider Partner wurde zwar ein Fortschritt gegenüber den meisten Untersuchungen in der Beziehungsforschung erreicht, die sich üblicherweise auf Ein-Partner-Antworten stützen (FLIEGEL

et al 1983); ein Manko der gewählten Vorgehensweise könnte jedoch darin liegen, daß für jeden der beiden Partner nur die eigene Kontrolleinschätzung erfragt wurde. Da es nicht völlig auszuschließen ist, daß derselbe Wert für den einen Partner mehr, für den anderen Partner weniger Kontrolle bedeutet, dürfte es zur Klärung der Frage, wie Kontrolle in Beziehungen verteilt sein muß, um Zufriedenheit zu "ermöglichen", hilfreich sein, in zukünftigen Erhebungen bei beiden Partnern Einschätzungen aus der eigenen u n d aus der Partner-Sicht zu erheben. Weitergehende Überlegungen in dieser Richtung stellt HEIL (1986) an.

9.2.2. Implikationen für die therapeutische Praxis

Die Relevanz einer Untersuchung bestimmt sich nicht alleine über die Erklärungskraft der Ergebnisse, sondern auch darüber, welche praktischen Schlußfolgerungen sich ziehen lassen. Im folgenden werden Gesichtspunkte zur Diagnose und Therapie genannt.

Diagnose: Ein erster Nutzen für die Praxis dürfte in der Einsetzbarkeit des KKB-Inventars als Eingangsfragebogen für Paartherapien liegen; mit ihm lassen sich detailliertere Hinweise darauf erhalten, wieviele Möglichkeiten die beiden Partner (noch) zur Einflußnahme auf die Bedingungen ihrer Beziehung sehen und welche Aspekte/Komponenten dabei eine besondere Rolle spielen.

Ein zweiter Nutzen liegt darin, daß die fünf Kontrolldimensionen einen wichtigen Beitrag zur Strukturierung des Bedingungswissens von Therapeuten (im Sinne von KAMINSKI 1970) liefern können, aus dem sich diagnostische Fragen ableiten lassen:
Ist der Eindruck der Klienten, in ihrer Beziehung wenig ausrichten zu können (geringe personale Kontrolle) mit der Annahme gekoppelt, daß Beziehungen sowieso zufallsgesteuert sind (fehlende allgemeine Kontingenz)? Wird er mit der Einschätzung der Klienten, sie selbst könnten in Beziehungen - auch in anderen Beziehungen - kaum eigene Ziele durchsetzen (niedrige Kontrollkompetenz), in Verbindung gebracht oder eher mit der Beurteilung der eigenen Partnerbeziehung als ausgesprochen schwierig (geringe Kontrollierbarkeit)? Wie wichtig ist es für die Partner, Einfluß auf ihre Beziehung zu nehmen (Kontrollvalenz)? Erleben sie eine Diskrepanz zwischen dieser gewünschten und der persönlich wahrgenommenen Kontrolle ("relative Kontrolle" - siehe oben)?

Therapie: Die Klärung solcher Fragen im Eingangsgespräch oder im Verlauf einer Therapie könnte helfen, mögliche Ziele klarer abzustecken.
Einschätzungen absoluter Inkontingenz von Beziehungen lassen z.B. die Bearbeitung der Frage in den Vordergrund rücken, ob man sich auch in anderen Bereichen als "Spielball des Schicksals" erlebt. Die Annahme einer geringen Kontrollkompetenz legt eher ein -beziehungsunspezifisches- Training allgemeiner sozialer Fertigkeiten (insbesondere: Anmelden eigener Bedürfnisse, Umgang mit Kritik) nahe, die Einschätzung geringer Kontrollierbarkeit der Partnerbeziehung eher das gemeinsame Ausprobieren neuer Verhaltensweisen im Umgang der beiden Partner miteinander (z.B.: wechselseitiges Zuhören, explizites Aushandeln von Regeln etc.). Starke Diskrepanzen zwischen den wahrgenommenen und den persönlich erwünschten Kontrollmöglichkeiten schließlich können auch eine Überprüfung des diesbezüglichen Anspruchsniveaus sinnvoll erscheinen lassen:
Wer Kontrolle um jeden Preis will, wer dem heimlichen Leitsatz "Ich brauche Kontrolle, um überraschenden Erniedrigungen und Situationen, in denen ich

mich ausgeliefert fühle, zu entgehen" folgt, wer sich von daher ständig dazu "getrieben" fühlt, sich und andere zu kontrollieren, wird dies durchweg mit dem Preis großer Distanz und geringer Spontaneität zu bezahlen haben (KEFIR & CORSINI 1974; PEW 1978; RUTHE 1982 - mit Bezug auf ADLER 1973). Die Aufarbeitung der entsprechenden biographischen Bedingungen könnte helfen, ein evtl. übersteigertes Kontrollbedürfnis in eine vernünftige Balance zum Bedürfnis nach menschlicher Nähe und Wärme zu bringen.

9.3. WEITERFÜHRENDE FRAGESTELLUNGEN

Die bis hierher aufgeführten Implikationen betreffen Schlußfolgerungen, die sich aus den Ergebnissen ableiten lassen; die folgenden Fragestellungen betreffen Aspekte, die offen geblieben sind:

(1) In der vorliegenden Arbeit wurden zur Bestimmung der Bedeutung subjektiver Kontrolle in der Partnerschaft Bezüge zur erlebten Beziehungszufriedenheit untersucht; die Wahl eines solchen affektiven Maßes ist für den Beziehungsbereich angemessen, da Menschen schließlich Beziehungen eingehen, weil sie sich davon persönliche Zufriedenheit versprechen.
Offen bleibt, wie die Bezüge zum Verhalten von Beziehungspartnern aussehen. So läßt sich beispielsweise fragen, ob eine von beiden Partnern eingeschätzte hohe Kontrollierbarkeit der Beziehung mit einer Tendenz einhergeht, in Beziehungskrisen nicht so schnell aufzugeben, d.h. vor einer Trennung alle möglichen Lösungsversuche durchzuprobieren; es wäre interessant, ob in diesem Fall die -im Hinblick auf die Zufriedenheit vergleichsweise bedeutungslose- Kontrollkompetenz stärker ins Gewicht fiele.

(2) Bei der Untersuchung der Struktur subjektiver Kontrolle mußte die Frage, wie Partner diese Struktur inhaltlich ausfüllen, unberücksichtigt bleiben, um die Analyse nicht zu überfrachten.
Selbstverständlich aber wäre es hilfreich, darüber mehr in Erfahrung zu bringen: Wie bewerten Partner Einflußmöglichkeiten? Sehen sie neben möglichen negativen Aspekten ("Ich kann erreichen, daß der andere etwas tut, was er eigentlich nicht will") auch positive Seiten ("Ich kann bewirken, daß sich mein Partner freut")? Welchen Stellenwert nehmen Kontrollmöglichkeiten im Zusammenhang mit der jeweiligen Beziehungsdefinition ein? Verstehen die Beziehungspartner unter Kontrolle -ganz allgemein- Möglichkeiten zur Gestaltung/Regulation ihrer Beziehung oder -bereits im Grenzbereich zum Konzept der Macht- Möglichkeiten, etwas zu erzwingen? Wollen die Partner etwas gemeinsam mit dem anderen oder auf dessen Kosten erreichen? Heißt für sie Kontrolle -überspitzt formuliert- "der andere oder ich", "ich unabhängig vom anderen" oder "wir zwei gegen den Rest der Welt"?
Da die Klärung solcher idiosynkratischen Bedeutungen eine detaillierte Explikation der paarspezifischen Beziehungsregeln verlangt, erfordert sie strukturierte Tiefeninterviews, keine Fragebogenerhebungen. Trotz des damit verbundenen Aufwandes dürfte es lohnenswert sein, diese Gesichtspunkte in zukünftigen Untersuchungen verstärkt aufzugreifen.

(3) Kontrolle wurde hier -dem allgemeinen Verständnis dieses Konstrukts folgend- vorrangig auf Möglichkeiten zur Einflußnahme bezogen, die Bezüge zu Erklärungs- und Vorhersagemöglichkeiten wurden eher am Rande gestreift.
Auch wenn Möglichkeiten zur Einflußnahme den Begriff der Kontrolle am deut-

lichsten widerspiegeln dürften, läßt sich doch fragen, zu welchen Anteilen auch 'Einsicht', 'Sinnhaftigkeit' oder 'Verstehbarkeit' für Menschen Kontrolle ausmacht. Anders gefragt: Bis zu welchem Punkt genügt es, Ereignisse, die einem widerfahren, verstehen zu können, ab welchem Punkt muß wenigstens die Chance gegeben sein, sie zu beeinflussen? Und stärker auf Beziehungen bezogen: Erwarten Partner voneinander, daß der andere seine 'Sturheit' erklärt, oder auch, daß er sie aufgibt? Wieweit gesteht man dem anderen seine Eigenheiten zu? Wie sehr muß die damit verbundene Abgrenzung zumindest erklärbar, nachvollziehbar, absehbar sein?

(4) Die vorgelegte Analyse betrifft eine vergleichsweise rationale Ebene; natürlich aber spielen in intimen Beziehungen auch irrationale Aspekte eine Rolle, beispielsweise die "Unberechenbarkeit von Liebe und Haß, von Versinken und Verletztwerden, von Engagement und Verzweiflung" (SPANGENBERG 1982, S. 39).
Ob Partner miteinander glücklich sind, hängt - so wurde gezeigt - a u c h mit dem Eindruck der beiden zusammen, ob sie die Bedingungen ihrer Beziehung beeinflussen können oder nicht; selbstverständlich aber gibt es weitere wichtige Grundlagen für eine zufriedenstellende Beziehung - z.B. Nähe, Achtung, Wärme (FOX & TAUSCH 1983) oder auch Liebe.
Was aber hat Kontrolle in Beziehungen mit Lieben und Geliebtwerden zu tun? Der Versuch einer näherungsweisen Antwort findet sich bei ADORNO (1970): "Geliebt wirst du einzig", so schreibt er in seinen 'Minima Moralia', "wo du schwach dich zeigen darfst, ohne Stärke zu provozieren".

10. ZUSAMMENFASSUNG

Im ersten Teil der Arbeit wird eine grundsätzliche Bestimmung des Kontrollkonzepts vorgenommen.

Die ausführliche Darstellung und Analyse der Theorie der gelernten Hilflosigkeit (SELIGMAN 1975; ABRAMSON, SELIGMAN & TEASDALE 1978) und des Locus of Control-Konstrukts (ROTTER 1966), in denen das Konzept der Kontrolle einen zentralen Stellenwert besitzt, macht deutlich, daß der Begriff der Kontrolle in beiden Ansätzen auf sehr unterschiedliche Situationsklassen bezogen wird; es wird die Forderung abgeleitet, Kontrollkognitionen bereichsspezifisch zu erforschen.
Als Haupt-Schwachpunkt beider Theorien wird herausgearbeitet, daß die Konzepte 'Kontrolle' und 'Kontingenz' theoretisch und empirisch konfundiert werden; zudem fehlt eine ausreichende Berücksichtigung verschiedener weiterer Aspekte der Kontrolle.

Den recht unbestimmten Konzeptionen der zum Begriff der Kontrolle vorliegenden Theorien wird ein eigenes Kontrolle-Modell gegenübergestellt.
In diesem wird postuliert, daß die Annahme von Individuen zur Kontrolle in einem Handlungs- oder Lebensbereich sich auf folgende fünf Komponenten beziehen: auf allgemeine Kontingenz (Handlungs-Ereignis-Abhängigkeit), personale Kontrolle (Kontrolle im engeren Sinn), Kontrollkompetenz (eigene Kontrollfähigkeiten), spezifische Kontrollierbarkeit (situative Kontrollbarrieren) und Kontrollvalenz (die persönliche Wichtigkeit einer Einflußnahme).
Zur Struktur dieser fünf Komponenten der Kontrolle werden vier Modellannahmen vorgestellt; diese stellen die Grundlage für die Hypothesen 1 bis 4 (zur Struktur subjektiver Kontrolle) dar.

Auf dem Hintergrund dieser Neubestimmung des Kontrollkonzepts wird im zweiten Teil der Arbeit auf die Besonderheiten von Kontrolle in dyadischen Beziehungen eingegangen.
Es wird die These vertreten, daß Kontrolle in zwischenmenschlichen Beziehungen grundsätzlich begrenzt ist, da hier fortlaufend zwei miteinander verwobene Balancen zu leisten sind: die zwischen Anpassung und Abgrenzung (auf Individuenebene) und die zwischen Konstanz und Wandel (auf Beziehungsebene).
Zur Verdeutlichung dieser These wird auf Annahmen des Symbolischen Interaktionismus, der Kommunikations-, der System- und der Kontrakttheorie Bezug genommen.

Trotz dieser "Eckwerte" interpersonaler Kontrolle, so wird weiter ausgeführt, ist ein positiver Zusammenhang zwischen der Zufriedenheit von Partnern mit ihrer Beziehung einerseits und der Wahrnehmung von Möglichkeiten zur Einflußnahme auf die Bedingungen ihrer Beziehung andererseits anzunehmen. Zur Stützung dieser Annahme werden verschiedene Befunde zur interpersonalen Kommunikation und Kooperation referiert.

Von der Beziehungszufriedenheit (auf Partnerebene) wird -einem Vorschlag JÄCKELs (1980) folgend- der Beziehungserfolg (auf Paarebene) abgegrenzt.
Für beide Aspekte der Beziehungsqualität werden differenzierte Bezüge zu einzelnen Kontrollkomponenten postuliert, die zugleich die Hypothesen 5 und 6 (zur Bedeutung subjektiver Kontrolle) darstellen.

Im dritten Teil der Arbeit wird die Konstruktion des KKB-Inventars, eines Fragebogens zur Erfassung der fünf Komponenten der Kontrolle im spezifischen Bereich 'Partnerbeziehungen', beschrieben.
Die Analyse der über verschiedene Pretests sukzessive entwickelten, 50 Items umfassenden Fragebogenendfassung gibt Hinweise auf eine zumindest für Forschungszwecke gute Brauchbarkeit; neben Item- und Skalenkennwerten werden Gesamt- und Gruppennormen berichtet.

Im vierten Teil der Arbeit wird die Untersuchung zur Prüfung der sechs Hypothesen dargestellt und diskutiert.
Es werden 600 KKB-Fragebögen im Schneeballverfahren verteilt; die Rücklaufquote beträgt 65.83 Prozent, die Verwertbarkeitsquote 92.41 Prozent. Von den 365 Beziehungspartnern können aufgrund eines speziellen Decodierungsverfahrens 292 als einander zugehörig klassifiziert werden. Die Stichprobenmerkmale sind zwar breit gestreut, jedoch nicht repräsentativ.
Die Auswertung (auf der Basis n = 365 Beziehungspartner bzw. n = 146 vollständige Paare) erbringt folgende Ergebnisse:

(1) Die Hypothesen zur Struktur subjektiver Kontrolle in der Partnerschaft werden bestätigt.
(2) Die Hypothesen zur Bedeutung subjektiver Kontrolle in der Partnerschaft werden teilweise bestätigt, teilweise verworfen; insbesondere die Annahme, daß sich erfolgreiche Beziehungen durch zwischen den Partnern ausbalancierte Kontrolle auszeichnen, wird durch die Daten nicht gestützt.

Bei der Diskussion der Ergebnisse werden der Geltungsbereich der Befunde abgesteckt und mögliche Implikationen für die Theorie und Empirie zum Konstrukt der Kontrolle sowie für die praktische Arbeit in Paartherapien aufgezeigt.

LITERATURVERZEICHNIS

ABRAHAMSON, D.; SCHLUDERMANN, S. & SCHLUDERMANN, E.: Replication of dimensions of locus of control. Journal of Consulting and Clinical Psychology, 1973, 41, 320.

ABRAMSON, L.Y.: Universal versus personal helplessness: An experimental test of the reformulated theory of learned helplessness and depression. University of Pennsylvania, unpubl. doctoral diss., 1977.

ABRAMSON, L.Y. & ALLOY, L.B.: Judgment of contingency: Errors and their implications. In: A. BAUM & J.E. SINGER (eds.), 1980.

ABRAMSON, L.Y.; GARBER, J. & SELIGMAN, M.E.P.: Learned helplessness in humans: An attributional analysis. In: J. GARBER & M.E.P. SELIGMAN (eds.), 1980.

ABRAMSON, L.Y.; SELIGMAN, M.E.P. & TEASDALE, J.D.: Learned helplessness in humans: Critique and reformulation. Journal of Abnormal Psychology, 1978, 87, 49-74.

ADLER, A.: Superiority and interest (ed. by H.L. & R.R. ANSBACHER). New York: The Viking Press, 1973.

ADORNO, T.W.: Minima Moralia. Reflexionen aus einem beschädigten Leben. Frankfurt: Suhrkamp, 1970.

ADORNO, T.W.: Zum Verhältnis von Soziologie und Psychologie. In: T.W. ADORNO: Gesammelte Schriften. Bd. 8: Soziologische Schriften I. Frankfurt: Suhrkamp, 1972.

AJZEN, I. & FISHBEIN, M.: Understanding attitudes and predicting social behavior. Englewood Cliffs, N.J.: Prentice Hall, 1980.

ALLEN, V.E. & GREENBERGER, D.B.: Destruction and perceived control. In: A. BAUM & J.E. SINGER (eds.), 1980.

ALLOY, L.B.; PETERSON, C.; ABRAMSON, L.Y. & SELIGMAN, M.E.P.: Attributional style and the generality of learned helplessness. Journal of Personality and Social Psychology, 1984, 46, 681-687.

ALLOY, L.B. & SELIGMAN, M.E.P.: On the cognitive component of learned helplessness. In: G.H. BOWER (ed.): The psychology of learning and motivation. Vol. 13. New York: Academic Press, 1979.

AMELANG, M. & BARTUSSEK, D.: Differentielle Psychologie und Persönlichkeitsforschung. Stuttgart: Kohlhammer, 1981.

AMELANG, M. & BORKENAU, P.: Untersuchungen zur Validität von Kontroll-Skalen für soziale Erwünschtheit und Akquieszenz. Diagnostica, 1981, 27, 295-312.

ANGER, H.: Befragung und Erhebung. In: C.F. GRAUMANN (Hrsg.): Handbuch der Psychologie. Bd. 7.1 Sozialpsychologie. Theorien und Methoden. Göttingen: Hogrefe, 1969.

APFELBAUM, E.: On conflicts and bargaining. Advances in Experimental Social Psychology, 1974, 7, 103-156.

ARCHER, R.P.: Relationships between locus of control and anxiety. Journal of Personality Assessment, 1979, 43, 617-626.

ARGYLE, M. & HENDERSON, M.: The rules of relationships. In: S. DUCK & D. PERLMAN (eds.): Understanding personal relationships. An interdisciplinary approach. London: Sage, 1985.

ARNKOFF, D.B. & MAHONEY, M.J.: The role of perceived control in psychopathology. In: L.C. PERLMUTER & R.A. MONTY (eds.), 1979.

ASHBY, W.R.: Design for a brain. London: Chapman & Hall, 1952.

ASHBY, W.R.: An introduction to cybernetics. London: Chapman & Hall, 1956.

ASHKANASHY, W.M.: Rotter's Internal-External Scale: Confirmatory factor analysis and correlation with social desirability for alternative scale formats. Journal of Personality and Social Psychology, 1985, 48, 1328-1341.

AUCKENTHALER, A.: Beziehungsvorstellungen in der Partnertherapie. Über den konservativen Gehalt eines "fortschrittlichen" Therapieansatzes. Partnerberatung, 1982, 19, 57-68.

AUCKENTHALER, A.: "Schwarze Pädagogik" in der Wissenschaft? Erwiderung auf die Befürchtungen von Hahlweg und Schindler. Partnerberatung, 1983, 20, 44-50.

AVERILL, J.R.: Personal control over aversive stimuli and its relationship to stress. Psychological Bulletin, 1973, 80, 286-303.
BALLMER, T.T.: Probleme der Klassifikation von Sprechakten. In: G. GREWENDORF (Hrsg.): Sprechakttheorie und Semantik. Frankfurt: Suhrkamp, 1979.
BANDURA, A.: Self-efficacy: Toward a unifying theory of behavioral change. Psychological Review, 1977, 2, 191-215.
BANDURA, A.: Self-efficacy mechanism in human agency. American Psychologist, 1982, 37, 122-147.
BARNES, R.D.: Perceived freedom and control in the built environment. In: J.H. HARVEY (ed.): Cognition, social behavior, and the environment. Hillsdale, N.J.: Erlbaum, 1981.
BARRY, W.A.: Marriage research and conflict: An integrative review. Psychological Review, 1970, 73, 41-54.
BAR-TAL, D. & DAROM, E.: Causal perceptions of pupils' success or failure by teachers and pupils: A comparison. Tel-Aviv, Israel: University of Tel-Aviv, unpubl. manuscript, 1977. (Zitiert nach: B. WEINER, 1982).
BARTLING, G.; ECHELMEYER, L.; ENGBERDING, M. & KRAUSE, R.: Problemanalyse im therapeutischen Prozeß. Leitfaden für die Praxis. Stuttgart: Kohlhammer, 1980.
BAUM, A. & SINGER, J.E. (eds.): Advances in environmental psychology. Vol. 2. Applications of personal control. Hillsdale, N.J.: Erlbaum, 1980.
BAUMANN, E.; JUGHARD-POHL, V. & BASTINE, R.: Auswirkungen eines verhaltenstherapeutischen Kommunikationstrainings auf Partnerschaften. Partnerberatung, 1978, 15, 10-24.
BECKER, E.W. & LESIAK, W.J.: Feelings of hostility and personal control as related to depression. Journal of Clinical Psychology, 1977, 33, 654-657.
BENSON, J.S. & KENNELLY, K.J.: Learned helplessness: The result of uncontrollable reinforcements or uncontrollable aversive stimuli? Journal of Personality and Social Psychology, 1976, 34, 138-145.
BENTS, H.: Psychosomatische Aspekte ungewollter Kinderlosigkeit. Münster, phil. Diss., in Vorbereitung.
BERTALANFFY, L.v.: An outline of general system theory. British Journal of the Philosophy of Science, 1950, 1, 139-164.
BIRCHLER, G.R.: Differential patterns of instrumental affiliative behavior as a function of degree of marital distress and level of intimacy. University of Oregon, unpubl. PhD diss., 1972.
BLANEY, P.H.; BEHAR, V. & HEAD, R.: Two measures of depressive cognitions: Their association with depression and with each other. Journal of Abnormal Psychology, 1980, 89, 678-682.
BLAU, P.M.: Exchange and power in social life. New York: Wiley, 1964.
BLUMER, H.: Der methodologische Standort des symbolischen Interaktionismus. In: ARBEITSGRUPPE BIELEFELDER SOZIOLOGEN (Hrsg.): Alltagswissen, Interaktion und gesellschaftliche Wirklichkeit. Bd. 1. Reinbek: Rowohlt, 1973.
BOMMERT, H.; KAMPMANN, E.; POETHER, U.: SCHRÖDER, H.-J. & ZACHARIAS, A.: Idealvorstellungen in länger bestehenden Partnerschaften. Partnerberatung, 1984, 22, 9-17.
BORGES, M.A.; ROTH, A.; NICHOLS, G.T. & NICHOLS, B.S.: Effects of gender, age, locus of control, and self-esteem on estimates of college grades. Psychological Reports, 1980, 47, 831-837.
BORTZ, J.: Lehrbuch der empirischen Forschung. Berlin: Springer, 1984.
BORTZ, J.: Lehrbuch der Statistik. Berlin: Springer, 2. vollständig neu bearb. u. erw. Aufl. 1985.
BOYCE, A.C.: Methods for measuring teachers' efficiency. In: C. PARKER (ed.): The fourteenth yearbook of the National Society for the Study of Education, Part II. Chicago: University of Chicago Press, 1915.
BRADBURN, N.M. & MASON, W.M.: The effect of question order on response. Journal of Marketing Research, 1964, 1, 57-61.
BRAUKMANN, W.: Darstellung eines Bezugsrahmens zum Konzept der Kontrollmotivation und Entwicklung einer deutschsprachigen Version der "Desirability of Control Scale" von Burger & Cooper. Trier: Forschungsbericht aus dem E.P.E.-Projekt, Nr. 12, 1981a.
BRAUKMANN, W.: Empirische Überprüfung eines Verfahrens zur Erfassung von "Kontrollmotivation". Trier: Forschungsbericht aus dem E.P.E.-Projekt, Nr. 17, 1981b.

BREHM, J.W.: A theory of psychological reactance. New York: Academic Press, 1966.

BREITKOPF, L.: Die Hilflosigkeitsskala. Diagnostica, 1985, 31, 221-233.

BREITKOPF, L. & TILLNER, W.: Zum kognitiven Defizit als Teil der gelernten Hilflosigkeit. Zeitschrift für experimentelle und angewandte Psychologie, 1981, 28, 185-204.

BROCKNER, J.; GARDNER, M.; BIERMAN, J.; MAHAN, T.; THOMAS, B.; WEISS, W.; WINTERS, L. & MITCHELL, A.: The roles of self-esteem and self-consciousness in the Wortman-Brehm model of reactance and learned helplessness. Journal of Personality and Social Psychology, 1983, 45, 199-209.

BRÜCKERHOFF, A.: Vertrauen - Versuch einer phänomenologisch-idiographischen Annäherung an ein Konstrukt. Münster: unveröffentl. Diss., 1982.

BUCHWALD, A.M.; COYNE, J.C. & COLE, C.S.: A critical evaluation of the learned helplessness model of depression. Journal of Abnormal Psychology, 1978, 87, 180-193.

BÜHLER, K.: Sprachtheorie: Die Darstellungsfunktion der Sprache. Jena: Fischer, 1934.

BURGER, J.M.: Desire for control and achievement-related behaviors. Journal of Personality and Social Psychology, 1985, 48, 1520-1533.

BURGER, J.M.: Desire for control and the illusion of control: The effects of familiarity and sequence of outcomes. Journal of Research in Personality, 1986, 20, 66-76.

BURGER, J.M. & ARKIN, R.M.: Prediction, control and learned helplessness. Journal of Personality and Social Psychology, 1980, 38, 482-491.

BURGER, J.M. & COOPER, H.M.: The desirability of control. Motivation and Emotion, 1979, 3, 381-393.

BURGER, J.M. & VARTABEDIAN, R.A.: Desire for control and reaction to proattitudinal and counterattitudinal arguments. Motivation and Emotion, 1980, 4, 239-246.

BURGESS, E.W. & COTTRELL, L.S.: The family from institution to companionship. New York: American Book Company, 1939.

BURISCH, M.: Konstruktionsstrategien für multidimensionale Persönlichkeitsfragebögen. Hamburg: phil. Diss., 1976.

CAFFREY, B. & CAPEL, W.C.: The predictive value of neutral positions in opinion and attitude research. Journal of Psychology, 1968, 69, 145-154.

CHANDLER, T.A.; WOLF, F.M.; COOK, B.& DUGOVICS, D.A.: Parental correlates of locus of control in 5th grades - an attempt at experimentation in the home. English Merill-Palmer Quarterly Behavior and Development, 1980, 26, 183-195.

CLANTON, G. & SMITH, L.G.: Eifersucht. Die Angst, den Partner zu verlieren. Psychologie heute, 11/1977, 14-19.

COHEN, S.; ROTHBART, M. & PHILLIPS, S.: Locus of control and the generality of learned helplessness in humans. Journal of Personality and Social Psychology, 1976, 34, 1049-1056.

COLE, C.S. & COYNE, J.C.: Situational specificity of laboratory-induced learned helplessness. Journal of Abnormal Psychology, 1977, 86, 615-623.

CONKLIN, E.S.: The scale values methods for studies in genetic psychology. University of Oregon Publication, 1923, 2, 3-36.

COOPER, H.M. & BURGER, J.M.: Internality, stability, and personal efficacy: A categorization of free response academic attributions. University of Missouri, unpubl. manuscript, 1978. (Zitiert nach: B. WEINER, 1982).

COSTELLO, C.G.: A critical review of Seligman's laboratory experiments on learned helplessness and depression in humans. Journal of Abnormal Psychology, 1978, 87, 21-31.

COUCH, A. & KENISTON, K.: Jeasayers and naysayers: Agreeing response set as a personality variable. Journal of Abnormal Psychology, 1960, 60, 150-174.

COWEN, E.L.; BUDIN, W. & BUDIN, F.A.: The social desirability of trait descriptive terms: A variation instructional set. Journal of Social Psychology, 1961, 55, 317-323.

CRANDALL, V.C.; KATKOVSKY, W. & CRANDALL, V.J.: Children's beliefs in their own control of reinforcements in intellectual-academic achievement situations. Child Development, 1965, 36, 91-109.

CROFT, R.G.; JOHNSON, W.G. & FOX, S.H.: Locus of control in psychiatric patients. Newsletter for Research in Mental Health and Behavioral Sciences, 1975, 17, 17-20.

CRONBACH, L.J.: Response sets and test validity. Educational and Psychological Measurement, 1946, 6, 475-494.

CRONBACH, L.J.: Coefficient alpha and the internal structure of tests. Psychometrika, 1951, 16, 297-334.
CROTT, H.: Soziale Interaktion und Gruppenprozesse. Stuttgart: Kohlhammer, 1979.
CUTRONA, C.E.; RUSSELL, D. & JONES, R.D.: Cross-situational consistency in causal attributions: Does attributional style exist? Journal of Personality and Social Psychology, 1985, 47, 1043-1058.
DAHRENDORF, R.: Zukunft der Freiheit. In: Graf C. PODEWILS (Hrsg.): Tendenzwende? Zur geistigen Situation in der Bundesrepublik. Stuttgart: Klett, 1975.
DANCER-BROWN, P. & BAUCOM, D.H.: Cognitive influences on the development of learned helplessness: A preliminary test. Journal of Personality and Social Psychology, 1982, 43, 793-801.
DAVIS, W.L. & PHARES, E.J.: Parental antecedents of internal-external control of reinforcement. Psychological Reports, 1969, 24, 427-436.
DE CHARMS, R.: Personal causation: The internal affective determinants of behavior. New York: Academic Press, 1968.
DE CHARMS, R.: Personal causation and perceived control. In: L.C. PERLMUTER & R.A. MONTY (eds.), 1979.
DEUTSCH, M.: Cooperation and trust: Some theoretical notes. In: M.R. JONES (ed.): Nebraska Symposium on Motivation. Lincoln: University of Nebraska Press, 1962.
DIEHL, B. & SCHÄFER, B.: Techniken der Datenanalyse beim Eindrucksdifferential. In: R. BERGLER (Hrsg.): Das Eindrucksdifferential. Theorie und Technik. Bern: Huber, 1975.
DIEHL, J.M. & KOHR, H.-U.: Deskriptive Statistik. Frankfurt: Fachbuchhandlung für Psychologie, 1977a.
DIEHL, J.M. & KOHR, H.-U.: Durchführungsanleitung für statistische Tests. Weinheim: Beltz, 1977b.
DINDIA, K. & FITZPATRICK, M.A.: Marital communication: Three approaches compared. In: S. DUCK & D. PERLMAN (eds.): Understanding personal relationships. An interdisciplinary approach. London: Sage, 1985.
DOBRICK, M.: Gegenseitiges (Miß-)Verstehen in der dyadischen Kommunikation. Münster: Aschendorff, 1985.
DOHERTY, W.J. & BALDWIN, C.: Shifts and stability in locus of control during the 1970s: Divergence of the sexes. Journal of Personality and Social Psychology, 1985, 48, 1048-1053.
DOHMEN, P.: Zur Bedeutung bilinearer Einstellungsmodelle. Zeitschrift für Sozialpsychologie, 1985, 16, 240-252.
DONOVAN, D.M. & O'LEARY, M.R.: The drinking-related locus of control scale: Reliability, factor structure, and validity. Journal of Studies on Alcohol, 1978, 39, 759-784.
DOUGLAS, D. & ANISMAN, H.: Helplessness or expectation incongruency: Effects of aversive stimulation on subsequent performance. Journal of Experimental Psychology: Human Perception and Performance, 1975, 1, 411-417.
DUDLEY, G.E.: Predicting interpersonal behavior from a measure of expectancy for interpersonal control. Psychological Reports, 1977, 41, 1223-1230.
DWECK, C.S. & GOETZ, T.E.: Attribution and learned helplessness. In: J.H. HARVEY; W. ICKES & R.F. KIDD (eds.): New directions in attribution research. Vol. 2. Hillsdale, N.J.: Erlbaum, 1978.
EDWARDS, W.: Behavioral decision theory. Annual Review of Psychology, 1961, 12, 473-498.
EHLERS, T.: Zur Effektivität der Kontrollen von Reaktionseinstellungen. In: G. REINERT (Hrsg.): Bericht über den 27. Kongreß der Deutschen Gesellschaft für Psychologie in Kiel 1970. Göttingen: Hogrefe, 1973.
EHLICH, K. & MARTENS, K.: Sprechhandlungstheorie und double-bind. In: D. WUNDERLICH (Hrsg.): Linguistische Pragmatik. Wiesbaden: Athenaion, 1972.
EHRLICH, H.J.: Instrument error and the study of prejudice. Social Forces, 1964, 43, 197-206.
EIMER, E.: Varianzanalyse. Eine Einführung. Stuttgart: Kohlhammer, 1978.
EINHORN, H.J. & HOGARTH, R.M.: Confidence in judgment: Persistence of the illusion of validity. Psychological Review, 1978, 85, 395-416.
ENGELKAMP, J.: Psycholinguistik. München: Fink, 1974.
EPSTEIN, R. & KOMORITA, S.S.: Self esteem, success-failure, and locus of control in negro children. Developmental Psychology, 1971, 4, 2-8.

ESSER, H.: Der Befragte. In: J. von KOOLWIJK & M. WIEKEN-MAYSER (Hrsg.), 1974.

ESSER, U.: Skalierungsverfahren. In: W. FRIEDRICH (Hrsg.): Methoden der marxistisch-leninistischen Sozialforschung. Berlin: Deutscher Verlag der Wissenschaften, 2. Aufl. 1971.

FALK, G.: Über die Theorie der symbolischen Interaktion. In: A. HEIGL-EVERS (Hrsg.): Die Psychologie des 20. Jahrhunderts. Bd. 8: Lewin und die Folgen. Zürich: Kindler, 1979.

FEATHER, N.T. (ed.): Expectations and actions: Expectancy-value models in psychology. Hillsdale, N.J.: Erlbaum, 1982.

FERRARI, N.A.: Institutionalization and attitude change in an aged population: A field study and dissidence theory. Western Reserve Universitiy, unpubl. doctoral diss., 1962.

FIEDLER, K.: Causal schemata: Review and criticism of research on a popular construct. Journal of Personality and Social Psychology, 1982, 42, 1001-1013.

FINK, H.C.: Fictious groups and the generality of prejudice: An artifact of scales without neutral categories. Psychological Reports, 1971, 29, 359-365.

FISCHER, G.H.: Einführung in die Theorie psychologischer Tests. Bern: Huber, 1974.

FISCHER, G.: Wechselseitigkeit. Interpersonelle und gegenständliche Orientierung in der sozialen Interaktion. Bern: Huber, 1981.

FIVAZ, E.: Systemanalyse einer Familie mit hohem Risiko. In: M. PERREZ (Hrsg.): Krise der Kleinfamilie? Bern: Huber, 1979.

FLIEGEL, S.; NEUMANN, H. & PAAR, F.: Kommunikation, Zufriedenheit und Verstehen in der Partnerschaft. Ein Modell kausaler Beziehungen und seine empirische Überprüfung. Partnerberatung, 1983, 20, 1-12.

FOLKMAN, S.: Personal control and stress and coping processes: A theoretical analysis. Journal of Personality and Social Psychology, 1984, 46, 839-852.

FORD, C.E. & NEALE, J.M.: Learned helplessness and judgments of control. Journal of Personality and Social Psychology, 1985, 49, 1330-1336.

FORTHMAN, J.H.: The effect of a zero interval on semantic differential rotated factor loadings. Journal of Psychology, 1973, 84, 23-32.

FOSCO, E. & GEER, J.: Effects of gaining control over aversive stimuli after differing amounts of no control. Psychological Reports, 1971, 29, 1153-1154.

FOX, R.M. & TAUSCH, R.: Wesentliche seelische Qualitäten in Partnerbeziehungen. Eine empirische Prüfung der Theorie zwischenmenschlicher Beziehungen von Carl Rogers. Zeitschrift für personenzentrierte Psychologie und Psychotherapie, 1983, 4, 499-509.

FRESE, M.: Psychische Störungen bei Arbeitern. Salzburg: Müller, 1977.

FRESE, M.: Partialisierte Handlung und Kontrolle: Zwei Themen der industriellen Psychopathologie. In: M. FRESE; S. GREIF & N. SEMMER (Hrsg.): Industrielle Psychopathologie. Bern: Huber, 1978.

FRESE, M. & SCHÖFTHALER-RÜHL, R.: Kognitive Ansätze in der Depressionsforschung. In: N. HOFFMANN (Hrsg.): Depressives Verhalten. Salzburg: Müller, 1976.

FREY, D.; KUMPF, M.; OCHSMANN, R.; ROST-SCHAUDE, E. & SAUER, C.: Theorie der kognitiven Kontrolle. Bericht aus dem Sonderforschungsbereich 24, Universität Mannheim, 1977.

FRIEZE, I.H.: Causal attributions and information seeking to explain success and failure. Journal of Research in Personality, 1976, 10, 293-305.

GAENSSLEN, H. & SCHUBÖ, W.: Einfache und komplexe statistische Analyse. München: Reinhardt, 1973.

GARBER, J.; MILLER, S.M. & ABRAMSON, L.Y.: On the distinction between anxiety and depression: Perceived control, certainty, and probability of goal attainment. In: J. GARBER & M.E.P. SELIGMAN (eds.), 1980.

GARBER, J. & SELIGMAN, M.E.P. (eds.): Human helplessness. Theory and applications. New York: Academic Press, 1980.

GARNER, W.R.: Rating scales, discriminability, and information transmission. Psychological Review, 1960, 67, 343-352.

GATCHEL, R.J. & PROCTOR, J.D.: Physiological correlates of learned helplessness in man. Journal of Abnormal Psychology, 1976, 85, 27-34.

GIBB, J.R.: Das Vertrauensklima. In: L.P. BRADFORD; J.R. GIBB & K.D. BENNE (Hrsg.): Gruppentraining. Stuttgart: Klett, 1972.

GLASS, D.C. & SINGER, J.E.: Urban stress: Experiments on noise and social stressors. New York: Academic Press, 1972.

GNIECH, G. & GRABITZ, H.J.: Freiheitseinengung und psychologische Reaktanz. In: D. FREY (Hrsg.): Kognitive Theorien der Sozialpsychologie. Bern: Huber, 1978.

GOFFMAN, E.: Stigma. Über Techniken der Bewältigung beschädigter Identität. Frankfurt: Suhrkamp, 1967.

GOLDBERG, L.R.: Unconfounding situational attributions from uncertain, neutral, and ambiguous ones: A psychometric analysis of descriptions of oneself and various types of others. Journal of Personality and Social Psychology, 1981, 41, 517-552.

GOLDBERG, L.R. & SLOVICH, P.: Importance of text item content: An analysis of corollary of the deviation hypothesis. Journal of Consulting Psychology, 1967, 14, 462-472.

GOLIN, S.; SWEENLY, P.D. & SCHEFFER, D.E.: The causality of causal attributions in depression: A cross-lagged panel correlation analysis. Journal of Abnormal Psychology, 1981, 90, 14-22.

GORE, P.M. & ROTTER, J.B.: A personality correlate of social action. Journal of Personality, 1963, 31, 58-64.

GOTTMAN, J.: Marital interaction: Experimental investigation. New York: Academic Press, 1979.

GOTTMAN, J.; NOTARIUS, C.; MARKMAN, H.; BANKS, S.; YOPPI, B.L. & RUBIN, M.E.: Behavior exchange theory and marital decision making. Journal of Personality and Social Psychology, 1976, 34, 14-23.

GREGORY, W.L.: Expectancies for controllability, performance attributions, and behavior. In: H.M. LEFCOURT (ed.), 1981.

GRIFFITH, M.: Effects of non contingent success and failure on mood and performance. Journal of Abnormal Psychology, 1977, 11, 442-456.

GROSKURTH, P.: Der Arbeitsplatz als Schule der Nation. Psychologie heute, 12/1979, 44-51.

GULLIKSEN, H.: How to make meaning more meaningful. Contemporary Psychology, 1958, 3, 115-118.

GUNTERN, G.: Systemtherapie. In: K. SCHNEIDER (Hrsg.): Familientherapie in der Sicht psychotherapeutischer Schulen. Paderborn: Jungfermann, 1983.

GURIN, P.; GURIN, G.; LAO, R.C. & BEATTIE, M.: Internal-external control in the motivational dynamics of negro youth. Journal of Social Issues, 1969, 25, 29-53.

GURIN, P.; GURIN, G. & MORRISON, B.M.: Personal and ideological aspects of internal and external control. Social Psychology, 1978, 41, 275-296.

GUTKIN, T.B.: Modification of elementary students locus of control: An operant approach. The Journal of Psychology, 1978, 100, 107-115.

GUTKIN, T.B.; ROBBINS, J.R. & ANDREWS, L.: The health locus of control scale: Psychometric properties. Educational and Psychological Measurement, 1985, 45, 407-409.

HACKER, W.: Arbeitspsychologie. Psychische Regulation von Arbeitstätigkeiten. Bern: Huber, 1986.

HAHLWEG, K.: Konstruktion und Validierung diagnostischer Instrumente zum Einsatz in der Partnerschaftstherapie. Hamburg: phil. Diss., 1977.

HAHLWEG, K. & SCHINDLER, L.: Zu Anna Auckenthalers Kritik am verhaltenstherapeutischen Ansatz. Partnerberatung, 1982, 19, 194-201.

HALEY, J.: Strategies of psychotherapy. New York: Gruner & Stratton, 1963.

HALL, A.D. & FAGEN, R.E.: Definition of system. General Systems Yearbook, 1956, 1, 18-28.

HANDL, J.; MAYER, K.U. & MÜLLER, W. (Hrsg.): Klassenlagen und Sozialstruktur. Frankfurt: Campus, 1977.

HANUSA, B.H. & SCHULZ, R.: Attributional mediators of learned helplessness. Journal of Personality and Social Psychology, 1977, 35, 602-611.

HARVEY, D.M.: Depression and attributional style: Interpretation of important personal events. Journal of Abnormal Psychology, 1981, 90, 134-142.

HARVEY, J.H. & HARRIS, B.: Determinants of perceived choice and the relationship between perceived choice expectancy feelings of internal control. Journal of Personality and Social Psychology, 1975, 31, 101-106.

HARVEY, J.H.; HARRIS, B. & LIGHTNER, J.M.: Perceived freedom as a central concept in psychological theory and research. In: L.C. PERLMUTER & R.A. MONTY (eds.), 1979.

HARVEY, J.H. & SMITH, W.P.: Social psychology: An attributional approach. St. Louis: Mosby, 1977.

HAVLICEK, L.L. & PETERSON, N.L.: Effect of the violation of assumptions upon significance levels of the Pearson r. Psychological Bulletin, 1977, 84, 373-377.
HECKHAUSEN, H.: Achievement motivation and its constructs: A cognitive model. Motivation and Emotion, 1977, 1, 283-329.
HECKHAUSEN, H.: Motivation und Handeln. Lehrbuch der Motivationspsychologie. Berlin: Springer, 1980.
HEIDER, F.: The psychology of interpersonal relations. New York: Wiley, 1958. (Deutsch: Psychologie der interpersonellen Beziehungen. Stuttgart: Klett, 1977).
HEIL, F.E.: Zur Differenzierung von Koorientierungsmustern in Partnerschaften. In: M. AMELANG (Hrsg.): Bericht über den 35. Kongreß der Deutschen Gesellschaft für Psychologie in Heidelberg 1986. Göttingen: Hogrefe, 1986.
HELBIG, L.: Sozialisation. Eine Einführung. Frankfurt: Diesterweg, 1979.
HELD, T.: Soziologie der ehelichen Machtverhältnisse. Darmstadt: Luchterhand, 1978.
HENNE, H. & REHBOCK, H.: Einführung in die Gesprächsanalyse. Berlin: de Gruyter, 1979.
HICKS, M. & PLATT, M.: Marital happiness and stability: A review of the research in the 60's. Journal of Marriage and the Family, 1970, 32, 553-574.
HILKE, R.: Grundlagen normorientierter und kriteriumorientierter Tests. Eine kritische Auseinandersetzung mit der klassischen Testtheorie und den logistischen Testmodellen. Bern: Huber, 1980.
HIROTO, D.S.: Locus of control and learned helplessness. Journal of Experimental Psychology, 1974, 102, 187-193.
HIROTO, D.S. & SELIGMAN, M.E.P.: Generality of learned helplessness in man. Journal of Personality and Social Psychology, 1975, 31, 311-327.
HOCHREICH, D.J.: Defensive externality and level of aspiration. Journal of Consulting and Clinical Psychology, 1978, 46, 177-178.
HOETH, F.: Antworttendenzen und ihre methodische Bedeutung für Befragungsverfahren. In: K.D. HARTMANN & K.F. KOEPPLER (Hrsg.): Fortschritte der Marktpsychologie. Bd. 2. Frankfurt: Fachbuchhandlung für Psychologie, 1980.
HOETH, F. & KOEBLER, V.: Zusatzinstruktionen gegen Verfälschungstendenzen bei der Beantwortung von Persönlichkeitsfragebogen. Diagnostica, 1967, 13, 117-130.
HOFF, E.: Formen des Kontrollbewußtseins. In: S. PREISER (Hrsg.), 1982.
HOFF, E. & HOHNER, H.-U.: Zur Operationalisierung von Formen des Kontrollbewußtseins. In: S. PREISER (Hrsg.), 1982.
HOFFMANN, M. & SCHENK, J.: Zur Logik der Operationalisierung des locus-of-control Konzeptes von Rotter: Überprüfung der Bipolarität von internal-external control. Diagnostica, 1985, 31, 93-104.
HOFSTÄTTER, P.R.: Bedingungen der Zufriedenheit. Zürich: Edition Interfrom, 1986.
HOHMANN, P.M.: Ist jeder seines Glückes Schmied? (Rezension zu KRAMPEN, 1982 und MIELKE, 1982). Psychologie heute, 7/1983, 79-80.
HOLLING, H.: Homogenität und faktorielle Validität von Skalen. Diagnostica, 1981, 27, 97-106.
HOLM, K.: Die Frage. In: K. HOLM (Hrsg.): Die Befragung, 1. Der Fragebogen - Die Stichprobe. München: Francke, 2. Aufl. 1982.
HOMANS, G.C.: Social behavior as exchange. American Journal of Sociology, 1958, 63, 597-606.
HORKHEIMER, M. & ADORNO, T.W.: Dialektik der Aufklärung. Philosophische Fragmente. Frankfurt: Fischer, 1969.
ICKES, W.J. & LAYDEN, M.A.: Attributional styles. In: J.H. HARVEY; W.J. ICKES & R.F. KIDD (eds.): New directions in attribution research. Vol. 2. Hillsdale, N.J.: Erlbaum, 1978.
JACKSON, D.N. & MESSICK, S.: Content and style in personality assessment. Psychological Bulletin, 1958, 55, 243-252.
JÄCKEL, U.: Partnerwahl und Eheerfolg. Stuttgart: Enke, 1980.
JAEGER, G.: Testinstruktionen - syntaktische Strukturierung als Verstehensbarriere. Universität Hamburg, phil. Diss., 1980.
JAMES, W.H.: Internal versus external control of reinforcement as a basic variable in learning theory. Ohio State University, unpubl. doctoral diss., 1957.
JANKE, W.: Das Dilemma von Persönlichkeitsfragebogen. Einleitung des Symposiums über Konstruk-

tion von Fragebogen. In: G. REINERT (Hrsg.): Bericht über den 27. Kongreß des Deutschen Gesellschaft für Psychologie in Kiel 1970. Göttingen: Hogrefe, 1973.

JARDINE, E. & WINEFIELD, A.H.: Achievement motivation, psychological reactance, and learned helplessness. Motivation and Emotion, 1981, 5, 99-113.

JELLISON, J.M. & GREEN, J.: A self-presentation approach to the fundamental attribution error: The norm of internality. Journal of Personality and Social Psychology, 1981, 40, 643-649.

JENKINS, H.M. & WARD, W.C.: Judgment of contingency between responses and outcomes. Psychological Monographs, 1965, 79 (1, whole No. 594).

JONES, E.E. & GERARD, H.B.: Foundations of social psychology. New York: Wiley, 1967.

JONES, E.E. & NISBETT, R.E.: The actor and the observer: Divergent perceptions of the causes of behavior. In: E.E. JONES; D.E. KANOUSE; H.H. KELLEY; R.E. NISBETT; S. VALINS & B. WEINER (eds.): Attribution: Perceiving the causes of behavior. Morristown, N.J.: General Learning Press, 1971.

JOST, G.; SCHÄTZLE, E.; SCHENK, J. & WAGNER, E.: Interaktion mit dem (Ehe-)Partner im Vergleich zu der mit Freunden, Berufskollegen und Nachbarn. Zeitschrift für experimentelle und angewandte Psychologie, 1985, 32, 471-483.

KAMINSKI, G.: Verhaltenstheorie und Verhaltensmodifikation. Entwurf einer integrativen Theorie psychologischer Praxis am Individuum. Stuttgart: Klett, 1970.

KARMASIN, F. & KARMASIN, H.: Einführung in die Methoden und Probleme der Umfrageforschung. Wien: Böhlau, 1977.

KATKOVSKY, W.; CRANDALL, V.C. & GOOD, S.: Parental antecedents of children's beliefs in internal-external control of reinforcement in intellectual achievement situations. Child Development, 1967, 28, 765-776.

KAYSER, E.; KÖHLER, B.; MIKULA, G. & SCHWINGER, T.: Intrapersonale Kontrakte und interpersonale Gerechtigkeit: Entwurf einer Theorie. Bericht aus dem Sonderforschungsbereich 24, Universität Mannheim, 1980.

KAYSER, E. & SCHWINGER, T.: Probleme bei der Interaktion zwischen Behinderten und Nicht-Behinderten: Theoretisches Modell und Folgerungen für beide Seiten. Bericht aus dem Sonderforschungsbereich 24, Universität Mannheim, 1982.

KEFIR, N. & CORSINI, R.J.: Dispositional sets: A contribution to typology. Journal of Individual Psychology, 1974, 30, 163-178.

KEIL, W.: Reaktionseinstellung und Fragebogenkonstruktion. In: G. REINERT (Hrsg.): Bericht über den 27. Kongreß der Deutschen Gesellschaft für Psychologie in Kiel 1970. Göttingen: Hogrefe, 1973.

KELLEY, H.H.: Attribution in social interaction. Morristown, N.J.: General Learning Press, 1971.

KIRKPATRICK, C.: Factors in marital adjustment. American Journal of Sociology, 1937, 2, 170-283.

KIRSCHHOFER-BOZENHARDT, A. & KAPLITZA, G.: Der Fragebogen. In: K. HOLM (Hrsg.): Die Befragung 1. Der Fragebogen - Die Stichprobe. München: Francke, 2. Aufl. 1982.

KIRSCHT, J.P.: Preventive health behavior: A review of research and issues. Health Psychology, 1983, 2, 277-301.

KLANDERMANS, P.G.: Rotter's I.E.-scale and socio-political action-taking: The balance of 20 years of research. European Journal of Social Psychology, 1983, 13, 399-415.

KLAPPROTH, J.: Einführung in die psychologische Methodik. Stuttgart: Kohlhammer, 1975.

KLAUS, G. (Hrsg.): Wörterbuch der Kybernetik. Berlin: Dietz, 1968.

KLEIN, D.C.; FENCIL-MORSE, E. & SELIGMAN, M.E.P.: Learned helplessness, depression, and the attribution of failure. Journal of Personality and Social Psychology, 1976, 33, 508-516.

KOENIG-KUSKE, J.: Ein Fragebogen zur Einschätzung einer Zweierbeziehung. Partnerberatung, 1977, 14, 47-52.

KOJIMA, H.: A significant stride toward the comparative study of control. American Sociologist, 1984, 39, 972-973.

KOOLWIJK, J. von & WIEKEN-MAYSER, M. (Hrsg.): Techniken der empirischen Sozialforschung. Band 4: Erhebungsmethoden: Die Befragung. München: Oldenbourg, 1974.

KRAHÉ, B.: Wissenschaftliche Forschungspraxis und alltagspsychologische Wirklichkeit: Ein Bei-

trag der attributionstheoretischen Methodendiskussion. Zeitschrift für Sozialpsychologie, 1984, 15, 180-193.
KRAMPEN, G.: IPC-Fragebogen zu Kontrollüberzeugungen. Göttingen: Hogrefe, 1981.
KRAMPEN, G.: Differentialpsychologie der Kontrollüberzeugungen ("Locus of Control"). Göttingen: Hogrefe, 1982.
KRAMPEN, G.: Entwicklung von Kontrollüberzeugungen: Fünf Thesen zu Forschungsstand und -perspektiven. In: M. AMELANG (Hrsg.): Bericht über den 35. Kongreß der Deutschen Gesellschaft für Psychologie in Heidelberg 1986. Göttingen: Hogrefe, 1986.
KRANTZ, S.E. & RUDE, S.: Depressive attributions: Selection of different causes or assignment of dimensional meanings? Journal of Personality and Social Psychology, 1984, 47, 193-203.
KRAPPMANN, L.: Neuere Rollenkonzepte als Erklärungsmöglichkeit für Sozialisationsprozesse. betrifft:erziehung, 03/1971, 27-34.
KRAPPMANN, L.: Soziologische Dimensionen der Identität. Stuttgart: Klett, 5. Aufl. 1978.
KRAUT, A.I.; WOLFSON, A.D. & ROTHENBERG, A.: Some effects of position on opinion survey items. Journal of Applied Psychology, 1975, 60, 774-776.
KRAUTH, J.: Diskriminanzanalyse. In: J. BREDENKAMP & H. FEGER (Hrsg.): Strukturierung und Reduzierung von Daten. (Enzyklopädie der Psychologie, Bd. B I 4). Göttingen: Hogrefe, 1983.
KREITLER, S. & KREITLER, H.: Test item content: Does it matter? Educational and Psychological Measurement, 1981, 41, 635-642.
KREUTZ, H. & TITSCHER, S.: Die Konstruktion von Fragebögen. In: J. von KOOLWIJK & M. WIEKEN-MAYSER (Hrsg.), 1974.
KRISTOF, W.: Klassische Testtheorie und Testkonstruktion. In: H. FEGER & J. BREDENKAMP (Hrsg.): Messen und Testen (Enzyklopädie der Psychologie, Bd. B I 3). Göttingen: Hogrefe, 1983.
KRUGLANSKI, A.W.: Kognitive Sozialpsychologie: Eine Betrachtung zum kognitiven Pluralismus und Irrationalismus. Zeitschrift für Sozialpsychologie, 1982, 13, 150-162.
KÜCHLER, M.: Multivariate Analyseverfahren. Stuttgart: Teubner, 1979.
KUHL, J.: Motivational and functional helplessness: The moderating effect of state versus action orientation. Journal of Personality and Social Psychology, 1981, 40, 155-170.
KUHL, J.: Motivation, Konflikt und Handlungskontrolle. Berlin: Springer, 1983.
LACEY, H.M.: Control, perceived control, and the methodological role of cognitive constructs. In: L.C. PERLMUTER & R.A. MONTY (eds.), 1979.
LAING, R.D.; PHILLIPSON, H. & LEE, A.R.: Interpersonelle Wahrnehmung. Frankfurt: Suhrkamp, 1971.
LALLJEE, M.: Attribution theory and the analysis of explanations. In: C. ANTAKI (ed.): The psychology of ordinary explanations of social behaviour. London: Academic Press, 1981.
LANGER, E.J.: The illusion of control. Journal of Personality and Social Psychology, 1975, 32, 311-328.
LANGER, E.J.: The psychology of chance. Journal for the Theory of Social Behaviour, 1977, 7, 185-207.
LANGER, E.J.: The illusion of incompetence. In: L.C. PERLMUTER & R.A. MONTY (eds.), 1979.
LANTERMANN, E.D.: Interaktionen. Person, Situation und Handlung. München: Urban & Schwarzenberg, 1980a
LANTERMANN, E.D.: Urteile über Einstellungsobjekte im Handlungskontext. Zeitschrift für Sozialpsychologie, 1980b, 11, 248-258.
LEDERER, W.J. & JACKSON, D.D.: Ehe als Lernprozeß. München: Pfeiffer, 1972.
LEFCOURT, H.M.: The functions of the illusions of control and freedom. American Psychologist, 1973, 28, 417-425.
LEFCOURT, H.M.: Personality and locus of control. In: J. GARBER & M.E.P. SELIGMAN (eds.), 1980.
LEFCOURT, H.M. (ed.): Research with the locus of control construct. Volume 1. Assessment methods. New York: Academic Press, 1981.
LENK, W.: Faktorenanalyse: Ein Mythos? Historische und konzeptionelle Untersuchungen zur Faktorenanalyse und Intelligenzforschung. Weinheim: Beltz, 1983.
LERNER, M.J.: The belief in a just world: A fundamental delusion. New York: Plenum Press, 1980.
LEVENSON, H.: Distinctions within the concept of internal-external control: Development of a new scale. Proceedings of the 80th Annual Convention of the American Psychological Association, 1972, 7, 261-262.

LEVENSON, H.: Perceived parental antecedents of internal, powerful others, and chance locus of control orientations. Developmental Psychology, 1973, 9, 268-274.

LEVENSON, H. & MILLER, J.: Multidimensional locus of control in sociopolitical activists of conservative and liberal ideologies. Journal of Personality and Social Psychology, 1976, 2, 199-208.

LEWIN, K.: A dynamic theory of personality. New York: McGraw-Hill, 1935.

LEWIN, K.: The conceptual representation and the measurement of psychological forces. Durham, N.C.: Duke University Press, 1938.

LEWIS, D.: Konventionen, eine sprachphilosophische Abhandlung. Berlin: de Gruyter, 1975.

LEWIS, P.; CHENEY, T. & DAWES, A.S.: Locus of control of interpersonal relationships questionnaire. Psychological Reports, 1977, 41, 507-510.

LIENERT, G.A.: Testaufbau und Testanalyse. Weinheim: Beltz, 3. Aufl. 1969.

LIENERT, G.A.: Verteilungsfreie Methoden in der Biostatistik. Bd. I. Meisenheim: Hain, 2. völlig neu bearb. Aufl. 1973.

LIENERT, G.A.: Verteilungsfreie Methoden in der Biostatistik. Tafelband. Meisenheim: Hain, 1975.

LINDEN, E.B.: Analyse von Operationalisierungen und Interpretationen zur Theorie der Gelernten Hilflosigkeit. Eine empirische Untersuchung. Technische Universität Berlin: Diss., 1983.

LOCKE, H.J. & WALLACE, K.M.: Short marital-adjustment and prediction tests: Their reliability and validity. Marriage and Family Living, 1959, 21, 251-255.

LUHMANN, N.: Soziologie des politischen Systems. Kölner Zeitschrift für Soziologie und Sozialpsychologie, 1968, 20, 705-733.

LUHMANN, N.: Sinn als Grundbegriff der Soziologie. In: J. HABERMAS & N. LUHMANN: Theorie der Gesellschaft oder Sozialtechnologie. Was leistet die Systemforschung? Frankfurt: Suhrkamp, 1971.

LUHMANN, N.: Vertrauen. Ein Mechanismus zur Reduktion sozialer Komplexität. Stuttgart: Enke, 2. Aufl. 1973.

LUNNEY, G.H.: Using analysis of variance with a dichotomous dependent variable: An empirical study. Journal of Educational Measurement, 1970, 7, 263-269.

MAIER, S.F. & SELIGMAN, M.E.P.: Learned helplessness: Theory and evidence. Journal of Experimental Psychology: General, 1976, 105, 3-46.

MANDEL, A.; MANDEL, K.-H.; STADTER, E. & ZIMMER, D.: Einübung in Partnerschaft durch Kommunikationstherapie und Verhaltenstherapie. München: Pfeiffer, 1971.

MANZ, W.: Gefangen im Gefangenendilemma? Zur Sozialpsychologie der experimentellen Spiele. In: W. BUNGARD (Hrsg.): Die gute Versuchsperson denkt nicht. Artefakte in der Sozialpsychologie. München: Urban & Schwarzenberg, 1980.

MARWELL, G. & SCHMITT, D.R.: Cooperation: An experimental analysis. New York: Academic Press, 1975.

MATELL, M.S. & JACOBY, J.: Is there an optimal number of alternatives for Likert-scale items? Effects of testing time and scale properties. Journal of Applied Psychology, 1972, 56, 506-509.

MATTHEWS, K.A.; SCHEIER, M.F.; BRUNSON, B.I. & CARDUCCI, B.: Attention, unpredictability, and reports of physical symptoms: Eliminating the benefits of predictability. Journal of Personality and Social Psychology, 1980, 38, 525-537.

McCALL, G. & SIMMONS, J.L.: Identität und Interaktion. Düsseldorf: Schwann, 1974.

McCLURE, J.: The social parameter of "learned" helplessness: Its recognition and implications. Journal of Personality and Social Psychology, 1985, 48, 1534-1539.

McKELVIE, S.J.: Graphic rating scales - How many categories? British Journal of Psychology, 1978, 69, 185-202.

MEAD, G.H.: Mind, self and society. Chicago: University of Chicago Press, 1934. (Deutsch: Geist, Identität und Gesellschaft. Frankfurt: Suhrkamp, 1968).

MEIER, F.: Sozial erwünschtes Antwortverhalten: ein fiktives Forschungsproblem? Diagnostica, 1985, 31, 289-299.

MEISSNER, M.: The long arm of the job: A study of work and leisure. Industrial Relations, 1971, 10, 239-260.

MERZ, J.: Testkritische Überprüfung einer deutschen Version des IPC-Fragebogens. Diagnostica, 1981, 27, 253-260.

MESSICK, S.: The psychology of acquiescence: An interpretation of research evidence. Princeton, N.J.: Educational Testing Service, 1966.

METALSKY, G.I.; ABRAMSON, L.Y.; SELIGMAN, M.E.P.; SEMMEL, A. & PETERSON, C.: Attributional style and life events in the classroom: vulnerability and invulnerability to depressive mood reactions. Journal of Personality and Social Psychology, 1982, 43, 612-617.

MEULEMANN, H.: Die Struktur religiöser Vorstellungen in der Bundesrepublik Deutschland. Eine konfirmatorische Faktorenanalyse. Information 16 des Zentralarchivs für empirische Sozialforschung in Köln, Mai 1985, 40-70.

MEYER, W.-H.: Arbeitszufriedenheit. Ein interessiertes Mißverständnis. Opladen: Westdeutscher Verlag, 1982.

MEYER, W.U.: Internale-externale Bekräftigungskontrolle, Ursachenzuschreibung und Erwartungsänderungen - Einige Anmerkungen. In: R. MIELKE (Hrsg.), 1982.

MEYER, W.U.: Das Konzept von der eigenen Begabung. Bern: Huber, 1984.

MIELKE, R. (Hrsg.): Interne/externe Kontrollüberzeugung. Theoretische und empirische Arbeiten zum Locus of Control-Konstrukt. Bern: Huber, 1982.

MIELKE, R.: Locus of control - Ein Überblick über den Forschungsgegenstand. In: R. MIELKE (Hrsg.), 1982 (a).

MIELKE, R.: Das Problem der Mehrdimensionalität bei der Erfassung interner/externer Kontrollüberzeugung. In: R. MIELKE (Hrsg.), 1982 (b).

MIELKE, R.: Lernen und Erwartung. Zur Selbst-Wirksamkeits-Theorie von Albert Bandura. Bern: Huber, 1984.

MIKULA, G.: Personal relationships: Remarks on the current state of research. European Journal of Social Psychology, 1984, 14, 339-352.

MILLER, G.A.: The magical number seven, plus or minus two: Some limits on our capacity for processing information. Psychological Review, 1956, 63, 81-97.

MILLER, I.W. & NORMAN, W.H.: Learned helplessness in humans: A review and attribution-theory model. Psychological Bulletin, 1979, 86, 93-118.

MILLER, S.M.: Controllability and human stress: Method, evidence, and theory. Behavior Research and Therapy, 1979, 17, 287-304.

MILLER, S.M.: Predictability and human stress: Toward a clarification of evidence and theory. Advances in Experimental Social Psychology, 1981, 14, 203-256.

MILLER, W.R. & SELIGMAN, M.E.P.: Depression and the perception of reinforcement. Journal of Abnormal Psychology, 1973, 82, 62-73.

MILLER, W.R. & SELIGMAN, M.E.P.: Depression and learned helplessness in man. Journal of Abnormal Psychology, 1975, 84, 228-238.

MINUCHIN, S.: Familie und Familientherapie. Theorie und Praxis struktureller Familientherapie. Freiburg: Lambertus, 1977.

MIRELS, H.L.: Dimensions of internal versus external control. Journal of Consulting and Clinical Psychology, 1970, 34, 226-228.

MISCHEL, W.; ZEISS, R. & ZEISS, A.: Internal-external control and persistance validation and implications of the Stanford preschool internal external scale. Journal of Personality and Social Psychology, 1974, 29, 265-278.

MÜLLER, G.F.: Interpersonales Konfliktverhalten: Vergleich und experimentelle Untersuchung zweier Erklärungsmodelle. Zeitschrift für Sozialpsychologie, 1980, 11, 168-180.

MÜLLER, G.F.: Prozesse sozialer Interaktion. Göttingen: Hogrefe, 1985.

MÜLLER-WICHMANN, C.: Weniger Arbeit heißt noch lange nicht mehr Freizeit. Psychologie heute, 02/1985, 60-64.

MUMMENDEY, H.-D.: Methoden und Probleme der Kontrolle sozialer Erwünschtheit (Social Desirability). Zeitschrift für Differentielle und Diagnostische Psychologie, 1981, 2, 199-218.

NEWMAN, J.M.: Comparison of the I-E scale and a specific locus of control measure in predicting risk-taking behavior under novel task conditions. Psychological Reports, 1977, 40, 1035-1040.

NICHOLLS, J.G.; LICHT, B.G. & PEARL, R.A.: Some dangers of using personality questionnaires to study personality. Psychological Bulletin, 1982, 92, 572-580.

NIKETTA, R.: Theoretische Ansätze kognitiver Kontrolle und das locus of control-Konzept. In: R. MIELKE (Hrsg.), 1982.

NISBETT, R.E. & WILSON, T.D.: Telling more than we know: Verbal reports on mental processes. Psychological Review, 1977, 84, 231-259.

NOLLER, P.: Channel consistency and inconsistency in the communication of married couples. Journal of Personality and Social Psychology, 1982, 43, 732-741.

NOWICKI, S. & BARNES, J.: Effects of a structured camp experience on locus of control orientations. Journal of Genetic Psychology, 1973, 122, 247-252.

OESTERREICH, R.: Handlungsregulation und Kontrolle. München: Urban & Schwarzenberg, 1981.

OESTERREICH, R.: Der Begriff "Effizienz-Divergenz" als theoretischer Zugang zu Problemen der Planung des Handelns und seiner Motivation. In: W. HACKER; W. VOLPERT & M. v. CRANACH (Hrsg.): Kognitive und motivationale Aspekte der Handlung. Bern: Huber, 1982.

ORTH, B.: Meßtheoretisch bedeutsame oder psychologisch sinnvolle Einstellungsmodelle? Zeitschrift für Sozialpsychologie, 1986, 17, 87-90.

OTTOMEYER, K.: Soziales Verhalten und Ökonomie im Kapitalismus. Gießen: Focus, 2. durchgesehene u. erw. Aufl. 1976.

OVERMIER, J.B. & SELIGMAN, M.E.P.: Effects of inescapable shock upon subsequent escape and avoidance learning. Journal of Comparative and Physiological Psychology, 1967, 63, 28-33.

OZIEL, L.J.; OBITZ, F.W. & KEYSON, M.: General and specific perceived locus of control in alcoholics. Psychological Reports, 1972, 30, 957-958.

PAGEL, M.D.; BECKER, J. & COPPEL, D.B.: Locus of control, self-blame, and depression: An investigation of spouse caregivers of Alzheimer's disease patients. Journal of Abnormal Psychology, 1985, 94, 169-182.

PARKES, M.; BENJAMIN, B. & FITZGERALD, R.G.: Broken heart: A statistical study of increased mortality among widowers. British Medical Journal, 1969, 1, 740-743.

PASAHOW, R.J.: The relation between an attributional dimenson and learned helplessness. Journal of Abnormal Psychology, 1980, 89, 358-367.

PASAHOW, R.J.; WEST, S.G. & BOROTO, D.R.: Predicting when uncontrollability will produce performance deficits: A refinement of the reformulated learned helplessness hypothesis. Psychological Review, 1982, 89, 595-598.

PAULHUS, D.: Two component models of socially desirable responding. Journal of Personality and Social Psychology, 1984, 46, 598-609.

PAULHUS, D. & CHRISTIE, R.: Spheres of control: An interactionist approach to assessment of perceived control. In: H.M. LEFCOURT (ed.), 1981.

PEAK, H.: Attitude and motivation. In: M.R. JONES (ed.): Nebraska Symposium on Motivation. Lincoln: University of Nebraska Press, 1955.

PERLMUTER, L.C. & MONTY, R.A. (eds).: Choice and perceived control. Hillsdale, N.J.: Erlbaum, 1979.

PERLMUTER, L.C.; SCHARFF, K.; KARSH, R. & MONTY, R.A.: Perceived control. A generalized state of motivation. Motivation and Emotion, 1980, 4, 35-45.

PERREZ, M.: Erlernte Hilflosigkeit: Neues, Kritisches und Querbezüge. In: F. PETERMANN, 1983.

PETERMANN, F.: Weiterentwicklung des Konzeptes "erlernte Hilflosigkeit" in Theorie, Forschung und Anwendung. Nachwort zu: SELIGMAN, M.E.P.: Erlernte Hilflosigkeit. München: Urban & Schwarzenberg, 2. Aufl. 1983.

PETERMANN, F.: Psychologie des Vertrauens. Salzburg: Müller, 1985.

PETERSON, C.: Learning impairment following insoluble problems. Learned helplessness or altered hypothesis pool? Journal of Experimental Social Psychology, 1978, 14, 53-68.

PETERSON, C. & SELIGMAN, M.E.P.: Hilflosigkeit, Attributionsstil und Depression. In: F.E. WEINERT & R.H. KLUWE (Hrsg.): Metakognition, Motivation und Lernen. Stuttgart: Kohlhammer, 1984.

PETERSON, C.; SEMMEL, A.; BAEYER, C. von; ABRAMSON, L.Y.; METALSKY, G.I. & SELIGMAN, M.E.P.: The attributional style questionnaire. Cognitive Therapy and Research, 1982, 6, 287-300.

PETERSON, C.; VILLANOVA, P. & RAPS, C.S.: Depression and attributions: Factors responsible for inconsistent results in the published literature. Journal of Abnormal Psychology, 1985, 94, 165-168.

PEW, W.L.: Die Priorität Nummer eins. In: R. KAUSEN & F.J. MOHR (Hrsg.): Bericht über den 13.

Kongreß der Internationalen Vereinigung für Individualpsychologie in München 1976. München: Reinhardt, 1978.
PHARES, E.J.: Changes in expectancy in skill and chance situations. Ohio State University: unpubl. doctoral diss., 1955.
PHARES, E.J.: Locus of control in personality. Morristown: General Learning Press, 1976.
PHILLIPS, G.M. & METZGER, N.J.: Intimate communication. Boston: Allyn. Bacon, 1976
PIAGET, J.: Piaget's theory. In: P.H. MUSSEN (ed.): Carmichael's manual of child psychology, Vol. 2. New York: Wiley, 3rd edition 1970.
PIONTKOWSKI, U.: Psychologie der Interaktion. München: Juventa, 1976.
PIONTKOWSKI, U.: Internale-externale Kontrolle, Selbsteinschätzung und Erwartungen. Archiv für Psychologie, 1978, 130, 312-325.
PIONTKOWSKI, U.; RUPPELT, M. & SANDMANN, M.: Eine Normierung von Rotters I-E-Skala. Diagnostica, 1981, 25, 313-323.
PITTMAN, N.L. & PITTMAN, T.S.: Effects of amount of helplessness training and internal-external locus of control on mood and performance. Journal of Personality and Social Psychology, 1979, 37, 39-47.
PITTMAN, T.S. & PITTMAN, N.L.: Deprivation of control and the attribution process. Journal of Personality and Social Psychology, 1980, 39, 377-389.
PLUTCHIK, R.: On emotion: The chicken-and-egg problem revisited. Motivation and Emotion, 1985, 9, 197-200.
PREISER, S.: Verzicht auf Kontrolle - aus Angst vor Kontrollverlust? In: W. MICHAELIS (Hrsg.): Bericht über den 32. Kongreß der Deutschen Gesellschaft für Psychologie in Zürich 1980, Bd. 1. Göttingen: Hogrefe, 1981.
PREISER, S. (Hrsg.): Kognitive und emotionale Aspekte politischen Engagements. (Fortschritte der Politischen Psychologie, Bd. 2). Weinheim: Beltz, 1982.
PROCIUK, T.J.; BREEN, L.J. & LUSSIER, R.J.: Hopelessness, internal-external locus of control, and depression. Journal of Clinical Psychology, 1976, 32, 299-300.
PRUITT, D.G. & KIMMEL, M.J.: Twenty years of experimental gaming: Critique, synthesis, and suggestions for the future. Annual Review of Psychology, 1977, 28, 363-392.
PRYSTAV, G.: Vorhersagbarkeit und Kontrollierbarkeit aversiver Reize als belastungsinduzierende Variablen. Archiv für Psychologie, 1980, 132, 121-138.
PYSZCZYNSKI, T.A. & GREENBERG, J.: Role of disconfirmed expectancies in the instigation of attributional processing. Journal of Personality and Social Psychology, 1981, 40, 31-38.
RAMSENTHALER, H.: Theoretische Grundlagen der Familientherapie. Ein Klärungsversuch auf der Basis des Regelbegriffs von L. Wittgenstein. Familiendynamik, 1986, 11, 2-15.
RANSFORD, H.E.: Isolation, powerlessness and violence: A study of attitudes and participation in the Watts riot. American Journal of Sociology, 1968, 73, 581-591.
RAPOPORT, A. & CHAMMAH, A.M.: Prisoner's dilemma: A study in conflict and cooperation. Ann Arbor: University of Michigan Press, 1965.
RAPS, C.S.; PETERSON, C.; REINHARD, K.E.; ABRAMSON, L.Y. & SELIGMAN, M.E.P.: Attributional style among depressed patients. Journal of Abnormal Psychology, 1982, 91, 102-108.
RAUSH, H.L.; BARRY, W.A.; HERTEL, R.K. & SWAIN, M.A.: Communication, conflict, and marriage. San Francisco: Jossey-Bass, 1974.
REIMANN, H.: Kommunikationssysteme. Tübingen: Mohr, 1974.
REINECKE, J.: Sozial erwünschtes Antwortverhalten: Gewiß ein fiktives Forschungsproblem! Anmerkungen zu Meiers Forschungsstrategie. Diagnostica, 1986, 32, 193-196.
REITER, L.: Gestörte Paarbeziehungen. Theoretische und empirische Untersuchungen zur Ehepaardiagnostik. Göttingen: Vandenhoek & Ruprecht, 1983.
REITER, L. & STEINER, E.: Ist "eheliche Anpassung" ein latentes Ziel in der Paartherapie? Partnerberatung, 1981, 18, 78-89.
REMPEL, J.K.; HOLMES, J.G. & ZANNA, M.P.: Trust in close relationships. Journal of Personality and Social Psychology, 1985, 49, 95-112.
RENN, H.: Nichtparamentrische Statistik. Eine Einführung in die Grundlagen. Stuttgart: Teubner, 1975.
RENSHON, S.A.: The need for personal control in political life: Origins, dynamics and implications. In: L.C. PERLMUTER & R.A. MONTY (eds.), 1979.

REVENSTORF, D.: Lehrbuch der Faktorenanalyse. Stuttgart: Kohlhammer, 1976.

RHEINBERG, F.: Leistungsbewertung und Lernmotivation. Göttingen: Hogrefe, 1980.

RICHTER, H.J.: Grundlagen schriftlicher Massenbefragungen: ein verhaltenstheoretischer Beitrag zur Methodenkritik. München: phil. Diss., 1969.

RINDERSPACHER, J.: Der Feierabend, der keiner ist. Psychologie heute, 08/1984, 38-41.

RITSERT, J.; STRACKE, E. & HEIDER, F.: Grundzüge der Varianz- und Faktorenanalyse. Frankfurt: Campus, 1976.

RODIN, J.: Density, perceived choice, and response to controllable and uncontrollable outcomes. Journal of Experimental Social Psychology, 1976, 12, 564-578.

RODIN, J. & LANGER, E.: Long-term effects of a control-relevant intervention with the institutionalized aged. Journal of Personality and Social Psychology, 1977, 35, 897-902.

RODIN, J.; RENNERT, K. & SOLOMON, S.K.: Intrinsic motivation for control: Fact or fiction. In: A. BAUM & J.E. SINGER (eds.), 1980.

ROHNER, E.C.; CHAILLE, C. & ROHNER, R.P.: Perceived parental acceptance-rejection and the development of children's locus of control. The Journal of Psychology, 1980, 104, 83-86.

ROHRMANN, B.: Empirische Studien zur Entwicklung von Antwortskalen für die sozialwissenschaftliche Forschung. Zeitschrift für Sozialpsychologie, 1978, 9, 222-245.

ROSE, A.M.: Systematische Zusammenfassung der Theorie der symbolischen Interaktion. In: H. HARTMANN (Hrsg.): Moderne amerikanische Soziologie. Stuttgart: Enke, 2. Aufl. 1973.

ROSS, L.: The intuitive psychologist and his shortcomings: Distortions in the attribution process. Advances in Experimental Social Psychology, 1977, 10, 173-220.

ROST-SCHAUDE, E.; KUMPF, M. & FREY, D.: Untersuchungen zu einer deutschen Fassung der "Internal-External-Control"-Skala von Rotter. In: W.H. TACK (Hrsg.): Bericht über den 29. Kongreß der Deutschen Gesellschaft für Psychologie in Salzburg 1974, Bd. 2. Göttingen: Hogrefe, 1975.

ROTH, S.: A revised model of learned helplessness in humans. Journal of Personality, 1980, 48, 103-133.

ROTH, S. & BOOTZIN, R.R.: Effects of experimentally induced expectancies of external control: An investigation of learned helplessness. Journal of Personality and Social Psychology, 1974, 29, 253-264.

ROTH, S. & KUBAL, L.: Effects of noncontingent reinforcement on tasks of differing importance: Facilitation and learned helplessness. Journal of Personality and Social Psychology, 1975, 32, 680-691.

ROTHBAUM, F.; WEISZ, J.R. & SNYDER, S.S.: Changing the world and changing the self: A two-process model of perceived control. Journal of Personality and Social Psychology, 1982, 42, 5-37.

ROTTER, J.B.: Social learning and clinical psychology. Englewood Cliffs, N.J.: Prentice-Hall, 1954.

ROTTER, J.B.: Generalized expectancies for internal versus external control of reinforcement. Psychological Monographs, 1966, 80 (1, whole No. 609).

ROTTER, J.B.: A new scale for the measurement of interpersonal trust. Journal of Personality, 1967, 35, 651-665.

ROTTER, J.B.: Some problems and misconceptions related to the construct of internal versus external control of reinforcement. Journal of Consulting and Clinical Psychology, 1975, 43, 56-67. (Deutsch: Einige Probleme und Mißverständnisse beim Konstrukt der internen versus externen Kontrolle der Verstärkung. In: R. MIELKE (Hrsg.), 1982).

ROTTER, J.B.: Interpersonal trust, trustworthiness, and gullibility. American Psychologist, 1980, 35, 1-7.

ROTTER, J.B.; CHANCE, J.E. & PHARES, E.J. (eds.): Applications of a social learning theory of personality. New York: Holt, Rinehart & Winston, 1972.

ROTTER, J.B. & HOCHREICH, D.J.: Personality. Glenview, Il.: Scott, Foresman & Co., 1975. (Deutsch: Persönlichkeit. Theorien, Messung, Forschung. Berlin: Springer, 1979).

ROTTER, J.B.; LIVERANT, S. & CROWNE, D.P.: The growth and extinction of expectancies in chance controlled and skilled tasks. Journal of Psychology, 1961, 52, 161-177.

ROTTER, J.B.; SEEMAN, M. & LIVERANT, S.: Internal versus external control of reinforcement: A major variable in behavior theory. In: N.F. WASHBURNE (ed.): Decisions, values, and groups. Vol. 2. London: Pergamon Press, 1962.

RUSSELL, D.: The causal dimension scale: A measure of how individuals perceive causes. Journal of Personality and Social Psychology, 1982, 42, 1137-1145.

RUTHE, R.: Partnertherapie. In: R. SCHMIDT (Hrsg.): Die Individualpsychologie Alfred Adlers. Stuttgart: Kohlhammer, 1982.

SADER, M.: Psychologie der Gruppe. München: Juventa, 1976.

SATIR, V.: Communication: A verbal and nonverbal process of making requests of the receiver. In: K. GIFFIN & B.R. PATTON: Basic readings in interpersonal communication. New York, 1971.

SAUER, C. & MÜLLER, M.: Die Theorie der gelernten Hilflosigkeit: Eine hilfreiche Theorie? Zeitschrift für Sozialpsychologie, 1980, 11, 2-24.

SAVAGE, R.E.; PERLMUTER, L.C. & MONTY, R.A.: Effect of reduction in the amount of choice and the perception of control on learning. In: L.C. PERLMUTER & R.A. MONTY (eds.), 1979.

SCHADE, F.-D.: Untersuchungen zur Problematik von Selbstbeschreibungs-Fragebogen. Frankfurt: Lang, 1983.

SCHÄFER, B.: Semantische Differential Technik. In: J. BREDENKAMP & H. FEGER (Hrsg.): Datenerhebung (Enzyklopädie der Psychologie, Bd. B I 2). Göttingen: Hogrefe, 1983.

SCHENK, J.; PFRANG, H.; FÖRSTER, M.; KULZER, B. & VELLING, U.: Der Zusammenhang zwischen Locus-of-control, Verstärkungswert und Verhalten. Eine Überprüfung des Rotterschen Konzeptes im Bereich politischen Verhaltens. Zeitschrift für Sozialpsychologie, 1985, 16, 48-55.

SCHLOSSER, O.: Einführung in die sozialwissenschaftliche Zusammenhangsanalyse. Reinbek: Rowohlt, 1976.

SCHMIDT, D.E. & KEATING, J.P.: Human crowding and personal control: An integration of the research. Psychological Bulletin, 1979, 86, 680-700.

SCHNEEWIND, K.A.: Familiäre Aspekte der Selbstverantwortlichkeit. In: R. MIELKE (Hrsg.), 1982.

SCHOCH, A.: Vorarbeiten zu einer pädagogischen Kommunikationstheorie. Frankfurt: Suhrkamp, 1979.

SCHOLZ, O.B. (Hrsg.): Diagnostik in Ehe- und Partnerschaftskrisen. München: Urban & Schwarzenberg, 1978.

SCHORR, D. & RODIN, J.: Motivation to control one's environment in individuals with obsessive-compulsive, depressive, and normal personality traits. Journal of Personality and Social Psychology, 1984, 46, 1148-1161.

SCHRIESHEIM, C.A. & HILL, K.D.: Controlling acquiescence response bias by item reversals: The effect on questionnaire validitiy. Educational and Psychological Measurement, 1981, 41, 1101-1114.

SCHUCH, A.: Erlernte Hilflosigkeit - ausschließlich ein Problem unangemessener Kognitionen? Weinheim: Beltz, 1982.

SCHULZ von THUN, F.: Psychologische Vorgänge in der zwischenmenschlichen Kommunikation. In: B. FITTKAU; H.M. MÜLLER-WOLF & F. SCHULZ von THUN (Hrsg.): Kommunizieren lernen (und umlernen). Braunschweig: Westermann, 1977.

SCHULZ von THUN, F.: Miteinander reden: Störungen und Klärungen. Psychologie der zwischenmenschlichen Kommunikation. Reinbek: Rowohlt, 1981.

SCHWARZENAUER, W.: Was macht eine Ehe glücklich? Ergebnisse einer repräsentativen Bevölkerungsumfrage. Partnerberatung, 1980, 17, 49-66.

SCHWARZER, R.: Streß, Angst und Hilflosigkeit. Stuttgart: Kohlhammer, 1981.

SCHWINGER, T.: Beziehungen. Sterz, 1983, 24, 10-11.

SCHWINGER, T.; NÄHRER, W. & KAYSER, E.: Prinzipien der gerechten Vergabe von Zuneigung und Geld in verschiedenen Sozialbeziehungen. Bericht aus dem Sonderforschungsbereich 24 der Universität Mannheim, 1982.

SCHWINGER, T.; KAYSER, E.; SCHANZ, V. & NÄHRER, W.: Distributive Gerechtigkeit und Laiensozialpsychologie. Vortrag beim Symposium des Sonderforschungsbereichs 24 der Universität Mannheim am 15.-16.9.1983, Mannheim, 1983.

SEARLE, J.R.: Sprechakte. Frankfurt: Suhrkamp, 1971.

SEIDNER, C.J.; LEWIS, S.C.; SHERWIN, N.V. & TROLL, E.W.: Cognitive and affective outcomes for pupils in an open-space elementary school. Elementary School Journal, 1978, 78, 208-219.

SELIGMAN, M.E.P.: Depression and learned helplessness. In: R.J. FRIEDMAN & M.M. KATZ (eds.): The psychology of depression: Contemporary theory and research. New York: Wiley, 1974.
SELIGMAN, M.E.P.: Helplessness: On depression, development and death. San Fransisco: Freeman, 1975. (Deutsch: Erlernte Hilflosigkeit. München: Urban & Schwarzenberg, 1979).
SELIGMAN, M.E.P.: Todesursache: Selbstaufgabe. Psychologie heute, 07/1976, 20-26.
SELIGMAN, M.E.P.; ABRAMSON, L.Y.; SEMMEL, A. & BAEYER, C. v.: Depressive attributional style. Journal of Abnormal Psychology, 1979, 88, 242-247.
SELIGMAN, M.E.P. & MAIER, S.F.: Failure to escape traumatic shock. Journal of Experimental Social Psychology, 1967, 74, 1-9.
SELIGMAN, M.E.P. & MILLER, S.M.: The psychology of power: Concluding comments. In: L.C. PERLMUTER & R.A. MONTY (eds.), 1979.
SHANNON, C.E. & WEAVER, W.: The mathematical theory of communication. Urbana: University of Illinois Press, 1949.
SHERROD, D. & DOWNS, R.: Environmental determinants of altruism: The effects of stimulus overload and perceived control on helping. Journal of Experimental Social Psychology, 1974, 10, 468-479.
SHERROD, D.R.; HAGE, J.N.; HALPERN, P.L. & MOORE, B.S.: Effects of personal causation and perceived control on responses to an aversive environment: The more control, the better. Journal of Experimental Social Psychology, 1977, 13, 14-27.
SIEGEL, S.: Nichtparametrische statistische Methoden. Frankfurt: Fachbuchhandlung für Psychologie, 1976.
SIGUSCH, V.: Das gemeine Lied der Liebe. In: H.L. GREMLIZA (Hrsg.): Sexualität konkret, Bd. 1. Frankfurt: Zweitausendeins, 1980.
SILVERN, L.E. & NAKAMURA, C.Y.: Powerlessness, social-political actions, social-political views: Their interrelation among college students. Journal of Social Issues, 1971, 27, 137-157.
SIMMEL, G.: Soziologie. Untersuchungen über die Formen der Vergesellschaftungen. Leipzig: Duncker & Humblot, 1908.
SIMON, F.: Wer entscheidet, wer entscheidet? Macht und Ohnmacht in Beziehungen. Psychologie heute, 04/1984, 29-33.
SMITH, C.E.; PRYER, C.E. & DISTEFANO, M.K.: Internal-external control and severity of emotional impairment among psychiatric patients. Journal of Clinical Psychology, 1971, 27. 449-450.
SNYDER, M.L.; SMOLLER,B.; STRENTA, A. & FRANKEL, A.: A comparison of egotism, negativity and learned helplessness as explanations for poor performance after unsolvable problems. Journal of Personality and Social Psychology, 1981, 40, 24-30.
SOLOMON, S.; HOLMES, D.S. & McCAUL, K.D.: Behavioral control over aversive events: Does control that requires effort reduce anxiety and physical arousal? Journal of Personality and Social Psychology, 1980, 39, 729-736.
SPANGENBERG, N.: Zu zweit allein. Psychologie heute, 09/1982, 30-39.
SPANIER, G.B. & LEWIS, R.A.: Marital Quality: A review of the seventies. Journal of Marriage and the Familiy, 1980, 42, 825-839.
SPRUNG, L. & SPRUNG, H.: Zur Theorie und Methodik der Fragebogenkonstruktion - Anspruch, Leistung und Dilemma einer Standardmethodik. Teil I: Wesen und Konstruktionstechniken von Fragebogenmethodiken. Probleme und Ergebnisse der Psychologie, 1978a, 66, 5-27.
SPRUNG, L. & SPRUNG, H.: Zur Theorie und Methodik der Fragebogenkonstruktion - Anspruch, Leistung und Dilemma einer Standardmethodik. Teil II: Das Dilemma der Fragebogenmethodik und einige Ansatzpunkte sowie Verfahrenstechniken für seine Überwindung. Probleme und Ergebnisse der Psychologie, 1978b, 67, 5-24.
STEINER, I.D.: Perceived freedom. Advances in Experimental Social Psychology, 1970, 5, 187-248.
STEINER, I.D.: Three kinds of reported choice. In: L.C. PERLMUTER & R.A. MONTY (eds.), 1979.
STELZL, I.: Fehler und Fallen der Statistik. Bern: Huber, 1982.
STEPHENS, M.W.: Dimensions of locus of control: Impact of early educational experiences. Proceedings of the 80th Annual Convention of the American Psychological Association, 1972, 7, 137-138.
STIENSMEIER, J.; KAMMER, D.; PELSTER, A. & NIKETTA, R.: Attributionsstil und Bewertung als Ri-

sikofaktoren der depressiven Reaktion. Bielefelder Arbeiten zur Sozialpsychologie, Nr. 117, 01/1985.

STOTLAND, E. & CANON, L.K.: Social psychology - a cognitive approach. Philadelphia, 1972.

STREIFFELER, F.; YONGO, B. & TIBAMWENDA, B.B.: Kontrollüberzeugungen im afrikanischen Kontext. In: S. PREISER (Hrsg.), 1982.

STRICKLAND, B.R.: The prediction of social action from a dimension of internal-external control. Journal of Social Psychology, 1965, 66, 353-358.

STRICKLAND, B.R.: Internal-external control of reinforcement. In: T. BLASS (ed.): Personality variables in social behavior. New York: Wiley, 1977.

STROEBE, W.: Grundlagen der Sozialpsychologie I. Stuttgart: Klett, 1980.

STRUBE, M.J.; LOTT, C.L.; HEILIZER, R. & GREGG, B.: Type A behavior pattern and the judgment of control. Journal of Personality and Social Psychology, 1986, 50, 403-412.

SWEENEY, P.D.; ANDERSON, K. & BAILEY, S.: Attributional style in depression: A meta-analytic review. Journal of Personality and Social Psychology, 1986, 50, 974-991.

TAYLOR, S.E. & FISKE, S.T.: Salience, attention, and attribution: Top of the head phenomena. Advances in Experimental Social Psychology, 1978, 11, 249-288.

TEDESCHI, J.T.; LINDSKOLD, S.; HORAI, J. & GAHAGAN, J.P.: Social power and the credibility of promises. Journal of Personality and Social Psychology, 1969, 13, 253-261.

TENNEN, H. & ELLER, S.J.: Attributional components of learned helplessness and facilitation. Journal of Personality and Social Psychology, 1977, 35, 265-271.

TERMAN, L.M.: Psychological factors in marital happiness. New York: McGraw-Hill, 1938.

TESSER, A. & GROSSMAN, N.: Fate orientation as a correlate of driver knowledge. Journal of Safety Research, 1969, 1, 74-79.

THIBAUT, J.W. & KELLEY, H.H.: The social psychology of groups. New York: Wiley, 1959.

THOLEY, V.: Die 'social desirability'-Variable bei der Beantwortung von Persönlichkeitsfragebogen. Darmstadt: phil. Diss., 1976.

THOMAS, L.E.: The I-E scale, ideological bias, and political participation. Journal of Personality, 1970, 38, 273-286.

THOMPSON, S.C.: Will it hurt less if I can control it? A complex answer to a simple question. Psychological Bulletin, 1981, 90, 89-101.

THORNTON, J.W. & JACOBS, P.D.: Learned helplessness in human subjects. Journal of Experimental Social Psychology, 1971, 87, 369-372.

TOLMAN, E.C.: Purposive behavior in animals and men. New York: Appleton, 1932.

TRÄNKLE, U.: Fragebogenkonstruktion. In: J. BREDENKAMP & H. FEGER (Hrsg.): Datenerhebung (Enzyklopädie der Psychologie, Bd. B I 2). Göttingen: Hogrefe, 1983.

TROPE, Y. & BRICKMAN, P.: Difficulty and diagnosticity as determinants of choice among tasks. Journal of Personality and Social Psychology, 1975, 31, 918-925.

TYRE, T.E. & MAISTO, S.A.: The modification of external control perception in the pre-adolescent. Paper, presented at the annual meeting of the American Psychological Association in New Orleans, August 1974. (Zitiert nach: E.J. PHARES, 1976).

ULLRICH DE MUYNCK, R. & ULLRICH, R.: Der Unsicherheitsfragebogen: Testmanual U. Anleitung für den Therapeuten. Teil II. München: Pfeiffer, 1977.

URBAN, D.: Regressionstheorie und Regressionstechnik. Stuttgart: Teubner, 1982.

VOLPERT, W.: Handlungsstrukturanalyse als Beitrag zur Qualifikationsforschung. Köln: Pahl Rugenstein, 1974.

VOLPERT, W.: Die Lohnarbeitswissenschaft und die Psychologie der Arbeitstätigkeit. In: P. GROSKURTH & W. VOLPERT: Lohnarbeitspsychologie. Frankfurt: Fischer, 1975.

VROOM, V.H.: Work and motivation. New York: Wiley, 1964.

WALLSTON, K.A. & WALLSTON, B.S.: Health locus of control scales. In: H.M. LEFCOURT (ed.), 1981.

WAMPLER, K.; SMITH, A. & SPRENKLE, D.H.: The Minnesota Couple Communication Program: A follow-up study. Journal of Marriage and the Family, 1980, 42, 577-584.

WARD, W.C. & JENKINS, H.M.: The display of information and the judgment of contingency. Canadian Journal of Psychology, 1965, 19, 231-241.

WATZLAWICK, P.; BEAVIN, J. & JACKSON, D.D.: Menschliche Kommunikation. Formen, Störungen, Paradoxien. Bern: Huber, 1969.

WATZLAWICK, P.; WEAKLAND, J.H. & FISCH, R.: Lösungen. Zur Theorie und Praxis menschlichen Wandels. Bern: Huber, 1974.
WEGENER, C.; REVENSTORF, D.; HAHLWEG, K. & SCHINDLER, L.: Empirical analysis of distressed and nondistressed couples. Behavior Analysis and Modification, 1979, 3, 178-188.
WEINER, B. (ed.): Achievement motivation and attribution theory. Morristown, N.J.: General Learning Press, 1974.
WEINER, B.: An attributionally based theory of motivation and emotion: Focus, range, and issues. In: N.T. FEATHER (ed.): Expectations and actions: Expectancy-value models in psychology. Hillsdale, N.J.: Erlbaum, 1982.
WEINER, B. & LITMAN-ADIZES, T.: An attributional expectancy-value analysis of learned helplessness and depression. In: J. GARBER & M.E.P. SELIGMAN (eds.), 1980.
WEISZ, J.R. & STIPEK, D.J.: Competence, contingency, and the development of perceived control. Human Development, 1982, 25, 250-281.
WERBIK, H.: Handlungstheorien. Stuttgart: Kohlhammer, 1978.
WHITE, R.W.: Motivation reconsidered: The concept of competence. Psychological Review, 1959, 66, 297-333.
WICHMAN, H.: Effects of isolation and communication on cooperation in a two-person game. Journal of Personality and Social Psychology, 1970, 16, 114-120.
WICKLUND, R.A.: Freedom and reactance. Pontomac, Ml.: Erlbaum, 1974.
WIEBERG, H.-J. & KRAMPEN, G.: Einige Überlegungen zum Zusammenhang von Variablen der Kontrollüberzeugung mit politisch-kultureller Systemzugehörigkeit einerseits und politischem Engagement andererseits. In: S. PREISER (Hrsg.), 1982.
WIENER, N.: Cybernetics or control and communication in the animal and the machine. Cambridge, Mass.: Institute of Technology, 1948.
WIESER, W.: Organismen, Strukturen, Maschinen. Frankfurt: Fischer, 1959.
WILLI, J.: Therapie der Zweierbeziehung. Reinbek: Rowohlt, 1978.
WILLIS, M.H. & BLANEY, P.H.: Three tests of the learned helplessness model of depression. Journal of Abnormal Psychology, 1978, 87, 131-136.
WILSON, G.T.: Perceived control and the theory and practice of behavior therapy. In: L.C. PERLMUTER & R.A. MONTY (eds.), 1979.
WINEFIELD, A.H.: Cognitive performance deficits induced by exposure to response-independent positive outcomes. Motivation and Emotion, 1983, 7, 145-155.
WOODWORTH, R.S.: Dynamics of behavior. New York: Holt, 1958.
WORTMAN, C.B.: Some determinants of perceived control. Journal of Personality and Social Psychology, 1975, 31, 282-294.
WORTMAN, C.B.: Causal attributions and personal control. In: J.H. HARVEY; W.J. ICKES & R.F. KIDD (eds.): New directions in attribution research, Vol. 1. Hillsdale, N.J.: Erlbaum, 1976.
WORTMAN, C.B. & BREHM, J.W.: Responses to uncontrollable outcomes: An integration of reactance theory and the learned helplessness model. Advances in Experimental Social Psychology, 1975, 8, 277-336.
WORTMAN, C.B. & DINTZER, L.: Is an attributional analysis of the learned helplessness phenomenon viable?: A critique of the Abramson-Seligman-Teasdale reformulation. Journal of Abnormal Psychology, 1978, 87, 75-90.
WORTMAN, C.B.; PANCIERA, L.; SHUSTERMAN, L. & HIBSCHER, J.: Attributions of causality and reactions to uncontrollable outcomes. Journal of Experimental Social Psychology, 1976, 12, 301-316.
WOTTAWA, H.: Grundriß der Testtheorie. München: Juventa, 1980.
WRIGHT, M.H.; ZAUTRA, A.J. & BRAVER, S.L.: Distortion in control attributions for real life events. Journal of Research in Personality, 1985, 19, 54-71.
WRIGHT, P. & BARNARD, P.: Just fill in this form: A review for designers. Applied Ergonomics, 1975, 6, 213-220.
WRIGHT, R.A.: Motivation, anxiety, and the difficulty of avoidant control. Journal of Personality and Social Psychology, 1984, 46, 1376-1388.
WRIGHT, T.L.; HOLMAN, T.; STEELE, W.G. & SILVERSTEIN, G.: Locus of control and mastery in a reformatory: A field study of defensive externality. Journal of Personality and Social Psychology, 1980, 38, 1005-1013.

WUNDERLICH, D.: Über die Konsequenzen von Sprechhandlungen. In: K.O. APEL (Hrsg.): Sprachpragmatik und Philosophie. Frankfurt: Suhrkamp, 1976.

YATES, R.; KENNELLY, K. & COX, S.A.: Perceived contingency of parental reinforcements, parent-child-relations, and locus of control. Psychological Reports, 1975, 36, 139-146.

ZAND, D.E.: Vertrauen und Problemlösungsverhalten bei Managern. In: H.E. LÜCK (Hrsg.): Mitleid, Vertrauen, Verantwortung. Ergebnisse der Erforschung prosozialen Verhaltens. Stuttgart: Klett, 1977.

ZIEGLER, J.: Kommunikation als paradoxer Mythos. Weinheim: Beltz, 1977.

ZUROFF, D.C.: Learned helplessness in humans: An analysis of learning process and the roles of individual and situational differences. Journal of Personality and Social Psychology, 1980, 39, 130-146.

ANHANG

(A) M a t e r i a l i e n

(B) E r g e b n i s t a b e l l e n

---- zur Entwicklung des Fragebogens/Voruntersuchungen ----

---- zur Analyse des Fragebogens/Hauptuntersuchung ----

Anmerkung: Die Tabellen A 1 bis A 3 beziehen sich auf die Itemnummerierung des Ausgangsitempools (5 x 18 = 90 Items), die Tabellen A 4 bis A 7 auf die der KKB-Endfassung (5 x 10 = 50 Items). Die wechselseitige Zuordnung der beiden Nummerierungen ist entweder der Tabelle A 4 oder der Tabelle 6.4 (im Kapitel 6.2.5) zu entnehmen.

MATERIALIEN

* D e r   A u s g a n g s i t e m p o o l

ALLGEMEINE KONTINGENZ (AK) - 18 Items (9+, 9-)

01. Beziehungen sind das Opfer von Kräften, die sich weder begreifen noch beeinflussen lassen (-)

02. Die Dauer von Beziehungen ist grundsätzlich nicht zu beeinflussen (-)

03. Zufriedenstellende Zweierbeziehungen sind das Ergebnis entsprechender Bemühungen und haben nichts oder nur wenig mit Zufall zu tun (+)

04. Der Verlauf von Beziehungen wird stärker von zufälligen Bedingungen als von den Handlungen der beiden Partner bestimmt (-)

05. Ob in einer Beziehung die Wünsche der beiden Partner in Erfüllung gehen, haben diese selbst in der Hand (+)

06. Man kann generell nur wenig unternehmen, um den Fortbestand einer schönen Freundschaft zu sichern (-)

07. Wie zufriedenstellend eine Beziehung verläuft, hängt unter anderem davon ab, wieviel Mühe sich die Beteiligten geben (+)

08. Ob zwei Partner in ihrer Beziehung das verwirklichen können, was ihnen wichtig ist, ist vor allem eine Frage ihres Verhaltens (+)

09. Die Häufigkeit von Beziehungskonflikten hängt stärker vom Verhalten der Beteiligten als von zufälligen Bedingungen ab (+)

10. Ob zwischen Partnern Konflikte entstehen oder nicht, hängt von Umständen ab, die sich nicht beeinflussen lassen (-)

11. Bei Beziehungskonflikten gibt es einen direkten Zusammenhang zwischen den Lösungsbemühungen der Beteiligten und einer erfolgreichen Konfliktlösung (+)

12. Im Hinblick auf Beziehungen ist jeder seines Glückes Schmied (+)

13. Ob zwei Partner gut miteinander auskommen, hat mehr mit deren Verhalten als mit "glücklicher Fügung" zu tun (+)

14. Enttäuschende Beziehungen werden fast immer durch Umstände hervorgebracht, die nicht zu beeinflussen sind (-)

15. Ob man den richtigen Partner findet, hängt vor allem davon ab, ob man zufällig zur rechten Zeit am rechten Ort ist (-)

16. In Beziehungen irgendetwas längerfristig zu planen ist sinnlos, da der Zufall sowieso immer dazwischen kommt (-)

17. Ob eine Beziehung in die Brüche geht oder nicht, wird mehr von Pech oder Glück als von den beiden Partnern bestimmt (-)

18. Glückliche Zweierbeziehungen ergeben sich nicht von selbst, sondern setzen ein entsprechendes Bemühen der beiden Partner voraus (+)

PERSONALE KONTROLLE (PK) - 18 Items (9+, 9-)

01. Was in unserer Beziehung abläuft, wird weitgehend von mir mitbestimmt (+)

02. Ich habe nur wenig Einfluß auf die Ansichten und Pläne meines Partners (-)

03. Ich habe schon des öfteren feststellen müssen, daß ich zu wenig Einfluß darauf habe, wie sich mein Partner mir gegenüber verhält (-)

04. In unserer Beziehung erreiche ich oft etwas in meinem Sinne (+)

05. Ich lasse mir häufiger, als mir lieb ist, von meinem Partner vorschreiben, was ich zu tun und zu lassen habe (-)

06. Ich habe schon häufig die Erfahrung gemacht, daß ich in unserer Beziehung mit meinen Wünschen nicht zum Zuge komme (-)

07. In wichtigen Dingen setze ich mich meinem Partner gegenüber ausreichend durch (+)

08. Bei Streit mit meinem Partner gebe ich manchmal schneller nach, als ich eigentlich möchte (-)

09. In Auseinandersetzungen mit meinem Partner setze ich häufiger Lösungen durch, in denen meine Interessen zumindest teilweise berücksichtigt werden (+)

10. Bei Konflikten mit meinem Partner fühle ich mich meistens unterlegen (-)

11. Auch in komplizierteren Situationen finde ich fast immer die Gründe für das Verhalten meines Partners heraus (+)

12. Unangenehme Dinge in unserer Beziehung kann ich häufiger abwenden (+)

13. In der Beziehung zu meinem Partner bestimme ich weitgehend selbst, wie ich mich verhalte (+)

14. Im allgemeinen besitze ich in unserer Beziehung einen ausreichenden "Freiraum" (+)

15. In unserer Beziehung führt mein Verhalten häufig nicht zu dem, was ich eigentlich will (-)

16. Ich habe genügend Einfluß auf alle Entscheidungen, die von meinem Partner und mir gemeinsam getroffen werden (+)

17. Manchmal habe ich den Eindruck, daß mir unsere Beziehung aus der Hand gleitet (-)

18. In manchen Situationen fühle ich mich meinem Partner hilflos ausgeliefert (-)

KONTROLLKOMPETENZ (KK) - 18 Items (9+, 9-)

01. Es fällt mir im allgemeinen leicht, Einfluß auf andere zu nehmen (+)

02. Manchmal meine ich, daß ich nicht genügend Einfluß darauf habe, in welche Richtung sich meine Beziehungen zu anderen Leuten entwickeln (-)

03. Meine Fähigkeiten, die Ansichten anderer Leute in meinem Sinne zu ändern, sind vergleichsweise gut (+)

04. Ich kann es meistens verhindern, daß andere Leute etwas tun, das mir sehr unangenehm wäre (+)

05. Ich kann meine Interessen zur Genüge anderen gegenüber wahren (+)

06. Manchmal meine ich, daß ich anderen gegenüber zu schnell nachgebe (-)

07. Ich schaffe es oft nicht, anderen gegenüber dann, wenn ich es gerne möchte, 'nein' zu sagen (-)

08. Meine Fähigkeiten, Konflikte mit anderen auszutragen, sind nicht besonders gut (-)

09. Wenn andere mich zu Unrecht kritisieren, kann ich mich fast immer erfolgreich verteidigen (+)

10. Im Vergleich zu anderen fällt es mir oft schwer, meine Forderungen durchzusetzen (-)

11. Konflikte mit anderen überfordern mich vergleichsweise oft (-)

12. Es fällt mir häufig schwer, das Verhalten anderer Leute zu verstehen (-)

13. Es fällt mir im allgemeinen leicht, andere um etwas zu bitten (+)

14. Bei gemeinsamen Unternehmungen mit anderen wage ich es vergleichsweise selten, meine persönlichen Wünsche zu äußern (-)

15. Ich kann, glaube ich, sehr gut mit anderen Menschen umgehen (+)

16. Wenn ich mir etwas in den Kopf gesetzt habe, kann ich es auch meistens durchführen (+)

17. Viele Probleme im Umgang mit mir nahestehenden Menschen schaffe ich mir selbst (-)

18. Im Umgang mit anderen bereiten mir neue und unbekannte Situationen keine großen Schwierigkeiten (+)

SPEZIFISCHE KONTROLLIERBARKEIT (SK) - 18 Items (9+, 9-)

01. Wenn mein Partner sich etwas in den Kopf gesetzt hat, ist er nur schwer wieder davon abzubringen (-)

02. Manchmal empfinde ich meinen Partner als ziemlich unflexibel (-)

03. Es ist vergleichsweise leicht, mit meinem Partner gut auszukommen (+)

04. Mein Partner bemüht sich meistens, mich in seine Überlegungen einzubeziehen (+)

05. Ich habe manchmal den Eindruck, daß mein Partner alles abblocken will, was nicht völlig seinen Interessen entspricht (-)

06. Im Vergleich zu anderen verhält sich mein Partner durchweg fair und kooperativ (+)

07. Mein Partner ist im allgemeinen recht verhandlungsbereit (+)

08. Mein Partner macht es mir im allgemeinen verhältnismäßig leicht, ihn um etwas zu bitten (+)

09. Mein Partner versucht manchmal, mir seinen Willen aufzuzwingen (-)

10. In Konfliktsituationen ist mein Partner eher kompromißbereit als unnachgiebig (+)

11. Bei Auseinandersetzungen reagiert mein Partner manchmal ungewöhnlich hart (-)

12. Mein Partner denkt relativ oft nur an sein eigenes Wohlergehen (-)

13. In der Beziehung zu meinem Partner sind viele Situationen recht verworren (-)

14. Unsere Beziehung ist unkomplizierter als viele andere Zweierbeziehungen, die ich kenne (+)

15. Ich glaube, daß mein Partner -im Vergleich zu anderen- nur schwer zufriedenzustellen ist (-)

16. In unserer Beziehung gibt es, glaube ich, weniger Probleme als in anderen Beziehungen, die ich kenne (+)

17. Mein Partner versucht vergleichsweise häufig, sich in meine Angelegenheiten einzumischen (-)

18. Auf meinen Partner ist im allgemeinen Verlaß (+)

KONTROLLVALENZ (KV) - 18 Items (12+, 6-)

01. Es ist mir sehr wichtig, auf das, was in unserer Beziehung passiert, Einfluß zu haben (+)

02. In manchen Situationen ist es mir egal, ob sich mein Partner in seinen Ansichten von mir beeinflussen läßt oder nicht (-)

03. Den Verlauf unserer Beziehung nicht beeinflussen zu können fände ich sehr unangenehm (+)

04. In unserer Beziehung sind mir meine Interessen in den seltensten Fällen so wichtig, daß ich dafür größere Anstrengungen in Kauf nehmen würde (-)

05. Es ist schrecklich für mich, wenn in der Beziehung zu meinem Partner meine Interessen nicht genügend gewahrt bleiben (+)

06. Wenn ich in unserer Beziehung meine Wünsche nicht genügend durchsetzen könnte, würde ich sie beenden (+)

07. Ich halte es für unverzichtbar, daß mein Partner auf meine Bedürfnisse Rücksicht nimmt (+)

08. Es ist mir sehr wichtig, bei Streitigkeiten mit meinem Partner nicht nachgeben zu müssen (+)

09. Ich möchte mir unter gar keinen Umständen von meinem Partner vorschreiben lassen, was ich zu tun und zu lassen habe (+)

10. Bei Konflikten mit meinem Partner möchte ich manchmal gerne abwarten, ob sich die Probleme nicht von alleine lösen (-)

11. In unserer Beziehung möchte ich nur wenig dem Zufall überlassen (+)

12. Ich bestimme lieber über meinen Partner als von ihm bestimmt zu werden (+)

13. Im Umgang mit meinem Partner möchte ich gerne alle Situationen fest im Griff haben (+)

14. Ich möchte jede Abhängigkeit von meinem Partner möglichst vermeiden (+)

15. In unserer Beziehung ist es mir am liebsten, wenn festgelegt ist, was ich zu tun habe und ich keine Entscheidungen treffen muß (-)

16. Im Umgang mit meinem Partner ist es mir häufig egal, ob ich das, was ich mir vorgenommen habe, auch wirklich durchführen kann (-)

17. Ich bevorzuge Situationen, in denen mir mein Partner möglichst viele Entscheidungen abnimmt (-)

18. Am liebsten wäre mir, wenn in unserer Beziehung nichts ohne mein Einverständnis geschehen würde (+)

* E x p e r t e n r a t i n g (P r e t e s t I)

- Instruktion und Vorlage für die Rater (Auszug) -

Auf den folgenden Seiten finden Sie Itemformulierungen, die als Ausgangspunkt für einen Fragebogen verwendet werden sollen.

Ziel des Fragebogens ist die Erfassung von Annahmen über Zweierbeziehungen und deren Kontrollierbarkeit, d.h. das Ausmaß der Möglichkeiten, Beziehungszustände zu verstehen und gemäß eigener Ziele und Bedürfnisse zu beeinflussen.

Diese Thematik läßt sich in folgende fünf Aspekte/Kategorien untergliedern:

AK ALLGEMEINE KONTINGENZ

Annahmen der Befragten über die prinzipielle *Beeinflußbarkeit von Beziehungen* im allgemeinen:

Hier wird danach gefragt, ob und wie sehr Beziehungszustände generell entweder eher von Handlungsaktivitäten oder eher vom Zufall abhängen und damit prinzipiell eher beeinflußbar oder eher unbeeinflußbar sind.

....Wovon hängt für die Befragten der Verlauf von Beziehungen ab? Sind diese eher handlungs- oder zufallsbestimmt?

PK PERSONALE KONTROLLE

Annahmen der Befragten über ihren (aktuellen) *Einfluß auf ihre Zweierbeziehung:*

Hier wird danach gefragt, ob und wie sehr die Befragten die Ereignisse in ihrer Beziehung verstehen und auf sie Einfluß nehmen.

....Wieviel Einfluß besitzen die Befragten auf ihre Beziehung bzw. ihren Partner? Können sie in ihrer Beziehung wichtige eigene Ziele verwirklichen?

KK KONTROLLKOMPETENZ

Annahmen der Befragten über ihre (potentiellen) *Einflußfähigkeiten:*

Hier wird danach gefragt, ob und wie sehr sie Fähigkeiten zur Erreichung persönlicher Ziele im Umgang mit anderen Menschen (allgemein) besitzen.

....Wie leicht oder wie schwer fällt es den Befragten, das Verhalten anderer Menschen zu verstehen und zu beeinflussen? Wie ausgeprägt ist ihre diesbezügliche Kompetenz?

SK SPEZIFISCHE KONTROLLIERBARKEIT

Annahmen der Befragten über die *Situation ihrer Beziehung:*

Hier wird danach gefragt, ob und wie sehr die Bedingungen ihrer Zweierbeziehung die Erreichung persönlicher Ziele zulassen.

....Wie schwer oder wie leicht wird den Befragten eine Einflußnahme in ihrer spezifischen Beziehung gemacht? Wie sieht die Beziehung aus, wie verhält sich der Partner?

KV KONTROLLVALENZ

Annahmen der Befragten über die *Wichtigkeit einer Einflußnahme*:

Hier wird danach gefragt, wieviel Beziehungseinfluß sie sich wünschen und welche Wichtigkeit bzw. Bedeutung sie diesem Einfluß beimessen.

....Wieviel Wert legen die Befragten auf eine Einflußnahme? Streben sie viel Einfluß an oder möchten sie ihn eher anderen überlassen?

*** * * ***

Um die Tauglichkeit der Items vorab näher bestimmen zu können, bitte ich Sie, jedes Item einer der genannten fünf Kategorien zuzuordnen.

Sie finden dazu neben jedem Item fünf Felder, die mit den Kürzeln dieser Kategorien (AK, PK, KK, SK, KV) überschrieben sind:

	AK	PK	KK	SK	KV	??
....						
- I t e m -	☐	☐	☐	☐	☐	☐

Bitte ordnen Sie jedes Item derjenigen Kategorie zu, die Ihrer Meinung nach am ehesten zutrifft. Setzen Sie in das entsprechende Feld dann bitte eine "1", "2" oder"3"; dabei bedeuten:

[1] **Das Item repräsentiert die Kategorie *etwas*.**

[2] **Das Item repräsentiert die Kategorie *ziemlich*.**

[3] **Das Item repräsentiert die Kategorie *völlig*.**

Entscheiden Sie sich also bitte pro Item z u e r s t für eine der fünf Kategorien und markieren Sie d a n n das entsprechende Feld mit einer der drei Zahlen.

Für die Fälle, wo Sie sich nicht für eine der fünf Kategorien entscheiden können, setzen Sie bitte ein Kreuz in das Fragezeichen-Sonderfeld:

☒ **Ich kann mich für *keine Kategorie* entscheiden.**

Lassen Sie bitte -trotz des Umfangs- kein Item aus und arbeiten Sie so sorgfältig wie möglich. Herzlichen Dank!

(Vorlagebeispiel)

- I t e m s -	AK	PK	KK	SK	KV	??
In wichtigen Dingen setze ich mich meinem Partner gegenüber ausreichend durch.	☐	☐	☐	☐	☐	??
Es ist vergleichsweise leicht, mit meinem Partner gut auszukommen.	☐	☐	☐	☐	☐	??
Bei gemeinsamen Unternehmungen mit anderen wage ich es vergleichsweise selten, meine persönlichen Wünsche zu äußern.	☐	☐	☐	☐	☐	??
Bei Streit mit meinem Partner gebe ich manchmal schneller nach, als ich eigentlich möchte.	☐	☐	☐	☐	☐	??
Mein Partner versucht vergleichsweise häufig, sich in meine Angelegenheiten einzumischen.	☐	☐	☐	☐	☐	??
In Konfliktsituationen ist mein Partner eher kompromißbereit als unnachgiebig.	☐	☐	☐	☐	☐	??
Den Verlauf unserer Beziehung nicht beeinflussen zu können fände ich sehr unangenehm.	☐	☐	☐	☐	☐	??
Bei Beziehungskonflikten gibt es einen direkten Zusammenhang zwischen den Lösungsbemühungen der Beteiligten und einer erfolgreichen Konfliktlösung.	☐	☐	☐	☐	☐	??
Mein Partner denkt relativ oft nur an sein eigenes Wohlergehen.	☐	☐	☐	☐	☐	??
Es ist mir sehr wichtig, auf das, was in unserer Beziehung passiert, Einfluß zu haben.	☐	☐	☐	☐	☐	??
	AK	PK	KK	SK	KV	??

(-F-)

* Vorerhebung (Pretest II und III)

- Anschreiben, Instruktion, Itemvorlage (Auszug) und Zusatzfragen -

WESTFÄLISCHE WILHELMS-UNIVERSITÄT MÜNSTER
FACHBEREICH 21
Lehrgebiet Psychologie

4400 Münster, den 10.12.1983
Fliednerstraße 21

Fernruf-Vermittlung (02 51) 83 - 1
Fernschreiber 892 529 UNIMS d
Fernruf-Durchwahl (02 51) 83-9419

Sehr geehrte Dame, sehr geehrter Herr,

wir wenden uns an Sie aufgrund einer wissenschaftlichen Untersuchung über Beziehungen.
Ziel dieser Untersuchung ist es, neue Erkenntnisse über das Erleben und Verhalten im Rahmen von Zweierbeziehungen (Ehe, Partnerschaft etc.) zu erhalten.

Für diese Untersuchung möchten wir Sie bitten, den beiliegenden Fragebogen auszufüllen.
Wir versichern Ihnen, daß Ihre Antworten völlig anonym ausgewertet und unter gar keinen Umständen anderen Personen zur Verfügung gestellt werden; nach Beendigung der Untersuchung werden die Unterlagen vernichtet.
Bitte beantworten Sie alle Fragen ehrlich und füllen Sie den Fragebogen alleine (z.B. auch ohne Ihren Partner) aus.

Sie helfen uns sehr, wenn Sie den Fragebogen sehr bald ausfüllen und an uns zurückschicken - und zwar möglichst bis zum 31.12.1983. Sie können dazu den beiliegenden Freiumschlag benutzen.

Wir danken Ihnen ganz herzlich für Ihr Verständnis und Ihre Mitarbeit!

Mit freundlichen Grüßen

Peter Hohmann
(Diplom-Psychologe)

P.S. Sollten Sie im Moment entweder keine Partnerbeziehung oder aber gar keine Zeit zum Ausfüllen des Fragebogens haben, senden Sie ihn bitte unbeantwortet zurück.

Lfd. Nr. ....

- ANLEITUNG -

Auf den folgenden Seiten finden Sie eine Reihe von Aussagen, die Beziehungen betreffen.

Wir bitten Sie, diese Aussagen danach zu beurteilen, wie sehr diese für Sie zutreffen. Es gibt keine "richtigen" oder "falschen" Antworten; uns ist alleine an I h r e r ganz persönlichen und ehrlichen Einschätzung gelegen.

Für Ihre Stellungnahme stehen Ihnen fünf Antwortmöglichkeiten zur Verfügung, die folgendermaßen bezeichnet sind:

[- -]	=	Für mich stimmt diese Aussage nicht.
[-]	=	Für mich stimmt diese Aussage wenig.
[o]	=	Für mich stimmt diese Aussage mittelmäßig.
[+]	=	Für mich stimmt diese Aussage ziemlich.
[+ +]	=	Für mich stimmt diese Aussage sehr.

Bitte setzen Sie in dasjenige Antwortkästchen ein Kreuz (X), das Ihrer Meinung nach am ehesten für Sie zutrifft. Machen Sie bitte pro Aussage nur e i n Kreuz und gehen Sie der Reihe nach vor, ohne eine Aussage auszulassen.

Sollten Sie sich -egal, aus welchen Gründen- einmal für keine der Antwortmöglichkeiten entscheiden können, kreuzen Sie bitte die Kategorie

[?] = Ich kann mich nicht entscheiden

sowie einen der darunter aufgeführten Gründe für Ihre Nicht-Antwort an. Machen Sie aber bitte von dieser Möglichkeit nur dann Gebrauch, wenn Sie sich wirklich nicht für eine Antwort entscheiden können.

(Vorlagebeispiel)

	stimmt nicht	stimmt wenig	stimmt mittelmäßig	stimmt ziemlich	stimmt sehr	
Glückliche Zweierbeziehungen ergeben sich nicht von selbst, sondern setzen ein entsprechendes Bemühen der beiden Partner voraus	--	-	o	+	++	? Ich kann mich nicht entscheiden, weil ☐ ich zu dieser Aussage keine Meinung habe ☐ ich diese Aussage uneindeutig finde ☐ sonstiges: ....
Enttäuschende Beziehungen werden fast immer durch Umstände hervorgebracht, die nicht zu beeinflussen sind	--	-	o	+	++	? Ich kann mich nicht entscheiden, weil ☐ ich zu dieser Aussage keine Meinung habe ☐ ich diese Aussage uneindeutig finde ☐ sonstiges: ....
Ob eine Beziehung in die Brüche geht oder nicht, wird mehr von Pech oder Glück als von den beiden Partnern bestimmt	--	-	o	+	++	? Ich kann mich nicht entscheiden, weil ☐ ich zu dieser Aussage keine Meinung habe ☐ ich diese Aussage uneindeutig finde ☐ sonstiges: ....
Die Dauer von Beziehungen ist grundsätzlich nicht zu beeinflussen	--	-	o	+	++	? Ich kann mich nicht entscheiden, weil ☐ ich zu dieser Aussage keine Meinung habe ☐ ich diese Aussage uneindeutig finde ☐ sonstiges: ....
Ob zwei Partner gut miteinander auskommen, hat mehr mit deren Verhalten als mit "glücklicher Fügung" zu tun	--	-	o	+	++	? Ich kann mich nicht entscheiden, weil ☐ ich zu dieser Aussage keine Meinung habe ☐ ich diese Aussage uneindeutig finde ☐ sonstiges: ....
Ob zwischen Partnern Konflikte entstehen oder nicht, hängt von Umständen ab, die sich nicht beeinflussen lassen	--	-	o	+	++	? Ich kann mich nicht entscheiden, weil ☐ ich zu dieser Aussage keine Meinung habe ☐ ich diese Aussage uneindeutig finde ☐ sonstiges: ....
Man kann generell nur wenig unternehmen, um den Fortbestand einer schönen Freundschaft zu sichern	--	-	o	+	++	? Ich kann mich nicht entscheiden, weil ☐ ich zu dieser Aussage keine Meinung habe ☐ ich diese Aussage uneindeutig finde ☐ sonstiges: ....
Die Häufigkeit von Beziehungskonflikten hängt stärker vom Verhalten der Beteiligten als von zufälligen Bedingungen ab	--	-	o	+	++	? Ich kann mich nicht entscheiden, weil ☐ ich zu dieser Aussage keine Meinung habe ☐ ich diese Aussage uneindeutig finde ☐ sonstiges: ....
Beziehungen sind das Opfer von Kräften, die sich weder begreifen noch beeinflussen lassen	--	-	o	+	++	? Ich kann mich nicht entscheiden, weil ☐ ich zu dieser Aussage keine Meinung habe ☐ ich diese Aussage uneindeutig finde ☐ sonstiges: ....
Zufriedenstellende Zweierbeziehungen sind das Ergebnis entsprechender Bemühungen und haben nichts oder nur wenig mit Zufall zu tun	--	-	o	+	++	? Ich kann mich nicht entscheiden, weil ☐ ich zu dieser Aussage keine Meinung habe ☐ ich diese Aussage uneindeutig finde ☐ sonstiges: ....

(A2)

Im folgenden finden Sie einige Fragen, die sich auf diesen Fragebogen beziehen. Kreuzen Sie auch hier bitte das entsprechende Antwortkästchen an.

	stimmt nicht	...	...	...	stimmt sehr	weiß nicht
1. Ich habe die Anleitung auf der ersten Seite dieses Fragebogens verstanden.	--	-	o	+	++	?
2. Ich habe mich um ehrliche Antworten bemüht.	--	-	o	+	++	?
3. Im großen und ganzen fand ich die Fragen recht interessant.	--	-	o	+	++	?
4. Über manche Fragen habe ich mich geärgert.	--	-	o	+	++	?
5. Die meisten Fragen haben mich eher gelangweilt.	--	-	o	+	++	?
6. Manche Fragen hätte ich am liebsten ausgelassen, weil ich sie als peinlich empfand.	--	-	o	+	++	?
7. Manche Fragen hätte ich am liebsten ausgelassen, weil sie mir wie reine Wiederholungen vorkamen.	--	-	o	+	++	?
8. Aufgrund der Länge des Fragebogens habe ich am Ende nur noch wenig auf meine Antworten geachtet.	--	-	o	+	++	?

9. Ansonsten ist mir an diesem Fragebogen aufgefallen, daß ....
....
....

Zum Schluß möchten wir Sie noch um folgende Angaben bitten:

Ihr Geschlecht: ....

Ihr Alter: ....

Ihre Schulbildung: ....

Ihre Berufstätigkeit: Sind Sie z.Zt.
☐ voll berufstätig? (über 20 Stunden)
☐ teilweise tätig? (bis zu 19 Stunden)
☐ nicht berufstätig?

Wie lange besteht die Beziehung zu Ihrem Partner? ....

Wohnen Sie mit Ihrem Partner zusammen? ☐ nein ☐ ja - wie lange? ....

Sind Sie mit Ihrem Partner verheiratet? ☐ nein ☐ ja - wie lange? ....

Wie glücklich würden Sie Ihre Partnerbeziehung im Augenblick einschätzen?

☐	☐	☐	☐	☐	☐
sehr glücklich	glücklich	eher glücklich	eher unglücklich	unglücklich	sehr unglücklich

* D a s   K K B - I n v e n t a r

·KKB·

■ Falls sowohl Sie als auch Ihr(e) Partner(in) ein Exemplar dieses Fragebogens erhalten haben, wäre es sehr hilfreich, wenn Sie ein gemeinsames Codewort (einen beliebigen Phantasiebegriff) verabreden und auf beiden Fragebögen (im nebenstehenden Feld) vermerken würden. Füllen Sie aber auch dann bitte beide Ihren Fragebogen alleine aus und schicken Sie ihn getrennt zurück.

■ Falls nur Sie alleine diesen Fragebogen erhalten haben, streichen Sie bitte das nebenstehende Feld durch. Danke.

- Codewort -

Anleitung

Auf den folgenden Seiten finden Sie eine Reihe von Aussagen, die Beziehungen betreffen; dabei geht es im einzelnen...

- um den Umgang mit anderen Menschen überhaupt (z.B. Freunden und Bekannten),
- um Zweierbeziehungen (Ehe, Partnerschaft etc.) im allgemeinen sowie
- um Ihre Beziehung zu Ihrem Partner/Ihrer Partnerin im besonderen.

Wir bitten Sie, diese Aussagen danach zu beurteilen, wie sehr diese für Sie zutreffen. Es gibt dabei keine "richtigen" oder "falschen" Antworten; uns ist alleine an I h r e r ganz persönlichen und ehrlichen Einschätzung gelegen.

Für Ihre Stellungnahme stehen Ihnen fünf Antwortmöglichkeiten zur Verfügung, die folgendermaßen bezeichnet sind:

[- -]	=	Für mich stimmt diese Aussage nicht.
[-]	=	Für mich stimmt diese Aussage wenig.
[o]	=	Für mich stimmt diese Aussage mittelmäßig.
[+]	=	Für mich stimmt diese Aussage ziemlich.
[+ +]	=	Für mich stimmt diese Aussage sehr.

Bitte setzen Sie in dasjenige Antwortkästchen ein Kreuz (X), das Ihrer Meinung nach am ehesten für Sie zutrifft. Machen Sie bitte pro Aussage nur e i n Kreuz und gehen Sie der Reihe nach vor, ohne eine Aussage auszulassen.

Sollten Sie sich einmal für keine der Antwortmöglichkeiten entscheiden können, kreuzen Sie bitte

[?]	=	Ich kann mich nicht entscheiden ('weiß nicht')

an. Machen Sie aber bitte von dieser Möglichkeit nur dann Gebrauch, wenn Sie sich wirklich nicht für eine Antwort entscheiden können.

	stimmt nicht	stimmt wenig	stimmt mittelmäßig	stimmt ziemlich	stimmt sehr	weiß nicht
Glückliche Zweierbeziehungen ergeben sich nicht von selbst, sondern setzen ein entsprechendes Bemühen der beiden Partner voraus.	- -	-	o	+	+ +	?
In Konfliktsituationen ist mein Partner eher kompromißbereit als unnachgiebig.	- -	-	o	+	+ +	?
Meine Fähigkeiten, die Ansichten anderer Leute in meinem Sinne zu ändern, sind vergleichsweise gut.	- -	-	o	+	+ +	?
Ich lasse mir häufiger, als mir lieb ist, von meinem Partner vorschreiben, was ich zu tun und zu lassen habe.	- -	-	o	+	+ +	?
Es ist mir sehr wichtig, auf das, was in unserer Beziehung passiert, Einfluß zu haben.	- -	-	o	+	+ +	?
Im Vergleich zu anderen fällt es mir oft schwer, meine Forderungen durchzusetzen.	- -	-	o	+	+ +	?
In unserer Beziehung möchte ich nur wenig dem Zufall überlassen.	- -	-	o	+	+ +	?
Ich kann es meistens verhindern, daß andere Leute etwas tun, das mir sehr unangenehm wäre.	- -	-	o	+	+ +	?
Es ist mir sehr wichtig, bei Streitigkeiten mit meinem Partner nicht nachgeben zu müssen.	- -	-	o	+	+ +	?
In der Beziehung zu meinem Partner bestimme ich weitgehend selbst, wie ich mich verhalte.	- -	-	o	+	+ +	?
Ich habe nur wenig Einfluß auf die Ansichten und Pläne meines Partners.	- -	-	o	+	+ +	?
Der Verlauf von Beziehungen wird stärker von zufälligen Bedingungen als von den Handlungen der beiden Partner bestimmt.	- -	-	o	+	+ +	?
In wichtigen Dingen setze ich mich meinem Partner gegenüber ausreichend durch.	- -	-	o	+	+ +	?
Ich kann meine Interessen zur Genüge anderen gegenüber wahren.	- -	-	o	+	+ +	?
Bei Auseinandersetzungen reagiert mein Partner manchmal ungewöhnlich hart.	- -	-	o	+	+ +	?
Ich habe schon häufig die Erfahrung gemacht, daß ich in unserer Beziehung mit meinen Wünschen nicht zum Zuge komme.	- -	-	o	+	+ +	?
Ich möchte mir unter gar keinen Umständen von meinem Partner vorschreiben lassen, was ich zu tun und zu lassen habe.	- -	-	o	+	+ +	?
Man kann generell nur wenig unternehmen, um den Fortbestand einer schönen Freundschaft zu sichern.	- -	-	o	+	+ +	?
Bei Streit mit meinem Partner gebe ich manchmal schneller nach, als ich eigentlich möchte.	- -	-	o	+	+ +	?

	stimmt nicht	stimmt wenig	stimmt mittelmäßig	stimmt ziemlich	stimmt sehr	weiß nicht
Ob zwischen Partnern Konflikte entstehen oder nicht, hängt von Umständen ab, die sich nicht beeinflussen lassen.	--	-	o	+	++	?
Den Verlauf unserer Beziehung nicht beeinflussen zu können fände ich sehr unangenehm.	--	-	o	+	++	?
Manchmal empfinde ich meinen Partner als ziemlich unflexibel.	--	-	o	+	++	?
In unserer Beziehung sind mir meine Interessen in den seltensten Fällen so wichtig, daß ich dafür größere Anstrengungen in Kauf nehmen würde.	--	-	o	+	++	?
Im Vergleich zu anderen verhält sich mein Partner durchweg fair und kooperativ.	--	-	o	+	++	?
Ob zwei Partner in ihrer Beziehung das verwirklichen können, was ihnen wichtig ist, ist vor allem eine Frage ihres Verhaltens.	--	-	o	+	++	?
Es fällt mir im allgemeinen leicht, Einfluß auf andere zu nehmen.	--	-	o	+	++	?
Mein Partner ist im allgemeinen recht verhandlungsbereit.	--	-	o	+	++	?
Ich habe schon desöfteren feststellen müssen, daß ich zu wenig Einfluß darauf habe, wie sich mein Partner mir gegenüber verhält.	--	-	o	+	++	?
Wie zufriedenstellend eine Beziehung verläuft, hängt unter anderem davon ab, wieviel Mühe sich die Beteiligten geben.	--	-	o	+	++	?
Es ist vergleichsweise leicht, mit meinem Partner gut auszukommen.	--	-	o	+	++	?
Manchmal meine ich, daß ich anderen gegenüber zu schnell nachgebe.	--	-	o	+	++	?
Ich halte es für unverzichtbar, daß mein Partner auf meine Bedürfnisse Rücksicht nimmt.	--	-	o	+	++	?
Die Häufigkeit von Beziehungskonflikten hängt stärker vom Verhalten der Beteiligten als von zufälligen Bedingungen ab.	--	-	o	+	++	?
Mein Partner versucht manchmal, mir seinen Willen aufzuzwingen.	--	-	o	+	++	?
Meine Fähigkeiten, Konflikte mit anderen auszutragen, sind nicht besonders gut.	--	-	o	+	++	?
Ob eine Beziehung in die Brüche geht oder nicht, wird mehr von Pech oder Glück als von den beiden Partnern bestimmt.	--	-	o	+	++	?
Wenn andere mich zu Unrecht kritisieren, kann ich mich fast immer erfolgreich verteidigen.	--	-	o	+	++	?
Zufriedenstellende Zweierbeziehungen sind das Ergebnis entsprechender Bemühungen und haben nichts oder nur wenig mit Zufall zu tun.	--	-	o	+	++	?
Ich habe genügend Einfluß auf alle Entscheidungen, die von meinem Partner und mir gemeinsam getroffen werden.	--	-	o	+	++	?

	stimmt nicht	stimmt wenig	stimmt mittelmäßig	stimmt ziemlich	stimmt sehr	weiß nicht
Wenn ich in unserer Beziehung meine Wünsche nicht genügend durchsetzen könnte, würde ich sie beenden.	--	-	o	+	++	?
In Beziehungen irgendetwas längerfristig zu planen ist sinnlos, da der Zufall sowieso immer dazwischen kommt.	--	-	o	+	++	?
Wenn mein Partner sich etwas in den Kopf gesetzt hat, ist er nur schwer wieder davon abzubringen.	--	-	o	+	++	?
Konflikte mit anderen überfordern mich vergleichsweise oft.	--	-	o	+	++	?
Manchmal meine ich, daß ich nicht genügend Einfluß darauf habe, in welche Richtung sich meine Beziehungen zu anderen Leuten entwickeln.	--	-	o	+	++	?
Es ist schrecklich für mich, wenn in der Beziehung zu meinem Partner meine Interessen nicht genügend gewahrt bleiben.	--	-	o	+	++	?
Mein Partner denkt relativ oft nur an sein eigenes Wohlergehen.	--	-	o	+	++	?
In unserer Beziehung führt mein Verhalten häufig nicht zu dem, was ich eigentlich will.	--	-	o	+	++	?
Ich habe manchmal den Eindruck, daß mein Partner alles abblocken will, was nicht völlig seinen Interessen entspricht.	--	-	o	+	++	?
Ich möchte jede Abhängigkeit von meinem Partner möglichst vermeiden.	--	-	o	+	++	?
In unserer Beziehung erreiche ich oft etwas in meinem Sinne.	--	-	o	+	++	?

Bitte kreuzen Sie bei den folgenden Fragen das entsprechende Feld an und ergänzen Sie ggf. fehlende Angaben:

Ihr Geschlecht:

- männlich.................. ☐
- weiblich.................. ☐

Ihr Alter:

☐ Jahre

Ihr Familienstand:

- ledig..................... ☐
- verheiratet............... ☐
- verwitwet................. ☐
- geschieden................ ☐

Ihre Schulbildung (höchster Abschluß):

- kein Schulabschluß........................ ☐
- Haupt- bzw. Volksschulabschluß............ ☐
- Mittlere Reife (oder Vergleichbares)....... ☐
- Abitur oder Fachhochschulreife............ ☐
- Hochschulabschluß......................... ☐

Ihre Berufstätigkeit: Sind Sie derzeit....

- voll berufstätig ? (20 Stunden und mehr)... ☐
- teilweise tätig? (bis zu 19 Stunden)....... ☐
- nicht berufstätig? .... ☐

•Wie lange besteht die Beziehung zu Ihrem (jetzigen) Partner? ....

•Wohnen Sie mit Ihrem Partner zusammen? ☐ nein ☐ ja - wie lange? ....

•Sind Sie mit Ihrem Partner verheiratet? ☐ nein ☐ ja - wie lange? ....

•Wie glücklich oder unglücklich würden Sie Ihre Partnerbeziehung im Augenblick einschätzen?

☐ sehr glücklich ☐ glücklich ☐ eher glücklich ☐ eher unglücklich ☐ unglücklich ☐ sehr unglücklich

•Worauf führen Sie dies zurück? (Bitte kreuzen Sie a oder b oder c an.)

☐ a) Die Gründe dafür sind recht unklar, da unsere Beziehung ziemlich uneindeutigen und unvorhersehbaren Einflüssen unterliegt.

☐ b) Die Gründe dafür sind recht klar - daß unsere Beziehung derzeit so beschaffen ist, liegt vor allem...

☐ an mir und meinem Verhalten
☐ an meinem Partner und seinem Verhalten
☐ an bestimmten äußeren Umständen

☐ c) Die Gründe dafür sind zwar recht klar - sie haben aber in einzelnen Situationen unterschiedliches Gewicht und spielen zudem häufig eine gemeinsame Rolle.

•Wie zufrieden bzw. unzufrieden sind Sie zur Zeit mit dem Verhalten Ihres Partners Ihnen gegenüber?

☐ sehr zufrieden ☐ zufrieden ☐ eher zufrieden ☐ eher unzufrieden ☐ unzufrieden ☐ sehr unzufrieden

•Wie zufrieden bzw. unzufrieden sind Sie zur Zeit mit Ihrem Verhalten Ihrem Partner gegenüber?

☐ sehr zufrieden ☐ zufrieden ☐ eher zufrieden ☐ eher unzufrieden ☐ unzufrieden ☐ sehr unzufrieden

•Wie wichtig oder unwichtig ist Ihnen im Augenblick Ihre Partnerbeziehung?

☐ sehr wichtig ☐ wichtig ☐ eher wichtig ☐ eher egal ☐ egal ☐ sehr egal

•Wie sicher sind Sie derzeit, daß die Beziehung zu Ihrem Partner noch in einem Jahr bestehen wird?

☐ sehr sicher ☐ sicher ☐ eher sicher ☐ eher unsicher ☐ unsicher ☐ sehr unsicher

•Wie hoch ist zur Zeit Ihre Bereitschaft, für den Erhalt bzw. eine Verbesserung Ihrer Beziehung alles Erdenkliche zu tun?

☐ sehr hoch ☐ hoch ☐ eher hoch ☐ eher niedrig ☐ niedrig ☐ sehr niedrig

ERGEBNISTABELLEN

Tabelle A 1: Ergebnisse des Pretests I - Dimensionale Eindeutigkeit und Relevanz der Items (Expertenrating)

Nr.	A K		P K		K K		S K		K V	
	DE	DR	DE	DR	DE	DR	DE	DR	DE	DR
01	1.0	2.60	1.0	3.00	1.0	3.00	1.0	2.40	1.0	3.00
02	1.0	2.80	1.0	3.00	1.0	2.40	1.0	2.20	1.0	2.20
03	1.0	3.00	1.0	3.00	1.0	2.80	1.0	2.20	1.0	3.00
04	1.0	3.00	1.0	3.00	1.0	2.80	1.0	2.00	1.0	3.00
05	1.0	2.80	0.8	2.25	1.0	2.80	1.0	3.00	1.0	2.60
06	1.0	2.80	1.0	2.80	1.0	1.60	1.0	2.60	1.0	3.00
07	1.0	2.60	1.0	3.00	1.0	2.20	1.0	2.60	1.0	2.60
08	1.0	2.80	0.8	2.75	1.0	2.40	1.0	2.60	1.0	2.00
09	1.0	2.80	1.0	2.40	1.0	2.00	1.0	1.60	1.0	2.80
10	1.0	3.00	(0.7)	--	1.0	3.00	1.0	3.00	(0.7)	--
11	1.0	2.60	0.8	2.25	1.0	2.00	1.0	1.60	1.0	2.40
12	1.0	2.80	0.8	2.25	0.9	2.25	1.0	2.00	1.0	2.40
13	1.0	2.80	1.0	2.00	0.9	1.75	(0.4)	--	1.0	2.60
14	1.0	3.00	0.8	1.50	0.8	3.00	0.8	(1.33)	0.9	2.50
15	0.9	2.50	1.0	2.40	1.0	1.80	0.8	2.00	1.0	2.60
16	1.0	3.00	0.8	3.00	1.0	1.80	0.8	1.66	1.0	3.00
17	1.0	3.00	0.9	2.75	(0.6)	--	0.8	1.50	1.0	2.20
18	1.0	3.00	(0.3)	--	1.0	1.80	0.9	(1.25)	1.0	2.80
Skalenwerte für die nach dem Pretest verbliebenen Items:										
»»»»	0.99	2.83	0.92	2.58	0.98	2.20	0.95	2.20	0.99	2.63
Skalenwerte für die in der Endfassung eingesetzten Items:										
»»»»	1.00	2.90	0.94	2.72	1.00	2.48	1.00	2.32	0.99	2.69

Tabelle A 2: Ergebnisse des Pretests II - Beantwortbarkeitswerte der Items (in Prozent der 53 Befragten)

Nr.	-AK-	-PK-	-KK-	-SK-	-KV-
01	88.5%	100.0%	96.2%	100.0%	100.0%
02	92.5%	100.0%	98.1%	98.1%	90.6%
03	96.2%	94.3%	94.3%	98.1%	100.0%
04	98.1%	94.3%	90.6%	98.1%	96.2%
05	98.1%	98.1%	98.1%	100.0%	100.0%
06	100.0%	100.0%	100.0%	96.2%	96.2%
07	98.1%	96.2%	100.0%	100.0%	100.0%
08	100.0%	96.2%	98.1%	100.0%	100.0%
09	100.0%	94.3%	98.1%	100.0%	98.1%
10	100.0%	-----	98.1%	98.1%	-----
11	(84.9%)	98.1%	98.1%	100.0%	98.1%
12	96.2%	90.6%	100.0%	100.0%	(79.2%)
13	98.1%	94.3%	100.0%	-----	90.4%
14	96.2%	100.0%	98.1%	-----	98.1%
15	(92.5%)	96.2%	100.0%	98.1%	98.1%
16	98.1%	100.0%	96.2%	100.0%	96.2%
17	100.0%	92.5	-----	100.0%	98.1%
18	100.0%	-----	98.1%	-----	94.3%
Skalenwerte für die nach dem Pretest verbliebenen Items:					
»»»»»»»»	97.51%	96.58%	97.78%	99.12%	97.15%
Skalenwerte für die in der Endfassung eingesetzten Items:					
»»»»»»»»	99.05%	96.96%	97.97%	99.05%	98.67%

Tabelle A 3: Ergebnisse des Pretests III - Schwierigkeit, Trennschärfe und Homogenität (Itemkennwerte auf der Basis: n = 53)

Itemnr.	$\bar{x}$	r_{it}	r_{ij}	C	Itemnr.	$\bar{x}$	r_{it}	r_{ij}	C
AK 03	+1.06	.63	.45	+	SK 01	-0.26	.62	.43	-
AK 04	+1.27	.64	.46	-	SK 02	+0.64	.54	.37	-
AK 06	+1.26	.67	.45	-	SK 03	+0.85	.54	.39	+
AK 07	+1.29	.53	.37	+	SK 05	+1.02	.65	.43	-
AK 08	+1.17	.50	.40	+	SK 06	+1.00	.60	.46	+
AK 09	+1.34	.52	.42	+	SK 07	+0.93	.66	.45	+
AK 10	+1.04	.53	.38	-	SK 09	+0.94	.46	.38	-
AK 16	+0.96	.43	.34	-	SK 10	+0.67	.62	.44	+
AK 17	+1.57	.57	.43	-	SK 11	+0.43	.54	.35	-
AK 18	+1.26	.68	.49	+	SK 12	+1.00	.63	.45	-
PK 02	+0.19	.46	.37	-	KV 01	+1.26	.54	.32	+
PK 03	+0.84	.71	.50	-	KV 03	+1.23	.67	.41	+
PK 04	+0.42	.49	.38	+	KV 04	+0.92	.39	.23	-
PK 05	+1.17	.54	.43	-	KV 05	+0.77	.58	.32	+
PK 06	+1.08	.72	.50	-	KV 06	-0.16	.41	.26	+
PK 07	+0.63	.45	.37	+	KV 07	+0.83	.55	.34	+
PK 08	+0.18	.55	.41	-	KV 08	-0.70	.30	.14	+
PK 13	+0.76	.40	.32	+	KV 09	+0.90	.49	.32	+
PK 15	+0.61	.60	.44	-	KV 11	+0.62	.35	.25	+
PK 16	+1.23	.58	.41	+	KV 14	+0.08	.28	.20	+
KK 01	±0.00	.58	.40	+					
KK 02	+0.77	.53	.35	-					
KK 03	-0.12	.34	.31	+					
KK 04	+0.04	.32	.27	+					
KK 05	+0.65	.46	.34	+					
KK 06	-0.09	.56	.35	-					
KK 08	+0.04	.55	.34	-					
KK 09	+0.29	.59	.43	+					
KK 10	+0.14	.63	.43	-					
KK 11	+0.40	.51	.32	-					

Erläuterungen:

$\bar{x}$ Itemmittelwerte (Bereich -2/+2)
r_{it} korrig. Trennschärfeindizes
r_{ij} korrig. Homogenitätsindizes
C Itemcodierung (positiv/negativ)

Tabelle A 4: Itemkennwerte des KKB-Inventars (Schwierigkeit, Trennschärfe, Homogenität, Polung; Basis: n = 365)

Lfd. Nr. (Reihenfolge)	Skala und Itemnummer der Endfassung		(Alte Itemnr.)	Mittelwert/Trennsch./Homogenität/Code			
				$\bar{x}$	r_{it}	r_{ij}	C
01	AK	01	(18)	4.61	.31	.19	+
02	SK	01	(10)	3.72	.60	.40	+
03	KK	01	(03)	3.06	.46	.27	+
04	PK	01	(05)	3.85	.45	.24	-
05	KV	01	(01)	4.19	.32	.16	+
06	KK	02	(10)	3.61	.48	.27	-
07	KV	02	(11)	3.52	.17	.09	+
08	KK	03	(04)	3.00	.31	.17	+
09	KV	03	(08)	2.25	.18	.10	+
10	PK	02	(13)	3.57	.25	.14	+
11	PK	03	(02)	3.48	.24	.14	-
12	AK	02	(04)	4.09	.44	.22	-
13	PK	04	(07)	3.63	.26	.16	+
14	KK	04	(05)	3.87	.50	.28	+
15	SK	02	(11)	3.46	.58	.38	-
16	PK	05	(06)	3.95	.48	.25	-
17	KV	04	(09)	3.44	.38	.18	+
18	AK	03	(06)	4.50	.40	.22	-
19	PK	06	(08)	3.35	.34	.25	-
20	AK	04	(10)	3.91	.27	.13	-
21	KV	05	(03)	4.22	.19	.11	+
22	SK	03	(02)	3.65	.50	.34	-
23	KV	06	(04)	3.84	.18	.09	-
24	SK	04	(06)	4.23	.63	.43	+
25	AK	05	(08)	4.37	.37	.21	+
26	KK	05	(01)	3.15	.49	.29	+
27	SK	05	(07)	4.03	.63	.41	+
28	PK	07	(03)	3.95	.44	.23	-
29	AK	06	(07)	4.57	.36	.20	+
30	SK	06	(03)	3.92	.61	.41	+
31	KK	06	(06)	3.17	.47	.27	-
32	KV	07	(07)	3.90	.32	.16	+
33	AK	07	(09)	4.14	.42	.23	+
34	SK	07	(09)	3.81	.55	.36	-
35	KK	07	(08)	3.34	.49	.28	-
36	AK	08	(17)	4.57	.37	.21	-
37	KK	08	(09)	3.55	.50	.28	+
38	AK	09	(03)	4.31	.48	.25	+
39	PK	08	(16)	4.25	.55	.29	+
40	KV	08	(06)	2.93	.46	.22	+

Fortsetzung der Tabelle A 4

Lfd. Nr. (Reihenfolge)	Skala und Itemnummer der Endfassung		(Alte Itemnr.)	Mittelwert/Trennsch./Homogenität/Code			
				$\bar{x}$	r_{it}	r_{ij}	C
41	AK	10	(16)	4.16	.30	.17	-
42	SK	08	(01)	2.96	.45	.28	-
43	KK	09	(11)	3.66	.52	.29	-
44	KK	10	(02)	3.75	.36	.20	-
45	KV	09	(05)	3.30	.51	.24	+
46	SK	09	(12)	4.24	.59	.40	-
47	PK	09	(15)	3.72	.32	.18	-
48	SK	10	(05)	4.32	.49	.33	-
49	KV	10	(14)	2.82	.39	.16	+
50	PK	10	(04)	3.48	.28	.16	+

Erläuterung: Die Schwierigkeit der Items ergibt sich aus deren arithmetischem Mittel; die Trennschärfe- und Homogenitätsindizes beziehen sich auf korrigierte Werte (ohne den Item-Eigenanteil); aufgrund der gewählten Darstellungsform (Auflistung nach Reihenfolge der Items im Fragebogen) kann diese Tabelle auch als Decodierungsschlüssel benutzt werden.

Tabelle A 5: Faktorenstruktur der KKB-Items (Faktorladungen ≥ .20, Eigenwerte, Varianzaufklärungen)

Erste Faktorenanalyse:
AK-, SK-, KK- und KV-Items

Item	I	II	III	IV
SK 04	.74			
SK 05	.72			
SK 02	.71			
SK 01	.70			
SK 06	.69			-.24
SK 09	.64			-.25
SK 07	.64			
SK 03	.58			
SK 10	.53			
SK 08	.49			
KK 07		.64		
KK 09		.62		
KK 05		.62		
KK 01		.60		
KK 08		.60		
KK 06	.22	.59		
KK 04		.58		
KK 02		.57	.25	
KK 10		.42		
KK 03		.40		
AK 09			.63	
AK 05			.56	
AK 06			.56	
AK 03			.55	
AK 02			.52	
AK 01			.51	
AK 07			.50	.28
AK 08			.50	
AK 10			.44	
AK 04			.23	.20
KV 05			.49	
KV 02			.39	
KV 08				.69
KV 09				.64
KV 04				.60
KV 10				.60
KV 07				.40
KV 06				.35
KV 01			.32	.34
KV 03	-.23			.30

Zweite Faktorenanalyse:
AK-, KK- und SK-Items

Item	I	II	III
SK 04	.75		
SK 05	.72		
SK 06	.72		
SK 01	.71		
SK 09	.69		
SK 02	.68		
SK 07	.62		
SK 03	.58		
SK 10	.55		
SK 08	.49		
KK 07		.63	
KK 05		.63	
KK 09		.61	
KK 01		.61	
KK 08		.60	
KK 06		.59	
KK 04		.59	
KK 02		.58	
KK 03		.40	
KK 10		.40	.30
AK 09			.63
AK 07			.58
AK 03			.57
AK 02			.57
AK 08			.57
AK 05			.52
AK 06			.51
AK 01			.49
AK 10			.43
AK 04			.34

Analyse 1

F	EW	Var
I	5.32	13.3
II	3.70	9.2
III	2.82	7.0
IV	2.07	5.2
		34.8

Analyse 2

F	EW	Var
I	5.12	17.1
II	3.16	10.5
III	2.53	8.4
		36.0

Dritte Faktorenanalyse:
SK-, KK- und KV-Items

Item	I	II	III
SK 04	.76		
SK 05	.72		
SK 01	.70		
SK 06	.69		.20
SK 09	.67		
SK 02	.67		
SK 07	.64		
SK 03	.58		
SK 10	.56		
SK 08	.49		
KK 07		.64	
KK 05		.63	
KK 09		.62	
KK 08		.62	
KK 01		.60	
KK 04		.59	
KK 02		.57	
KK 06		.57	
KK 10		.44	
KK 03		.41	
KV 09			.66
KV 08			.65
KV 04			.57
KV 01			.50
KV 10	-.24		.50
KV 07			.47
KV 05			.37
KV 02			.34
KV 06			.33
KV 03	-.27		.28

Vierte Faktorenanalyse:
AK-, PK-, KK-, SK- und KV-Items

Item	I	II	III	IV
SK 04	.72			
SK 09	.68			
SK 05	.68			
SK 06	.67			
SK 02	.66			
SK 01	.66			
SK 07	.63			
SK 03	.57			
SK 10	.56			
SK 08	.50			
KK 05		.63		
KK 07		.62		
KK 09		.61		
KK 01		.61		
KK 08		.57		
KK 06	.22	.56		.25
KK 04		.55		
KK 02	.21	.55		
KK 10		.41	.22	
KK 03		.41		
AK 09			.62	
AK 05			.58	
AK 06			.55	
AK 03			.53	
AK 02			.51	
AK 07			.51	.26
AK 01			.51	
AK 08			.48	
AK 10			.40	
AK 04			.22	
KV 05			.48	
KV 02			.38	
KV 01			.35	.32
KV 08				.62
KV 09	-.23			.58
KV 10	-.26			.53
KV 04				.52
KV 07			.21	.36
KV 06				.35
KV 03	-.26			.27
PK 05	.66			
PK 07	.59			
PK 08	.56		.21	.29
PK 09	.46	.26		
PK 03	.28	.21		
PK 02				.57
PK 01	.43			.45
PK 06	.28			.44
PK 04				.44
PK 10	.21			.26

Analyse 3

F	EW	Var
I	5.06	16.9
II	3.15	10.5
III	2.35	7.8
		35.2

Analyse 4

F	EW	Var
I	7.10	14.2
II	3.93	7.9
III	2.87	5.7
IV	2.64	5.3
		33.1

Tabelle A 6: Skalenkennwerte des KKB-Inventars (Mittelwert, Streuung, Schiefe und Exzeß) für die Gesamtstichprobe (n = 365) und relevante Untergruppen

Maß	Gesamt	Geschlecht		Alter		Bildung		Beruf		Bez.-dauer	
		m	w	j	ä	n	h	b	n	k	l
AK-SKALA											
$\bar{x}$	43.21	42.80	43.59	43.28	43.00	43.21	43.22	43.27	43.18	43.75	42.64
s	4.46	4.82	4.07	4.27	4.81	4.40	4.49	4.45	4.51	4.13	4.72
S	-.68	-.79	-.41	-.39	-.93	-.89	-.60	-.80	-.56	-.63	-.67
E	+.71	+.84	-.04	+.52	+.65	+1.23	+.55	+1.19	+.19	+1.26	+.26
PK-SKALA											
$\bar{x}$	37.21	37.07	37.33	37.39	36.93	36.76	37.39	37.42	36.98	37.64	36.72
s	5.19	4.62	5.67	4.97	5.39	5.48	5.06	4.78	5.72	5.25	5.13
S	-.49	-.44	-.52	-.28	-.65	-.76	-.33	-.31	-.57	-.53	-.45
E	+.49	+.08	+.53	+.30	+.56	+.77	+.26	+.19	+.49	+.45	+.60
KK-SKALA											
$\bar{x}$	34.20	35.25	33.24	34.31	33.83	33.60	34.45	34.55	33.77	34.52	33.93
s	5.87	5.43	6.09	5.37	6.51	6.28	5.68	5.83	5.79	5.62	6.12
S	-.21	+.05	-.29	-.16	-.22	-.15	-.22	-.06	-.38	-.22	-.20
E	+.11	-.04	-.04	+.27	-.18	-.25	+.31	-.24	-.63	+.28	-.01
SK-SKALA											
$\bar{x}$	38.33	39.05	37.68	38.34	38.55	38.85	38.12	38.95	37.57	38.26	38.44
s	7.08	6.20	7.75	6.41	7.86	7.40	6.94	6.72	7.49	6.42	7.76
S	-.77	-.69	-.71	-.57	-.94	-1.03	-.66	-.88	-.63	-.58	-.88
E	+.57	+.31	+.36	+.23	+.75	+1.51	+.16	+.92	+.29	+.16	+.62
KV-SKALA											
$\bar{x}$	34.42	32.94	35.77	35.63	32.40	32.30	35.31	34.21	34.90	36.09	32.66
s	5.59	5.21	5.59	5.15	5.59	5.56	5.37	5.38	5.80	5.22	5.42
S	+.09	+.11	+.00	+.10	+.32	+.57	-.06	+.12	+.08	-.03	+.32
E	-.51	-.56	-.49	-.43	-.37	+.42	-.58	-.52	-.59	-.31	-.37

Erläuterung: Aufgeführt sind das arithmetische Mittel ($\bar{x}$), die Standardabweichung (s), Schiefe (S) sowie Exzeß (E); die Definierung und Bezeichnung der fünf Stichproben-Untergruppen sind Kapitel 6.3.4 zu entnehmen.

Tabelle A 7: Gesamt- und Gruppennormen des KKB-Inventars (Staninewerte)

(1) ALLGEMEINE KONTINGENZ (AK-SKALA)

Rohwert	GESAMT	Geschlecht		Alter		Bildung		Beruf		BEZ.-DAUER	
		m	w	j	ä	n	h	b	n	k	l
26	1	1	-	1	-	-	1	1	-	1	-
29	1	1	-	-	1	1	1	1	1	-	1
30	1	1	1	1	1	1	1	1	-	1	1
31	1	1	-	-	1	-	1	-	1	-	1
32	1	1	1	-	2	1	-	1	1	-	1
33	1	2	1	1	2	2	1	-	1	1	2
34	2	2	1	1	2	2	1	1	2	1	2
35	2	2	-	-	2	-	2	2	-	-	2
36	2	2	1	1	2	-	2	2	2	1	2
37	2	2	2	2	3	-	2	2	2	1	3
38	2	3	2	2	3	2	3	2	3	2	3
39	3	3	3	3	3	3	3	3	3	3	3
40	3	4	3	3	4	3	4	3	4	3	4
41	4	4	4	4	4	4	4	4	4	4	4
42	4	5	4	5	4	4	5	4	4	4	5
43	5	5	5	5	5	5	5	5	5	5	5
44	5	5	5	5	5	5	5	5	5	5	5
45	6	6	6	6	6	6	6	6	6	6	6
46	6	6	6	6	6	6	6	6	6	6	6
47	6	7	6	6	7	7	6	6	6	6	7
48	7	7	7	7	7	7	7	7	7	7	7
49	8	8	8	7	8	8	8	8	7	7	8
50	9	8	9	8	9	9	9	9	8	8	9

(2) PERSONALE KONTROLLE (PK-SKALA)

Rohwert	GESAMT	Geschlecht		Alter		Bildung		Beruf		Bez.-dauer	
		m	w	j	ä	n	h	b	n	k	l
20	1	-	1	1	1	1	1	1	1	1	1
22	1	1	1	-	1	1	1	-	1	1	1
24	1	-	1	-	1	1	-	-	1	-	1
26	1	1	1	1	2	-	1	1	2	1	-
27	2	-	2	1	2	2	1	1	2	2	1
28	2	1	2	2	2	-	2	1	2	2	2
29	2	2	2	2	2	2	2	-	2	2	2
30	2	2	2	2	2	2	2	2	3	2	2
31	3	3	3	3	3	3	2	2	3	2	3
32	3	3	3	3	3	3	3	3	3	3	3
33	3	3	3	3	4	3	3	3	3	3	4
34	4	3	4	3	4	4	4	4	4	3	4
35	4	4	4	4	4	4	4	4	4	4	4
36	4	4	4	4	4	5	4	4	4	4	5
37	5	5	5	5	5	5	5	5	5	5	5
38	5	5	5	5	5	5	5	5	5	5	5
39	6	6	5	6	6	6	6	6	6	5	6
40	6	6	6	6	6	6	6	6	6	6	6

(2) PERSONALE KONTROLLE (PK-SKALA) - Fortsetzung

Rohwert	GESAMT	Geschlecht		Alter		Bildung		Beruf		Bez.-dauer	
		m	w	j	ä	n	h	b	n	k	l
41	6	7	6	6	6	6	6	6	6	6	7
42	7	7	7	7	7	7	7	7	7	7	7
43	7	8	7	7	7	7	7	7	7	7	8
44	8	8	7	8	8	8	8	8	7	8	8
45	8	9	8	8	8	8	8	8	8	8	8
46	9	9	8	8	9	9	8	9	8	8	9
47	9	9	9	9	-	-	9	9	9	9	9
48	9	-	9	9	9	-	9	9	9	9	9
50	9	-	9	9	-	-	9	9	-	9	-

(3) KONTROLLKOMPETENZ (KK-SKALA)

Rohwert	GESAMT	GESCHLECHT		Alter		Bildung		Beruf		Bez.-dauer	
		m	w	j	ä	n	h	b	n	k	l
16	1	-	1	1	-	-	1	-	1	1	-
17	1	-	1	1	1	-	1	1	1	1	1
18	1	-	1	-	1	1	-	-	1	-	1
19	1	-	1	-	1	1	-	-	1	-	1
21	1	1	-	-	1	-	1	1	-	1	-
22	1	1	1	-	2	1	1	1	1	-	1
23	1	1	2	1	2	2	1	1	2	1	2
24	2	1	2	1	2	2	1	1	2	1	2
25	2	1	2	1	3	2	2	2	2	2	2
26	2	2	3	2	3	3	2	2	2	2	3
27	3	2	3	2	3	3	2	3	2	2	3
28	3	2	3	3	3	3	3	3	3	3	3
29	3	3	4	3	4	4	3	3	3	3	3
30	4	3	4	3	4	4	3	3	4	3	4
31	4	3	4	4	4	4	4	4	4	4	4
32	4	4	5	4	4	5	4	4	4	4	4
33	5	4	5	5	5	5	5	5	5	5	5
34	5	5	5	5	5	5	5	5	5	5	5
35	5	5	5	5	5	5	5	5	5	5	5
36	5	5	6	6	5	6	5	5	6	5	5
37	6	6	6	6	6	6	6	6	6	6	6
38	6	6	6	6	6	6	6	6	7	6	6
39	7	7	7	7	7	7	7	6	7	7	7
40	7	7	7	7	7	7	7	7	7	7	7
41	7	7	8	7	7	7	7	7	8	7	7
42	8	7	8	8	7	8	8	7	8	8	8
43	8	8	8	8	8	8	8	8	8	8	8
44	8	8	9	8	8	-	8	8	8	8	8
45	9	8	9	9	9	9	9	8	9	9	9
46	9	9	9	9	9	-	9	9	9	9	9
47	9	9	9	9	9	9	9	9	9	9	9
48	9	9	-	-	9	9	-	9	-	-	9
49	9	9	-	-	9	-	9	9	-	-	9

(4) SPEZIFISCHE KONTROLLIERBARKEIT (SK-SKALA)

Rohwert	GESAMT	GESCHLECHT		Alter		Bildung		BERUF		Bez.-dauer	
		m	w	j	ä	n	h	b	n	k	l
13	1	-	1	-	1	1	-	-	1	-	1
15	1	-	1	-	1	1	1	1	1	-	1
16	1	-	1	1	-	-	1	-	1	1	-
18	1	-	1	-	1	1	-	-	1	-	1
19	1	1	-	1	-	-	1	1	-	-	1
20	1	-	1	-	1	-	1	1	1	1	1
21	1	1	-	1	-	-	1	-	1	-	1
23	1	1	2	-	2	1	-	-	2	-	2
24	1	1	2	-	2	-	1	1	-	1	2
25	2	1	2	1	2	2	2	2	2	1	2
26	2	1	2	2	2	2	2	2	2	2	2
27	2	2	2	2	2	2	2	2	2	2	2
28	2	2	3	2	3	2	2	2	3	2	2
29	3	2	3	2	3	2	3	2	3	2	3
30	3	2	3	3	3	3	3	3	3	3	3
31	3	3	3	3	3	3	3	3	3	3	3
32	3	3	3	3	3	3	3	3	4	3	3
33	3	3	4	3	3	3	3	3	4	3	3
34	4	3	4	4	4	3	4	3	4	4	4
35	4	4	4	4	4	4	4	4	4	4	4
36	4	4	4	4	4	4	4	4	4	4	4
37	4	4	5	4	4	4	4	4	5	4	4
38	5	4	5	5	5	5	5	4	5	5	4
39	5	5	5	5	5	5	5	5	5	5	5
40	5	5	5	5	5	5	5	5	5	5	5
41	6	5	6	6	5	5	6	5	6	6	5
42	6	6	6	6	6	6	6	6	6	6	6
43	6	6	6	6	6	6	6	6	6	6	6
44	6	7	6	7	6	6	7	6	7	7	6
45	7	7	7	7	6	7	7	7	7	7	7
46	7	7	7	7	7	7	7	7	7	7	7
47	8	8	7	8	7	7	8	8	7	8	7
48	8	8	8	8	8	8	8	8	8	8	8
49	9	9	9	9	9	8	9	9	9	9	8
50	9	9	9	9	9	9	9	9	9	9	9

(5) KONTROLLVALENZ (KV-SKALA)

Rohwert	GESAMT	GESCHLECHT		ALTER		BILDUNG		Beruf		BEZ.-DAUER	
		m	w	j	ä	n	h	b	n	k	l
20	1	1	-	-	1	1	-	-	-	-	1
22	1	-	1	1	-	-	1	-	1	1	-
23	1	1	1	-	1	1	1	1	1	1	1
24	1	1	1	1	2	2	1	1	-	1	1
25	2	2	1	1	2	2	1	2	2	1	2
26	2	2	2	1	3	3	2	2	2	-	3
27	2	3	2	1	3	3	2	2	2	1	3
28	3	3	2	2	4	4	2	3	3	2	4
29	3	4	3	2	4	4	3	3	3	2	4

(5) KONTROLLVALENZ (KV-SKALA) - Fortsetzung

Rohwert	GESAMT	GESCHLECHT		ALTER		BILDUNG		Beruf		BEZ.-DAUER	
		m	w	j	ä	n	h	b	n	k	l
30	4	4	3	3	4	4	3	4	3	3	4
31	4	4	3	3	5	5	4	4	4	3	5
32	4	5	4	4	5	5	4	4	4	4	5
33	5	5	4	4	5	6	4	5	5	4	5
34	5	5	4	4	6	6	5	5	5	4	6
35	5	6	5	5	6	6	5	5	5	5	6
36	6	6	5	5	6	7	5	6	5	5	6
37	6	6	6	6	7	7	6	6	6	5	7
38	6	7	6	6	7	7	6	6	6	6	7
39	6	7	6	6	7	7	6	7	6	6	7
40	7	8	6	7	7	8	7	7	7	6	8
41	7	8	7	7	8	8	7	7	7	7	8
42	8	8	7	7	8	8	7	8	7	7	8
43	8	-	7	8	9	8	8	8	7	7	8
44	8	9	8	8	-	-	8	9	8	8	9
45	9	9	8	8	9	9	9	9	8	8	9
46	9	9	9	9	9	9	9	9	9	9	-
47	9	-	9	9	-	-	9	9	9	9	-
48	9	-	9	9	9	9	-	9	9	9	9

Erläuterungen: Die Stichprobenuntergruppen, bei denen eine normenmäßige Aufgliederung angebracht ist, sind bei den einzelnen Skalen im Tabellenkopf in Großbuchstaben aufgeführt; Staninewerte für weitere (klein geschriebene) Teilstichproben dienen lediglich möglichen Zusatzvergleichen (s. Kapitel 6.3.4).

Tabelle A 8: Verteilung und Normwerte der Beziehungseinschätzungen

a) Beziehungszufriedenheit (BZ) n = 363

RW	n	p	cp	cp - ½p	TW	D
-3	5	1.4	1.4	0.70	26	n
-2	6	1.7	3.0	2.15	30	n
-1	18	5.0	8.0	5.50	34	n
+1	61	16.8	24.8	16.40	40	n
+2	166	45.7	70.5	47.65	49	n
+3	107	29.5	100.0	85.25	61	h

b) Beziehungsstabilität (BS) n = 364

RW	n	p	cp	cp - ½p	TW	D
-3	8	2.2	2.2	1.10	27	n
-2	9	2.5	4.7	3.45	32	n
-1	21	5.8	10.4	7.50	36	n
+1	46	12.6	23.1	16.80	40	n
+2	89	24.5	47.5	35.25	46	n
+3	191	52.5	100.0	73.75	56	h

c) Beziehungswichtigkeit (BW) n = 364

RW	n	p	cp	cp - ½p	TW	D
-3	0	0.0	0.0	0.00	--	-
-2	1	0.3	0.3	0.15	20	n
-1	11	3.0	3.3	1.80	29	n
+1	21	5.8	9.1	6.20	35	n
+2	93	25.5	34.6	21.85	42	n
+3	238	65.4	100.0	67.30	54	h

d) Handlungsmotivation (HM) n = 363

RW	n	p	cp	cp - ½p	TW	D
-3	2	0.6	0.6	0.30	23	n
-2	4	1.1	1.7	1.15	27	n
-1	25	6.9	8.5	5.05	34	n
+1	26	7.2	15.7	12.10	38	n
+2	122	33.6	49.3	32.50	46	n
+3	184	50.7	100.0	74.65	57	h

Erläuterung: Aufgeführt sind die absoluten (n), prozentualen (p) sowie kumulierten (cp) Häufigkeiten, die den einzelnen Rohwerten (RW) aufgrund der McCALLschen Transformierung zugeordneten T-Werte (TW) sowie die auf dem Mediansplitting beruhenden dichotomisierten Maße (D).